HOKKAIDO UNIVERSITY 1876-2001

写真集
北大125年
北海道大学図書刊行会

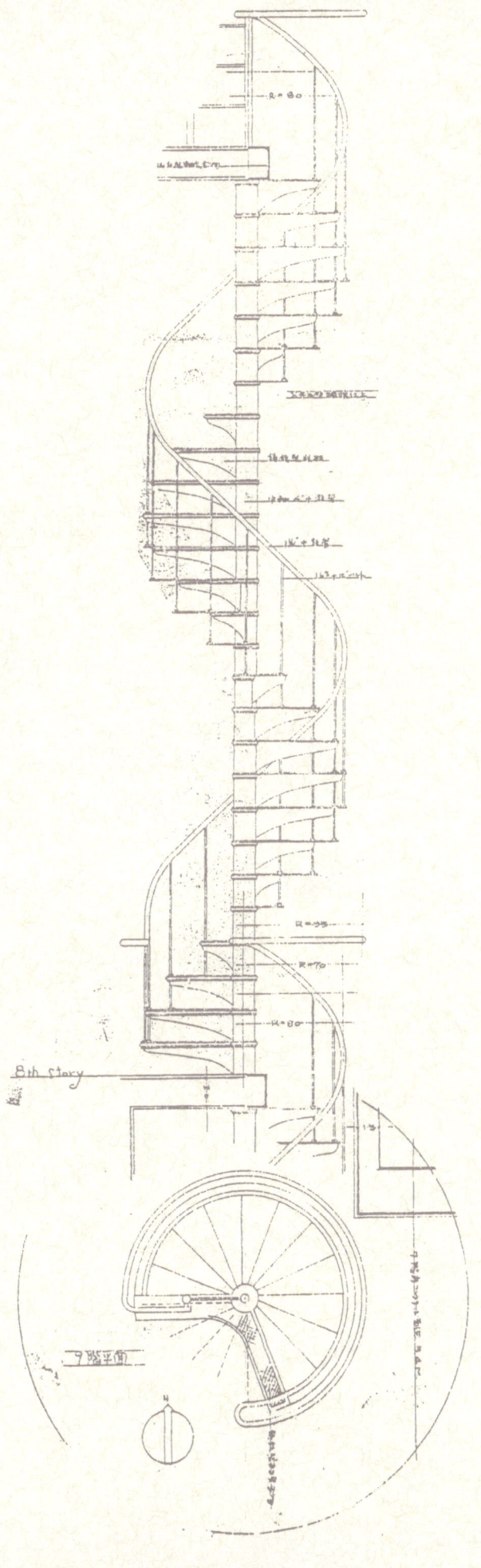

農学部本館尖塔(計画案)内螺旋階段の設計図

序

　北海道大学は，今年創基125周年を迎えている。本学の歴史は，1876年(明治9年)8月，学士号を与える日本最初の近代的大学である札幌農学校の開校式によって最初のページが開かれた。本学では，創基百周年を記念して，先に『写真集 北大百年』を刊行した。この写真集は，札幌農学校の歴史的背景を起点とするわが国教育文化百年の歴史が，一つの大学の発展史に凝縮された貴重な記録として，高い評価を得たものであった。

　125周年を記念した今回の写真集は，先行書の存在を前提にして，これとは異なった独自の編集方針の下で編まれたものである。本書「I 札幌キャンパスの125年」および「II 函館キャンパスと部局附属施設」では，建物の変遷，キャンパスの変遷に焦点をあてて，「III 北大の歩み/点描」では，トピックス毎に北大の活動の歴史を語っている。

　今日，北海道大学は，12の学部，14の大学院研究科，3つの附置研究所，3つの全国共同利用施設，12の学内共同教育研究施設，言語文化部および医療技術短期大学部を擁する基幹総合大学に成長している。大学および各部局の生成と発展，そのなかでの活動の歴史を，本写真集でたどることができる。植物園，農場，研究林などフィールド科学のための施設を多く有していることも，本学の特色であることを改めて知ることができよう。

　この写真集の編集には，北海道大学125年史編集室(室長 原暉之スラブ研究センター教授・前附属図書館長)があたり，製作は先の写真集と同様に北海道大学図書刊行会に依頼した。関係者の皆さまのご尽力に，深く感謝の意を表したい。

2001年(平成13年)9月

北海道大学総長　中 村 睦 男

目　次

序　中村睦男　　i

凡例　　iv

口絵　北大の意匠/細見　v
　　　北大の風景/鳥瞰　xii

I　札幌キャンパスの125年 …… 1

札幌農学校 1876-1907 …… 3
　北一条キャンパス 1876 ▶ 1903　4
　北八条キャンパス 1901 ▶ 1907　8

東北帝国大学農科大学 1907-1918 …… 13
　古河家寄付事業 1907 ▶ 1910　14
　施設の拡充 1911 ▶ 1918　18

北海道帝国大学 1918-1947 …… 21
　医学部の開設 1918 ▶ 1922　22
　工学部の設置 1923 ▶ 1928　26
　理学部の新設 1929 ▶ 1934　30
　農学部本館の改築 1935 ▶ 1943　34
　構内の耕地化と防空壕 1944 ▶ 1947　38

北海道大学 1947-2001 …… 41
　農学部本館・クラーク会館の完成 1947 ▶ 1959　42
　教養部の新築と医学部附属病院の改築 1960 ▶ 1965　46
　文系校舎・工学部の建設 1966 ▶ 1971　50
　環境科学研究科の設置 1972 ▶ 1980　56
　学術交流会館・学生寮の建設 1981 ▶ 1985　60
　施設の高層化と構内環境整備 1986 ▶ 1994　64
　総合博物館の開設と構内北部の変容 1995 ▶ 2001　70

II　函館キャンパスと部局附属施設 …… 77

函館キャンパス 1927-2001 …… 79
　函館高等水産学校 1927 ▶ 1949　80
　水産学部 1949 ▶ 2001　84

植物園 1876-2001 …… 89
　本草園・博物場から植物園へ 1876 ▶ 1919　90
　農学部附属植物園 1919 ▶ 2001　94

農場・牧場 1876-2001 …… 99
　育種場から農芸伝習科へ 1887 ▶ 1903　100
　第一農場 1904 ▶ 1967　104
　農校園 1876 ▶ 1909　110
　第二農場 1909 ▶ 1967　112
　合併後の学内農場 1968 ▶ 2001　116
　第三〜第八農場 1887 ▶ 1950　118
　余市果樹園・日高牧場 1912 ▶ 2001　124

演習林 1901-2001 127
　雨龍地方演習林 1901 ▶ 2001　128
　中川・天塩地方演習林 1902 ▶ 2001　132
　苫小牧地方演習林 1904 ▶ 2001　138
　朝鮮・樺太・台湾演習林 1913 ▶ 1945　142
　和歌山地方演習林 1925 ▶ 2001　146
　檜山地方演習林 1956 ▶ 2001　148

その他の施設 1884-2001 149
　臨海・臨湖実験所 1907 ▶ 2001　150
　観測施設・分室・分院 1931 ▶ 2001　154
　傭外国人教師官舎 1884 ▶ 2001　158
　官舎・宿舎 1885 ▶ 2001　160
　山小屋 1926 ▶ 2001　162

III　北大の歩み/点描 165

　開拓使仮学校 1872 ▶ 1875　166
　予科 1876 ▶ 1950　168
　実科・専門部 1887 ▶ 1951　170
　戦時下の北大 1931 ▶ 1947　172
　遊戯会・恵迪寮祭・大学祭 1878 ▶ 2001　176
　学生寮 1875 ▶ 2001　180
　学生運動 1928 ▶ 2001　184
　図書館 1876 ▶ 2001　188
　船舶 1909 ▶ 2001　190
　国際交流 1957 ▶ 2001　192
　記念式典 1876 ▶ 2001　194
　文化財 1952 ▶ 2001　196
　胸像・記念碑 1909 ▶ 2001　198
　歴代校長・学長・総長 1872 ▶ 2001　202
　拾遺 1876 ▶ 2001　204

資料　部局・主要施設の変遷 1872-2001 206

　収録写真・図版一覧　210
　製作協力　217
　あとがき　218

凡　例

1　本書の扱う期間は原則として，草創期から 2001 年 3 月 31 日までを対象とした
2　部局・施設等の名称は 2001 年 3 月 31 日現在の表記とした
　・学部名称は原則として，大学院講座制(改組)前のものを使用した(例：「農学部・農学研究科」は「農学部」と表記)
　・名称変更等は「資料 部局・主要施設の変遷」に示した
3　原則として，キャンパス配置図中の現在(2001 年 3 月)の配置図は特色刷りで表示した
　・各項の該当期間に新築・増築された建物は黒の網かけで，既設の建物は黒の実線枠で表示した
　・70 頁の配置図については 2001 年 4 月以後の予定を特色刷りで表示した
4　年表中，2001 年 4 月以降の動向は特色刷りで示した
5　写真・図版キャプション中の数字(⑤)とキャンパス配置図中の数字(❺)および年表中の数字(⑤)はそれぞれ対応している
6　口絵写真のキャプションは巻末の「収録写真・図版一覧」に掲載した
7　「収録写真・図版一覧」中の総務部・経理部・施設部は北海道大学事務局の組織，北方資料室・沿革資料室・沿革資料展示室は北海道大学附属図書館の組織である
8　1872 年以前の年月日は元号年をそのまま西暦年に置き換え，月日のみ太陰暦に従って表記した
9　原則として，常用漢字，現代仮名遣いを使用した

北大の意匠 細見

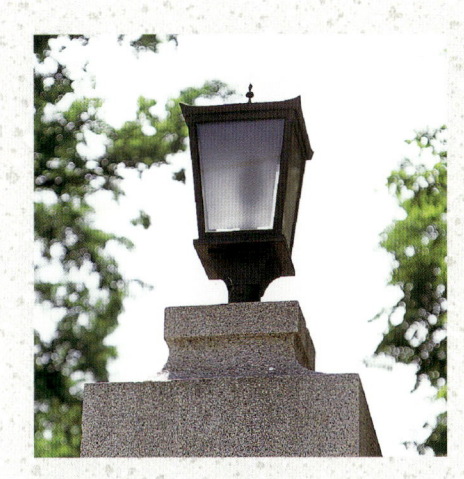

01　02
03　04
05　06

07 08 09

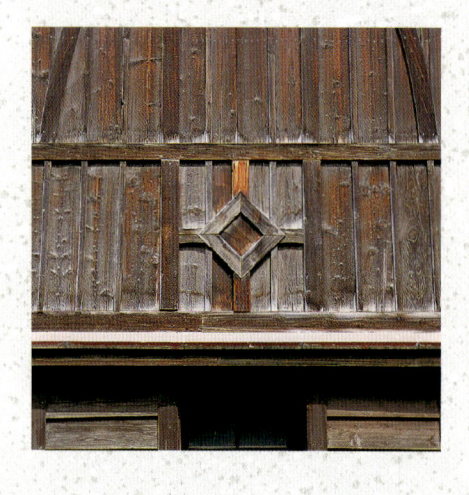

10 11 12

13 14 15

⑯   ⑰   ⑱

⑲   ⑳   ㉑

㉒   ㉓   ㉔

vii

㉕ ㉖ ㉗

㉘ ㉙ ㉚

㉛ ㉜ ㉝

viii

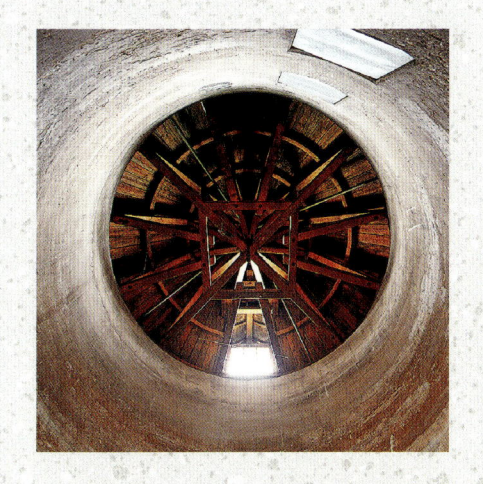

㉞ ㉟ ㊱
㊲ ㊳ ㊴
㊵ ㊶ ㊷

ix

㊸ ㊹ ㊺

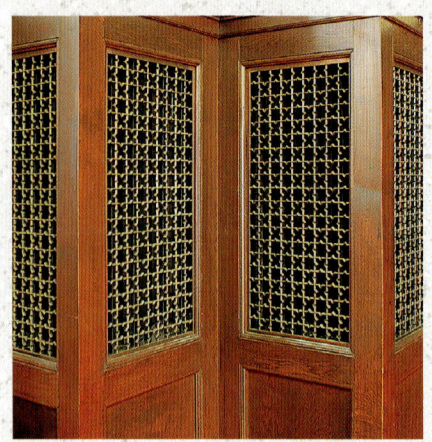

㊻ ㊼ ㊽

㊾ ㊿ 51

52   53   54

55   56   57

58   59   60

xi

北大の風景 鳥瞰

61

xiv

㉒

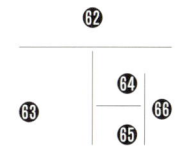

㉔ ㉖
㉓
㉕

XV

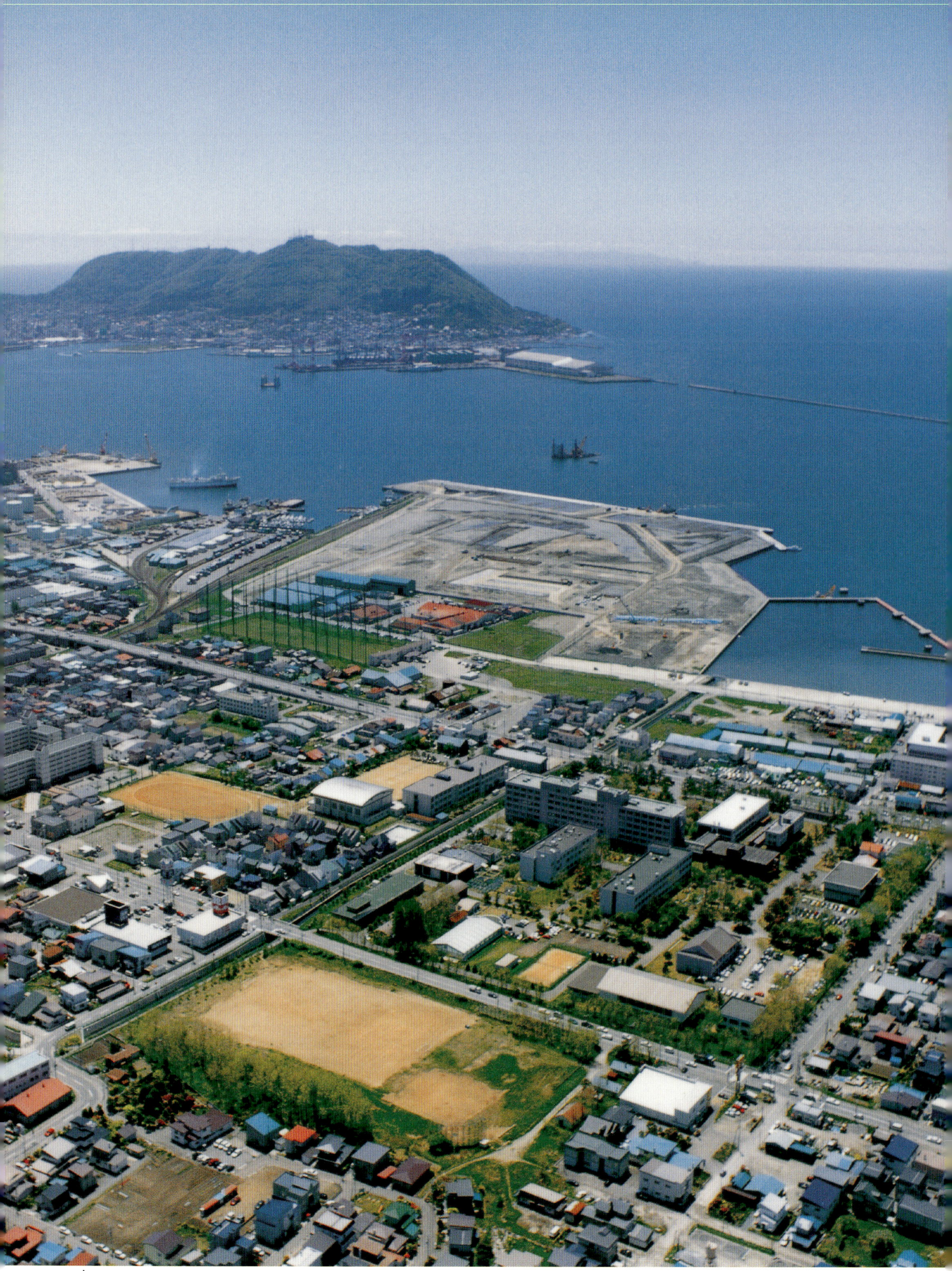

I
札幌キャンパスの125年

001　旧札幌農学校演武場(札幌時計台)の時計文字盤

札幌農学校　1876-1907
　　北一条キャンパス
　　北八条キャンパス

東北帝国大学農科大学　1907-1918
　　古河家寄付事業
　　施設の拡充

北海道帝国大学　1918-1947
　　医学部の開設
　　工学部の設置
　　理学部の新設
　　農学部本館の改築
　　構内の耕地化と防空壕

北海道大学　1947-2001
　　農学部本館・クラーク会館の完成
　　教養部の新築と医学部附属病院の改築
　　文系校舎・工学部の建設
　　環境科学研究科の設置
　　学術交流会館・学生寮の建設
　　施設の高層化と構内環境整備
　　総合博物館の開設と構内北部の変容

札幌農学校

1876-1907

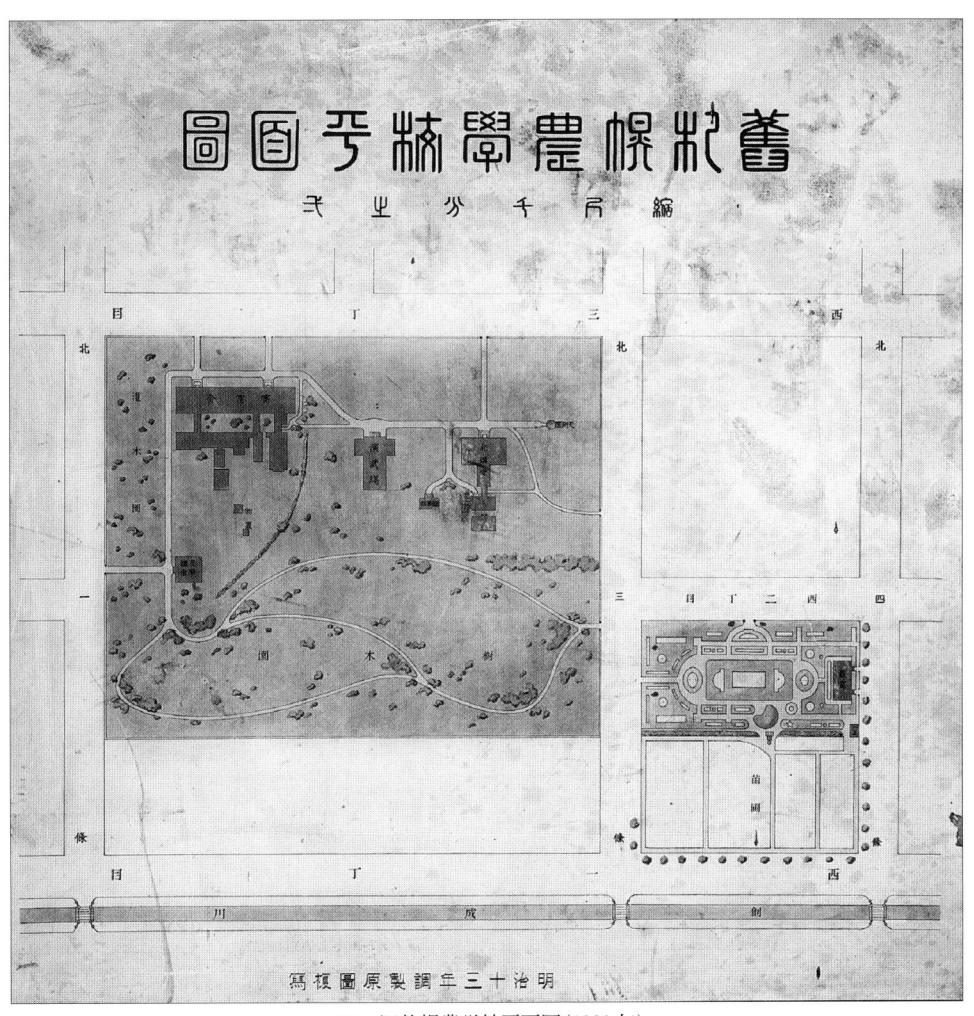

002　旧札幌農学校平面図（1880年）

I 札幌キャンパスの125年

札幌農学校 1876-1907

北一条キャンパス 1876▶1903

004 開校当日の札幌農学校　左は外国人宿舎を移築した講堂（のちの北講堂）①，中央は寄宿所（のちの寄宿舎）③，右の寄宿所南東隅2階建部分は1階が会食所，2階が講堂

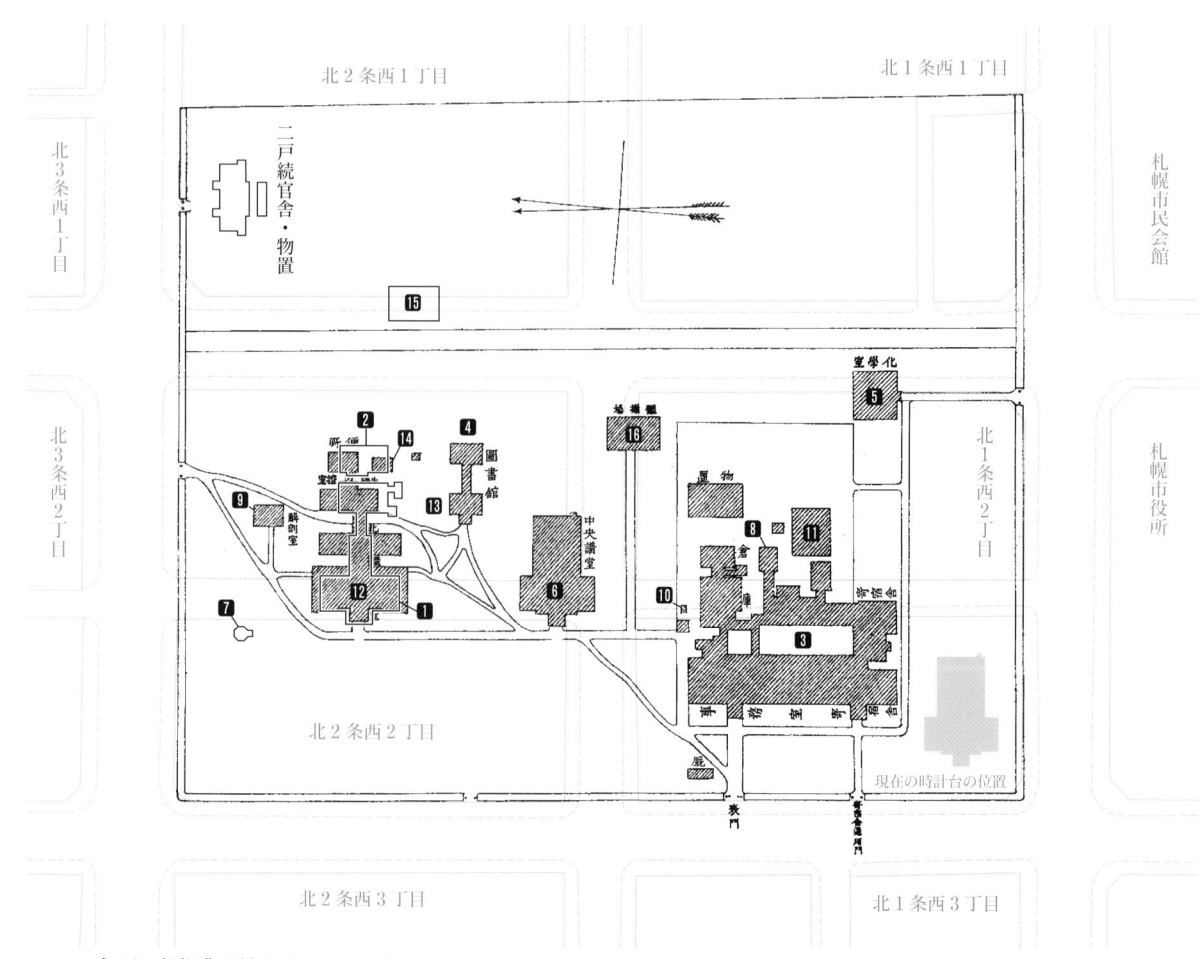

003 1901年頃の札幌農学校配置図　この時点で取り壊しあるいは移築をされた建物は実線の枠で表示。参考のため現在の地図に重ねている

札幌農学校は北海道開拓の指導者養成の目的で創設された。1876年に札幌農学校として発足した当時のキャンパスは，現在の札幌市中央区北1～2条，西1～2丁目あたりを占め，周囲に土塁をめぐらせ，開拓使本庁舎のある西を正面とした。校舎は外国人宿舎(洋造弍邸)を改造した北講堂と，新築した寄宿所の各1棟であった。1877年南東端に舎密所を新築，翌年農学本館を兼ねた演武場を建設して北一条キャンパスはほぼ完成した。1881年に時計塔を付けた演武場(現時計台)は，農学校の移転後札幌区に払い下げられ，1909年現在地へ移築，70年重要文化財に指定された。観光資源としてだけでなく，北一条キャンパス時代唯一のモニュメントであることはもっと知られてよい。

005　札幌学校開校時の講堂(のちの北講堂)①

006　演武場⑥開業式(1878年10月16日)の学生と教職員　左は1～3期生，中央椅子に座るのは調所廣丈校長

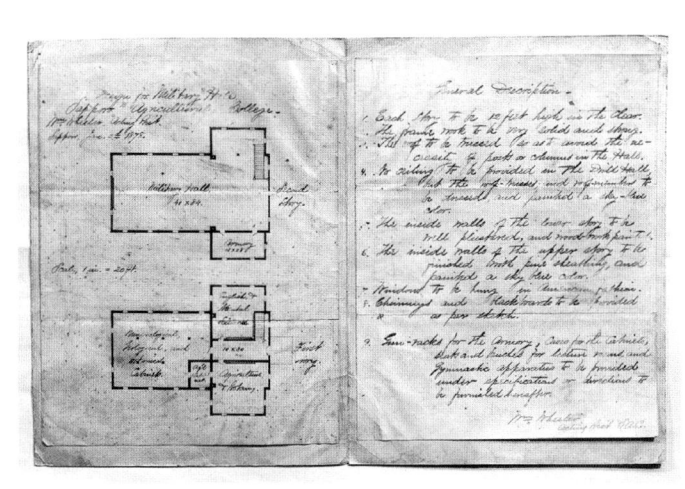

007　W.ホイーラーの演武場設計図と仕様説明(1878年1月2日)

西暦	月日	できごと
1873	10	開拓使外国人顧問宿舎洋造弍邸①(俗称ケプロン館)，厩②新築
1875	7	洋造弍邸を講堂(北講堂)に増改築
	8	寄宿所③新築
	9 7	札幌学校開校
1876	8 14	札幌農学校開校
	12	書籍庫④新築
1877	8	舎密所⑤新築
1878	8	寄宿舎2階増築
	9	演武場⑥新築
1879	5	観象台⑦新築
	12 12	便所⑧新築(のちに水産学教室便所として移築)
1881	6	演武場時計塔設置
	7	演武場にハワード製大時計を取付
1882	3 8	同年2月開拓使廃止により農商務省所轄に移管
	7	農商務省農務局所轄に移管
1883	2	同省北海道事業管理局所轄に移管
1884	5	解剖室⑨新築
	12	灰溜所⑩新築
1885	11	薪小屋⑪新築
1886	1 26	北海道庁設置により札幌農学校は北海道庁所轄に移管
1887	3 23	工学科設置
1888	5	北講堂焼失
1889	5	新北講堂⑫再建
1890	11	書籍館事務所⑬，薪小屋⑭新築
1892	6 14	体操場⑮新築
1893	10 4	札幌農学校を文部省直轄学校とし，特別会計法施行を政府決定
1895	4 1	文部省直轄学校として移管
	4 2	所属地，建物を札幌農学校維持資金に編入
1900	頃	体操場⑯移築
1903	7	演武場を札幌区に貸与
	7 10	寄宿舎閉鎖
1906	11	演武場を札幌区に売却

I
札幌キャンパスの125年

札幌農学校 1876-1907

北一条キャンパス 1876▶1903

008 時計塔設置後の演武場⑥と寄宿舎③　手前に土塁と正門が見える。演武場は中央講堂として使用された

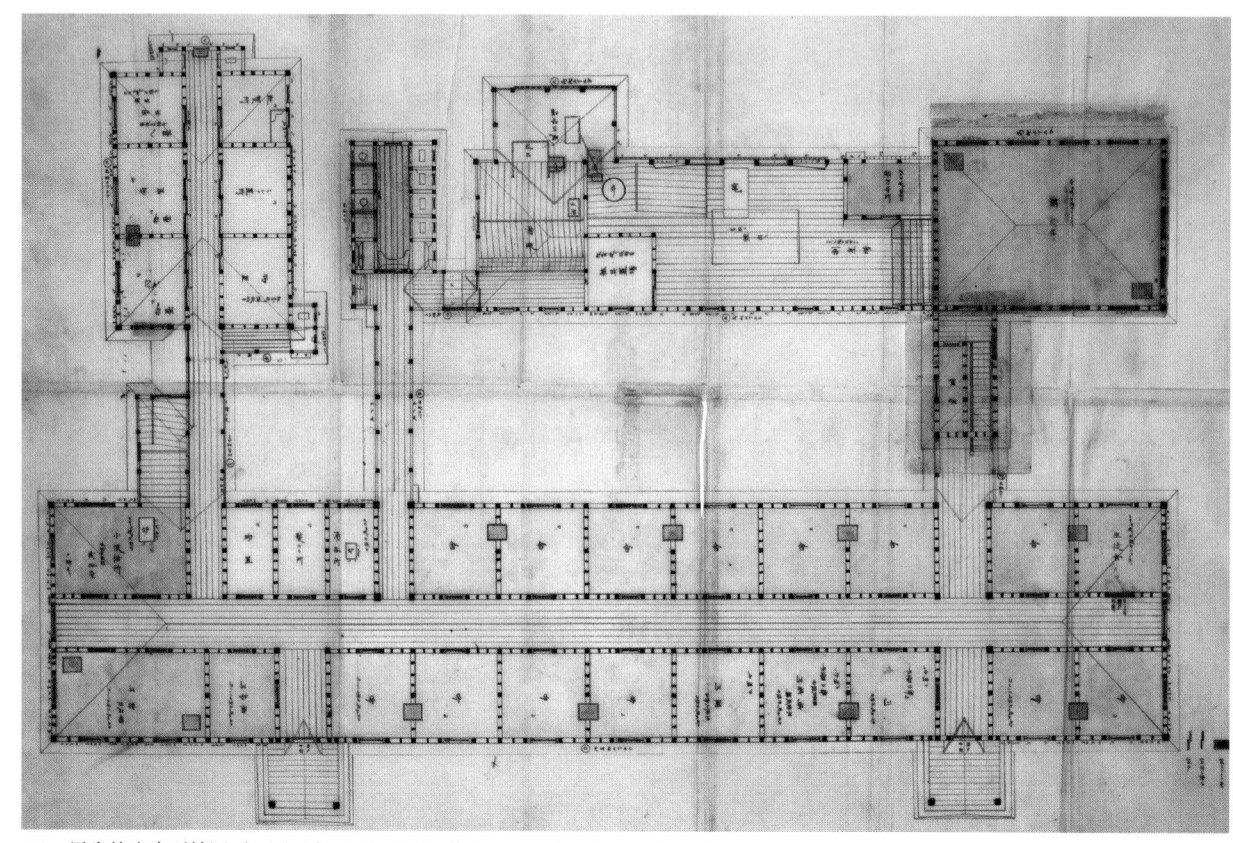

009 男生徒寄宿所絵図面　図下方が西側正面。後方の附属家と3本の廊下で結ぶ。南は2階建食堂・講堂と平家の賄所・湯殿，中央は便所

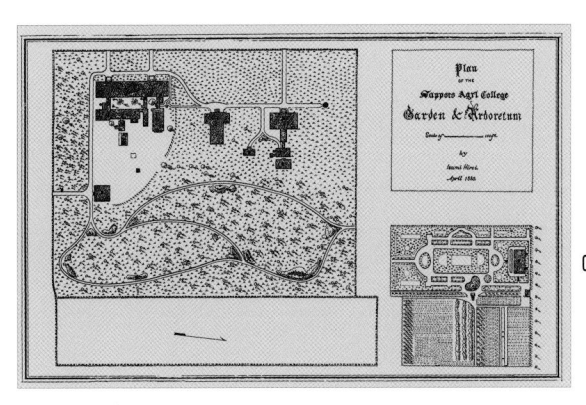

010　Plan of the Sapporo Agricultural College Garden & Arboretum　廣井勇（第2期生）による1880年4月の札幌農学校配置図。北3条西1丁目のブロックは田圃および植物園であった

011　樹木園から見た寄宿舎裏手（東面）

012　北八条キャンパスへ移転直前の農学校図書館（1903年）奥は2階建書籍庫④，手前は事務所⑬

014　札幌農学校図（1882年）　左手前が観象台。左の2階建が講堂（北講堂），その右が書籍庫（書庫）。中央が演武場。右が寄宿舎（生徒寄宿所）・復習所，その奥が舎密所（のちの化学講堂）⑤

013　北西側から見た校舎（1890年頃）　左から観象台（天文台）⑦・北講堂・演武場・寄宿舎

I
札幌キャンパスの125年

札幌農学校
1876-1907

北八条キャンパス
1901 ▶ 1907

016 農学教室①（1910年頃）

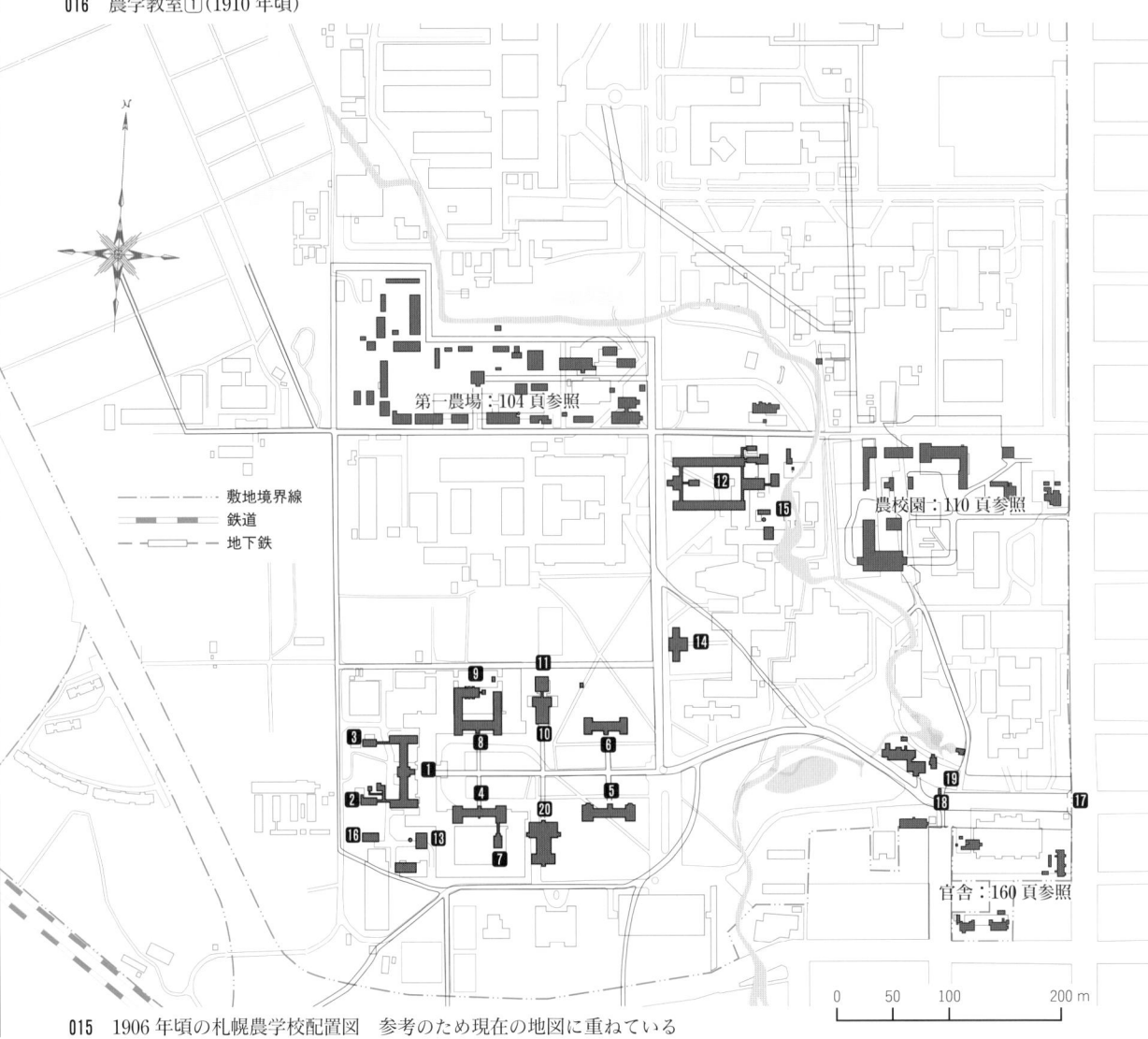

凡例
　―――― 敷地境界線
　━━━━ 鉄道
　┅┅┅┅ 地下鉄

第一農場：104頁参照

農校園：110頁参照

官舎：160頁参照

015　1906年頃の札幌農学校配置図　参考のため現在の地図に重ねている

017 農学教室正面図 文部技師中條精一郎の直筆と考えられる設計図面

1890年代後半には，北1条の農学校キャンパス周辺は市街地化が進み，敷地も狭隘になったことから，1899年より北8条以北の第一農場敷地一隅へ新校舎の建設を始め，1903年7月に落成，移転した。文部技師中條精一郎の設計による新校舎は，時計塔をもつ農学教室をシンボリックに正面に据え，そこへ至る導入路の両脇に各教室を配置して，対となる建物同士のデザイン要素を共有させていた。当初，図書館に対面するよう予定されていた大講堂敷地には，1906年末に水産学教室が建設された。

018 農学教室附属温室②（1910年頃） 左は1909年増築の農学科硝子室

西暦	月日	できごと
1899	2	北8条の新キャンパス計画を決定
	6 13	校舎新築工事起工式
1901		第19期生による新校舎予定地記念植樹
	6 15	農学教室①・附属温室②・附属グラスハウス③・附属舎新築
	11 3	動植物学教室④新築
	12 3	農業経済学及農政学教室⑤・昆虫学及養蚕学教室⑥新築
1902	12 5	動植物学教室附属植物腊葉室⑦，農芸化学教室⑧・附属窒素定量室⑨，図書館読書室⑩・書庫⑪新築
1903	7 30	新校舎落成，移転
	11 10	寄宿舎⑫・附属家・舎監室・食堂・賄所新築
	11 13	煖房汽罐室⑬新築
	12 9	雨天体操場⑭，寄宿舎煖房汽罐室⑮新築
	12 10	瓦斯製造所⑯新築
1904	10 10	正門⑰・鉄柵，中門⑱・木柵，門衛所⑲新築
1906	12	水産学教室⑳新築
	12 3	古河虎之助が文部大臣に大学建物献納願を提出

019 農学教室附属温室内部（1910年頃）

020 農学教室附属グラスハウス③（1910年頃）

021 農学教室附属グラスハウス内部（1910年頃）

I 札幌キャンパスの125年

札幌農学校 1876-1907

北八条キャンパス 1901▶1907

022 水産学教室[20]（左）と動植物学教室[4]（右）　中央の煉瓦造2階建は動植物学教室附属植物腊葉室[7]

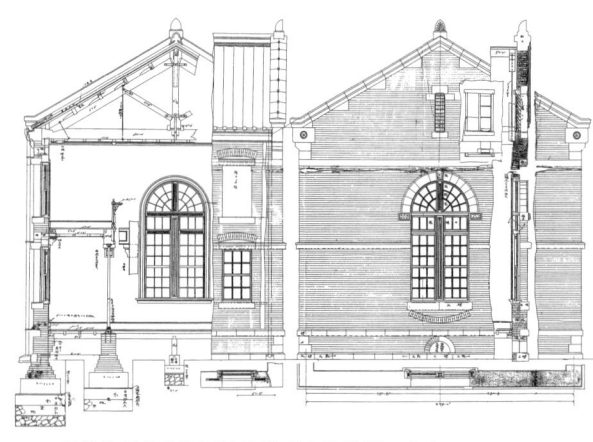

023 動植物学教室附属植物腊葉室内部　中央の人物は宮部金吾教授。鋳鉄製の階段や手擢に植物模様の装飾が見られる

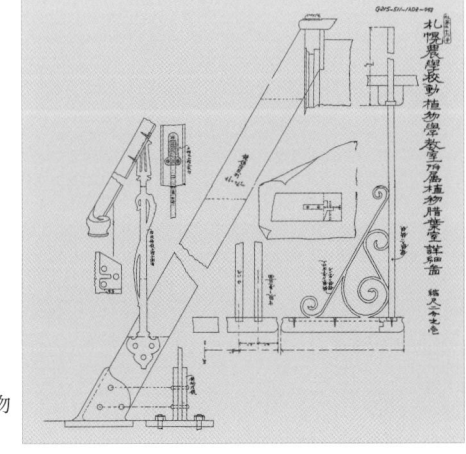

024 動植物学教室附属植物腊葉室設計図　中央に大きく開いた半円形ガラス窓が特徴的

025 動植物学教室附属植物腊葉室階段詳細図

026　昆虫学及養蚕学教室⑥　竣工当初は瓦屋根であった

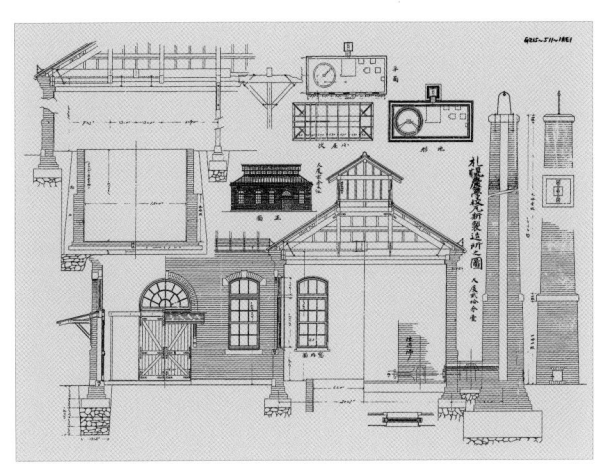

029　瓦斯製造所⑯設計図　腰屋根が特徴的な煉瓦造の建物で，1993年5月まで存在した

027　農芸化学教室⑧竣工記念(1903年)　計画時は理化学及地質学教室と称した

030　図書館読書室⑩(手前)と書庫⑪(後方)

028　農業経済学及農政学教室⑤　計画時は農業経済学及森林学教室と称した

031　図書館読書室内部

I 札幌キャンパスの125年

札幌農学校 1876-1907

北八条キャンパス 1901▶1907

032　竣工間もない水産学教室⑳

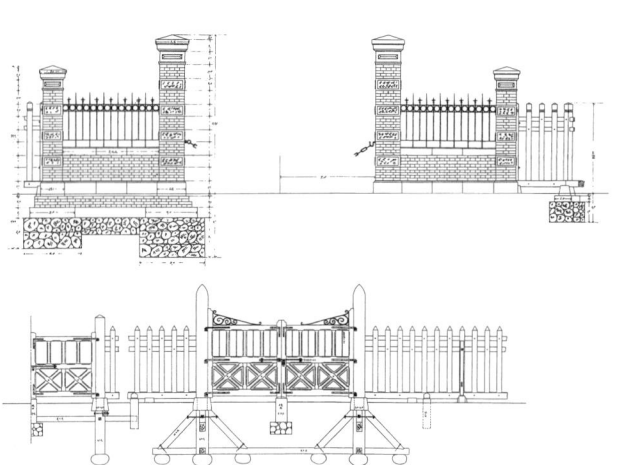

033　正門⑰（上）・中門⑱（下）設計図　正門は1936年移設，現在の南門

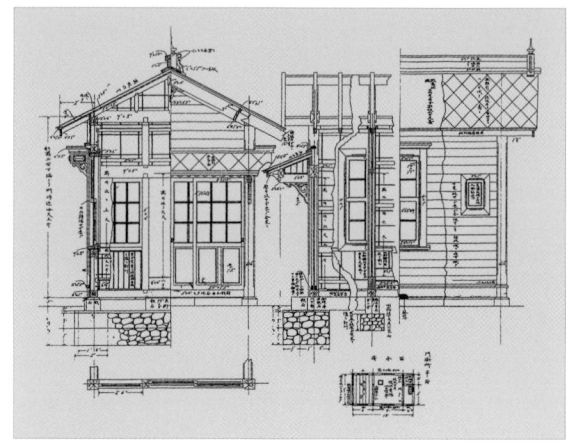

034　門衛所⑲設計図　現在の南門脇にある巡視詰所。当初は切妻屋根であった

035　寄宿舎⑫（1908年）　背後（右手）に煖房汽罐室⑮の煙突などが見える

東北帝国大学農科大学

1907-1918

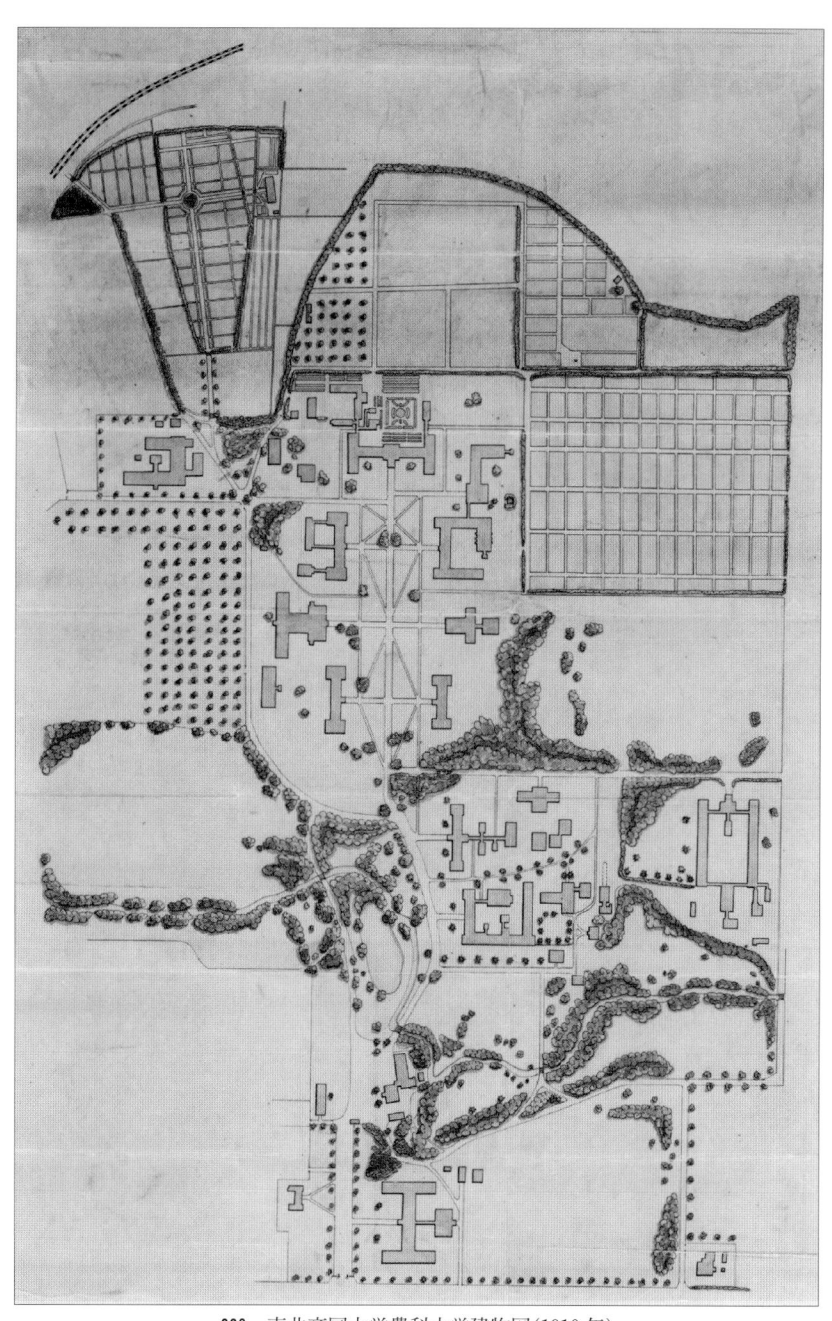

036　東北帝国大学農科大学建物図（1910年）

I 札幌キャンパスの125年

東北帝国大学農科大学 1907-1918

古河家寄付事業 1907▶1910

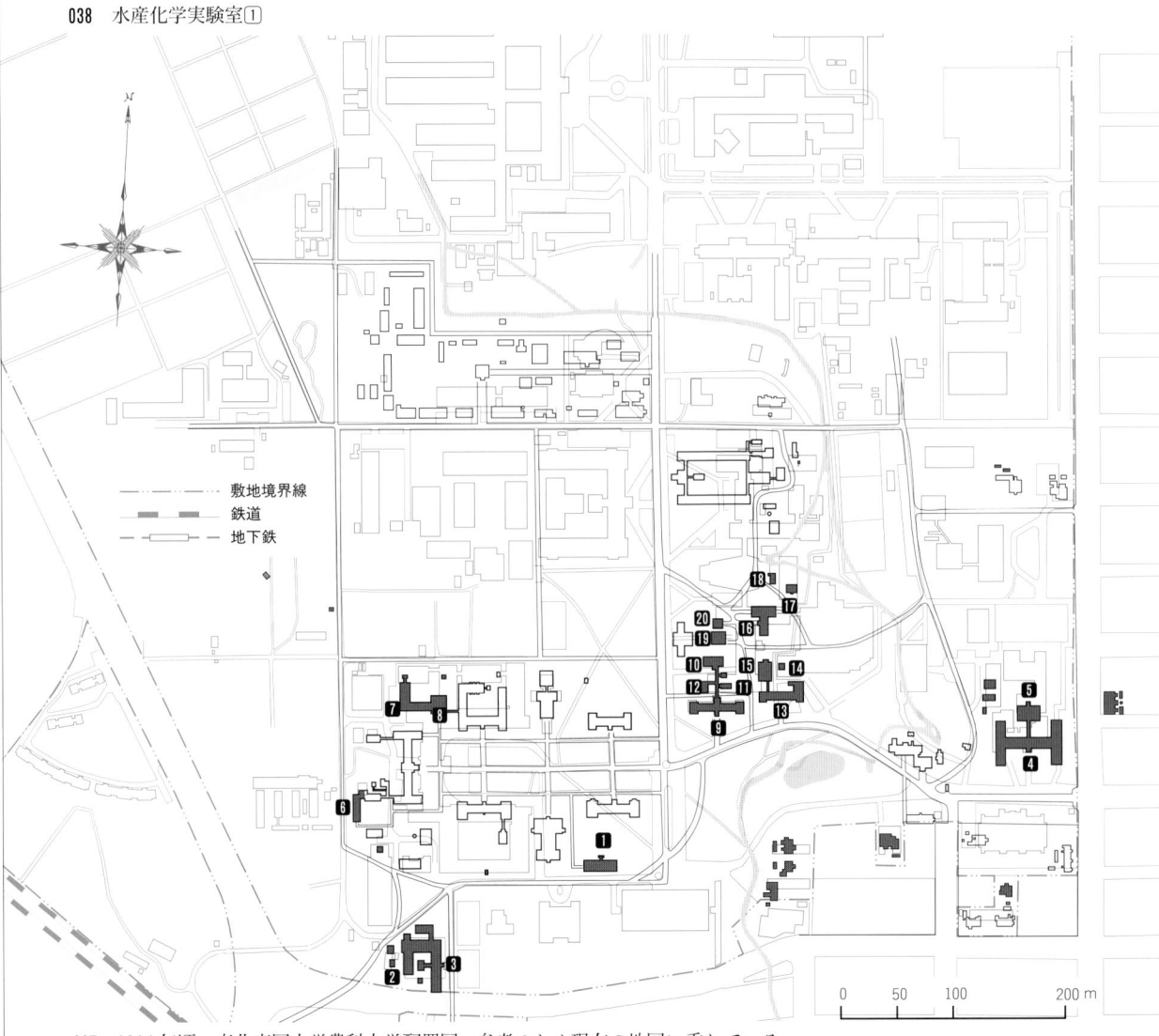

038 水産化学実験室①

037 1914年頃の東北帝国大学農科大学配置図　参考のため現在の地図に重ねている

文部省は1907年度予算案に九州帝国大学、東北帝国大学（札幌農学校を同大学の農科大学とする）設置を盛り込んだが、大蔵省が難色を示し、文部省の計画は頓挫しかけた。このとき古河鉱業会社の顧問も務めていた内務大臣原敬は、以前から社会貢献のために出資することを検討していた古河家（古河虎之助）に寄付を進言し、両帝国大学設置と、札幌農学校関係者が待望していた農学校の帝国大学昇格が実現した。原の日記からは、原が古河家の経営する足尾銅山の鉱毒問題に対する世論の批判を意識し、寄付を働きかけたことをうかがうことができる。寄付総額98万7739円のうち、東北帝国大学農科大学には13万5519円があてられた。予科及実科教室、農学科硝子室、農芸化学教室・土壌分析室、林学教室（現古河講堂）、畜産学教室・獣医学実験室及病室など合わせて1324.75坪の建物が文部技師新山平四郎の設計により建設された。

039　水産学実習室③　右の附属家②が先に竣工し、左の本棟が遅れて完成した

040　水産学実習室製缶室内部　水産学科生徒の缶詰製造実習風景

041　農学科硝子室詳細図

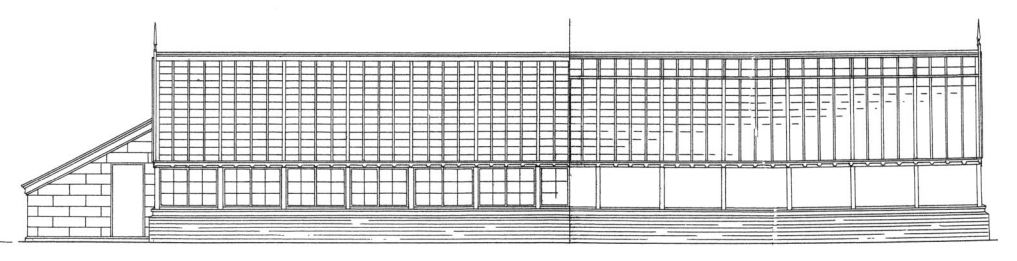

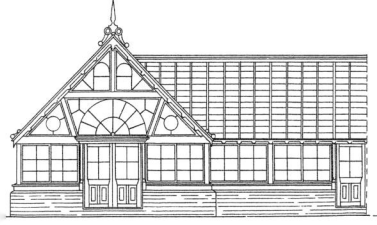

西暦	月日	できごと
1907	6 22	勅命第236号をもって札幌農学校を東北帝国大学農科大学と改組
	9 1	東北帝国大学農科大学開学
	10 30	水産化学実験室①新築
	12 11	水産学実習室附属家②ほか新築
1908	3 31	水産学実習室③・燻煙室ほか新築
	8 31	予科及実科教室④新築
	12 10	予科及実科教室・学生生徒控所及体操場⑤増築
1909	4 30	農学科硝子室⑥・釜場新築
	6 14	農芸化学教室⑦・土壌分析室⑧ほか増築
	11 24	林学教室⑨・林産製造及森林化学実験室薬品倉庫⑩・標本倉庫⑪・造林実習室⑫、畜産学教室⑬・硫化水素発生室⑭・練乳製酪室⑮・獣医学実験室及病室⑯・畜産学教室附属舎⑰・蹄鉄工場⑱ほか新築
	12 30	附属煖房室⑲・石炭庫⑳新築

042　農学科硝子室⑥立面図

15

I 札幌キャンパスの125年

東北帝国大学農科大学 1907-1918

古河家寄付事業 1907▶1910

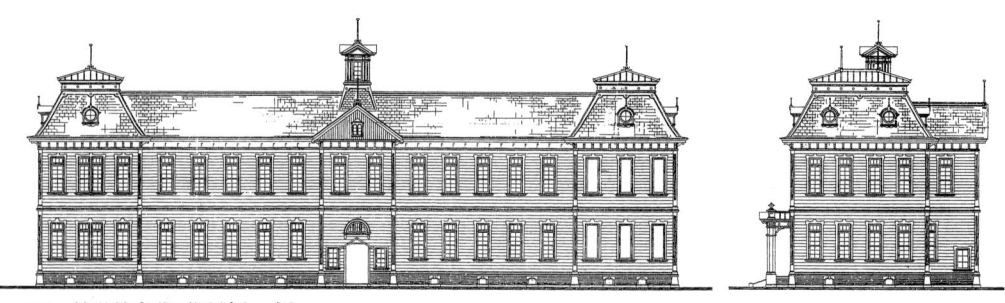

043 林学教室背面図(左)・側面図(右) 背面図右側の窓は教室内に黒板を掛けるため外枠のみとした

044 林学教室玄関ホール仕切扉姿図 円形欄間に「林」の文字があしらわれている

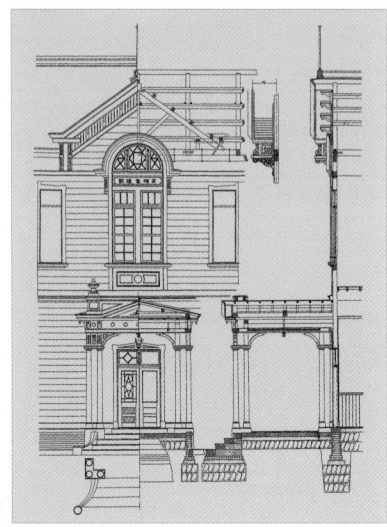

045 林学教室正面玄関廻り詳細図

046 畜産学科獣医学実験室及病室⑯ (1962年)

047 畜産学教室⑬

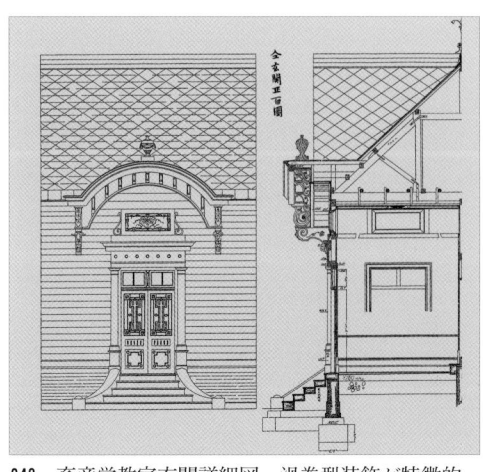

048 畜産学教室玄関詳細図 渦巻型装飾が特徴的

049 新築間もない林学教室⑨ 現在古河講堂として親しまれている建物で，文部技師新山平四郎の設計，新開新太郎の施工により建築。当初石綿セメントスレート葺であった屋根は，戦後トタン葺に変更されたが，1999年末塔屋胴部分を鱗形赤色セメントスレートを使用して復元した

050 新築された予科及実科教室④ 現大学事務局の位置に建つH型平面の木造2階建校舎。左右翼部の前面に突出する平家部分は階段教室

17

I

札幌キャンパスの125年

東北帝国大学
農科大学
1907-1918

施設の拡充
1911▶1918

052　1911年の農科大学　正面は農学教室。左手前から農業経済学及農政学教室，動植物学教室。右手前から昆虫学及養蚕学教室，図書館

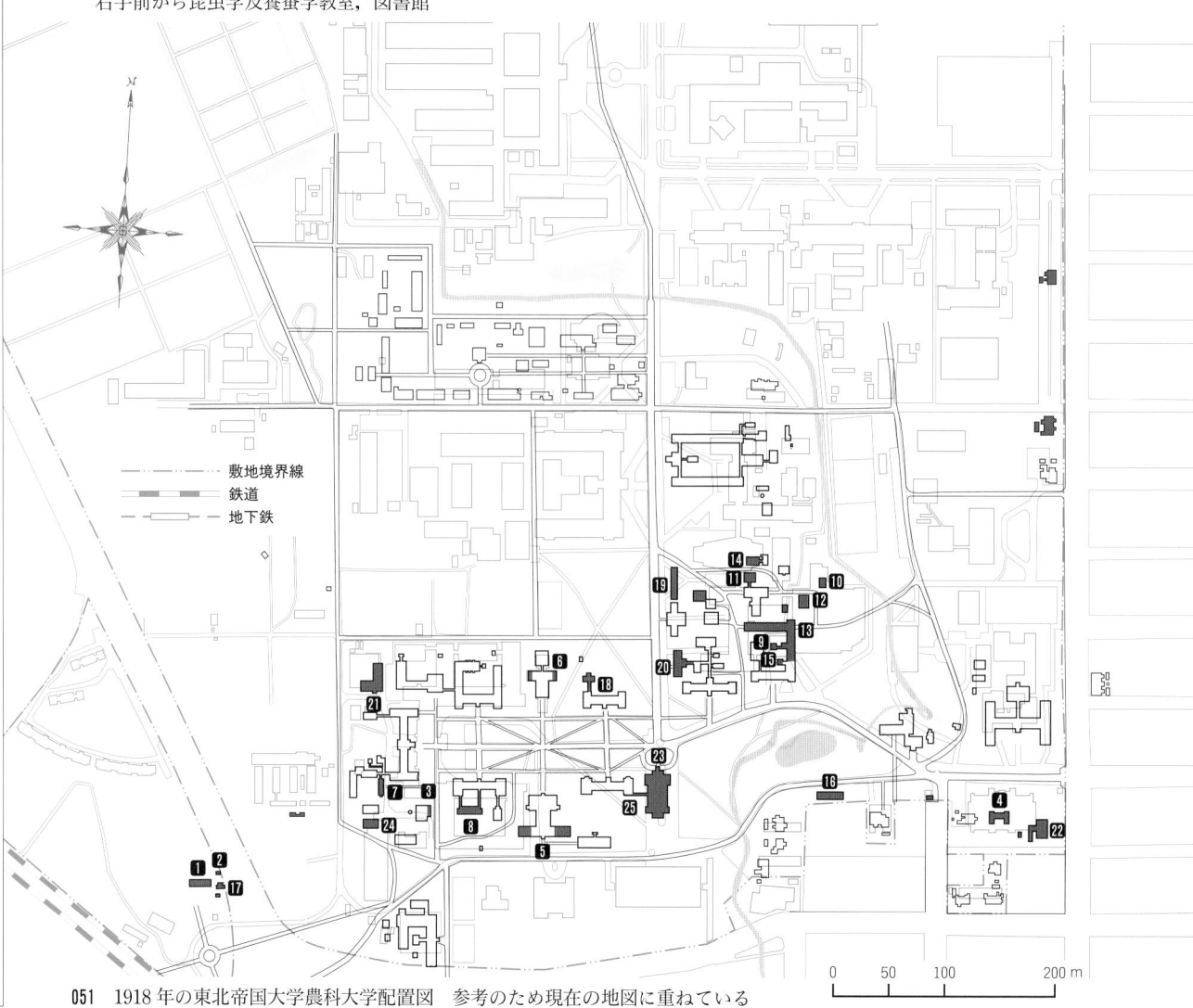

051　1918年の東北帝国大学農科大学配置図　参考のため現在の地図に重ねている

1908年から1909年にかけての古河家寄付による新校舎建設事業と並行して，1910年までに第二農場施設の北18条(現在地)への移転改築工事も行なわれた。単独の帝国大学設置を視野に入れたキャンパス環境整備の一環ととらえてよいであろう。

　農科大学の各教室は，この時期，実験室など各種施設を増築し，研究・教育環境の整備を図っていた。なかでも畜産学及獣医学教室は大幅な施設拡張を行なっている。また，札幌農学校時代の終わりに計画されていたが実現できなかった講堂が，農業経済学及農政学教室東隣，現在の中央道路の南端に中央講堂として建設された。農学教室と並んでキャンパスを象徴する建物といえる。さらに学生生徒控所(のちの文武会事務所)や札幌同窓会館(同窓倶楽部)など，福利厚生施設も充足された。

西暦	月日	できごと
1911	4 1	会計課に臨時建築係を設置
1912	9 30	演習林苗圃作業場①・肥料小屋②新築
1913	9 22	煖房汽罐室③増築
	10 6	学生生徒控所④新築
	10 26	水産学教室⑤増築
1914	7 22	図書館閲覧室⑥増築
	12 20	植物学温室⑦，動植物教室動植物学実験室⑧，畜産学附属乾燥室⑨・解剖室⑩・小家畜病室⑪・皮革製造室⑫新築，畜産学及獣医学教室⑬・畜産学附属蹄鉄及検畜所⑭増築，畜産学附属瓦斯発生室⑮移転
1915		機械庫⑯新築
	12 1	演習林苗圃番人小屋⑰新築
1916	1 25	昆虫試育室⑱新築
	1 29	木材強弱試験室⑲新築
	2 20	林学実習室⑳新築
	3 31	応用菌学教室㉑新築
	8 16	札幌同窓会館㉒新築
	12 20	中央講堂㉓新築
1917	11 1	育種学実験室㉔新築
1918	3 26	中央講堂渡廊下㉕増築

053　新築間もない中央講堂㉓

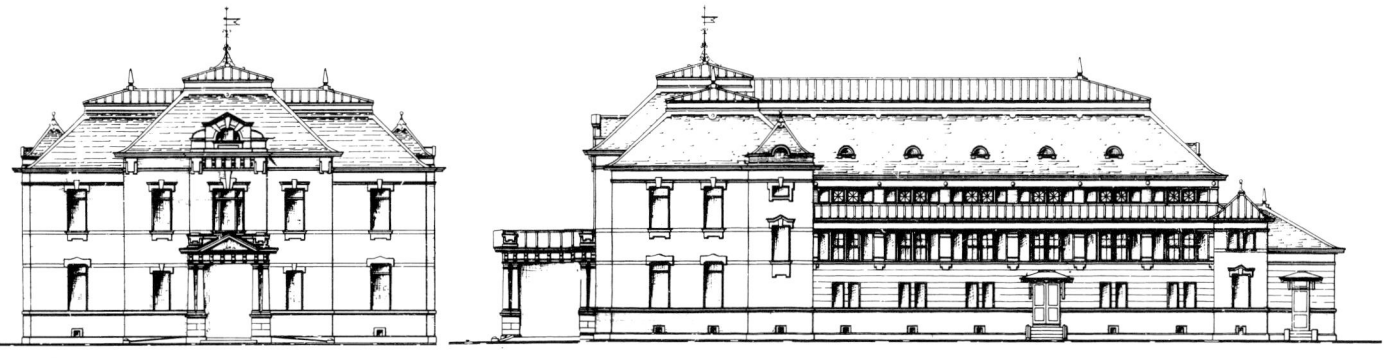

054　中央講堂立面図　正面図(左)と側面図(右)。のちに横目地を強調した人造石洗出し仕上げの外壁に変更された

I 札幌キャンパスの125年

東北帝国大学農科大学 1907-1918

施設の拡充 1911▶1918

055　サクシュコトニ川にかかる石造の橋と欄干　奥に増築された畜産学及獣医学教室⑬(左)，皮革製造室⑫(中央)，解剖室⑩(右)

056　札幌同窓会館㉒(1969年)　1階外壁は下見板張りという横板張りで，2階はハーフティンバーという木構造を露出した瀟洒な建物

057　札幌同窓会館正面図　のちに大学に寄贈され，職員集会所となった

058　応用菌学教室㉑実験風景　農学校で最初に電気が引かれた教室

059　工学部生森岡史郎が描いたキャンパス(1928年)

北海道帝国大学

1918-1947

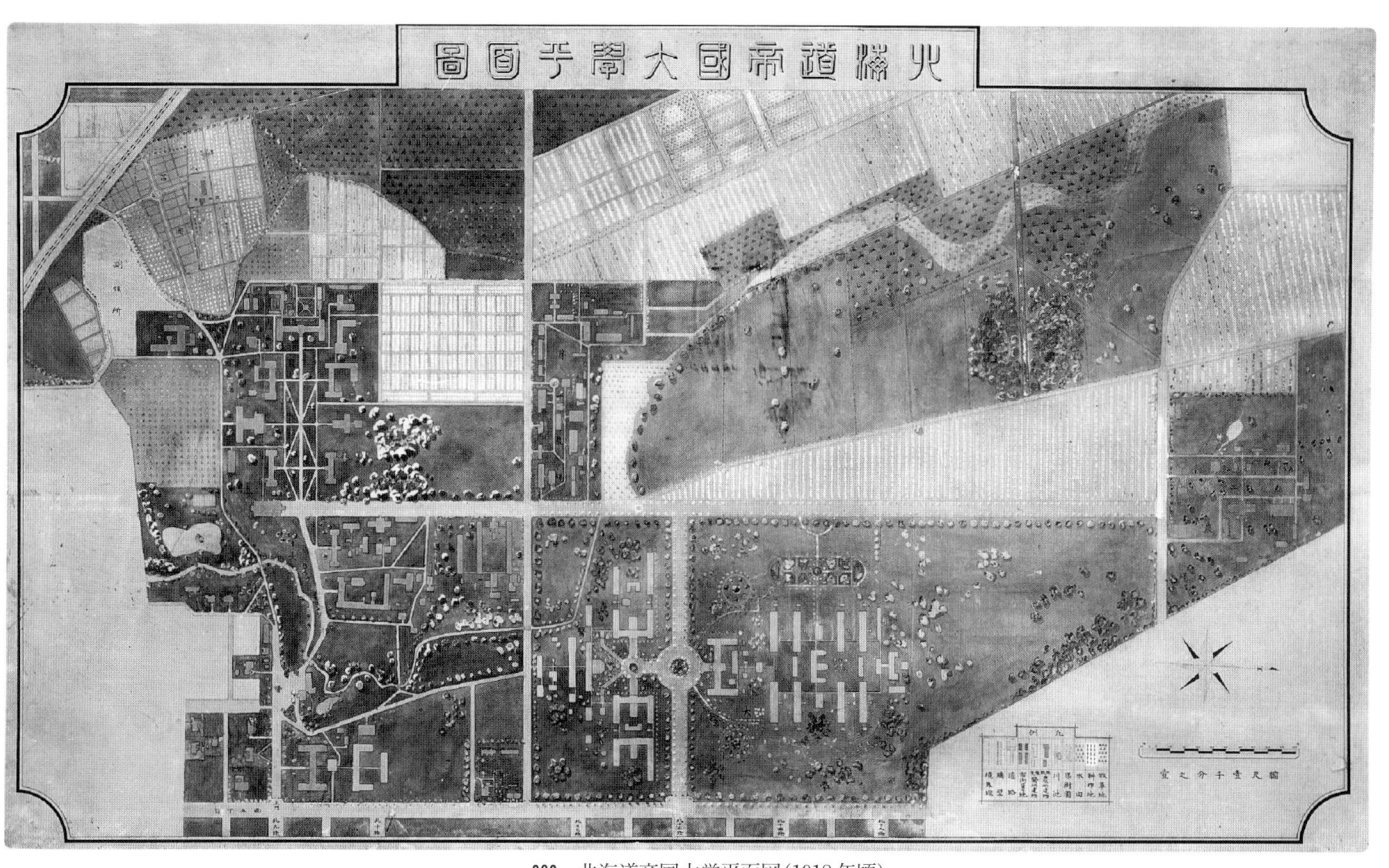

060　北海道帝国大学平面図(1918年頃)

I 札幌キャンパスの125年

北海道帝国大学 1918-1947

医学部の開設

1918 ▶ 1922

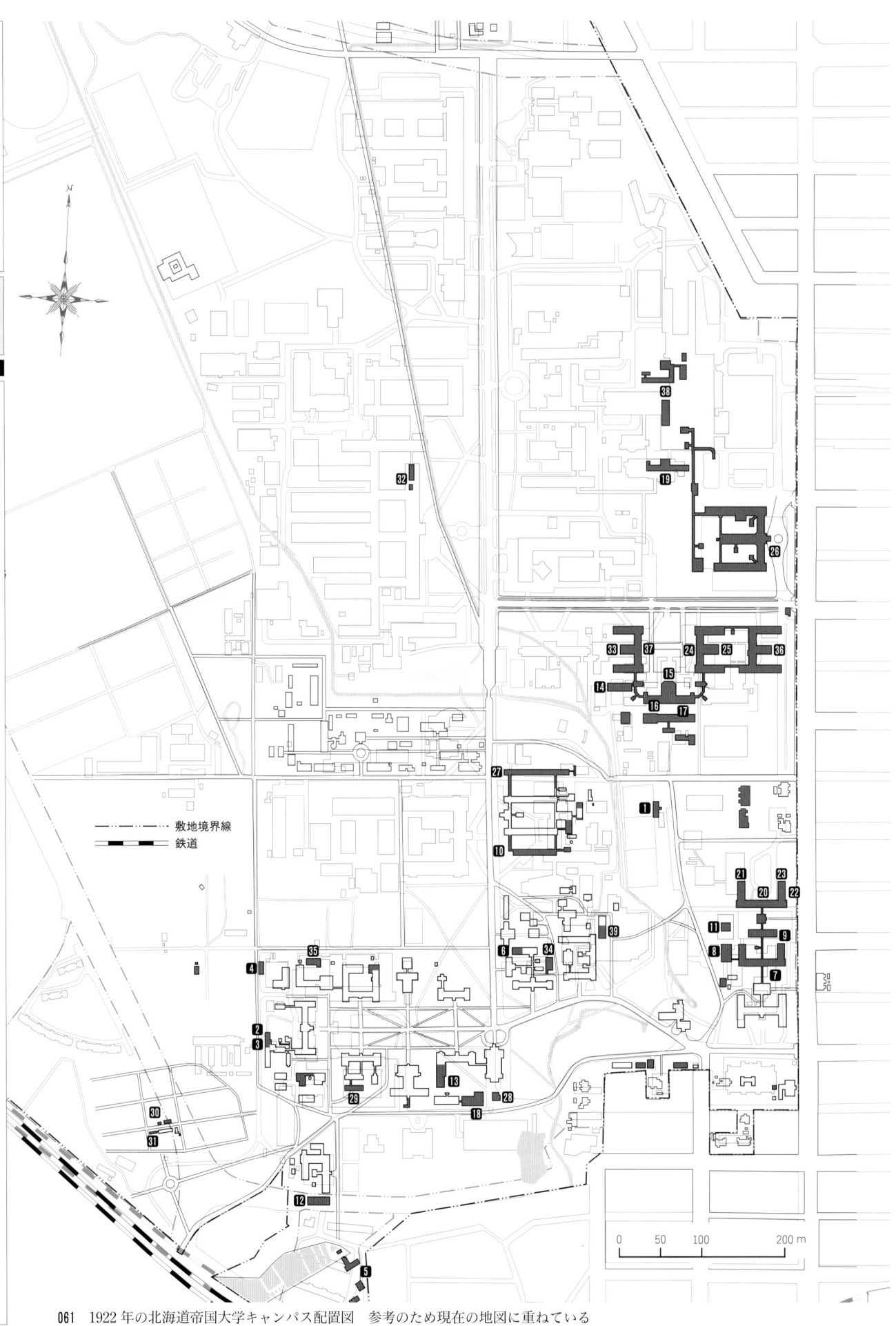

---- 敷地境界線
━━━ 鉄道

061　1922年の北海道帝国大学キャンパス配置図　参考のため現在の地図に重ねている

医学部開設が決まり，1918年北海道帝国大学が設置された。医学部には1921年，内科学・外科学・病理学・解剖学・生理学・医化学の6講座が，翌年解剖学第二など8講座が開設され，講義は22年に開始された。医学部新設に先立ち，大学予科には従来の英語科のほかにドイツ語科が新設されている。第1期生として67名が受講し，初代医学部長を秦勉造が務めた。当初札幌病院を改築して附属医院とする予定であったが，1919年基礎科隣地に臨床部門の医院新設が決定した。基礎科は北13条通の南側，附属医院は北側に配置された。医院本館は，当初基礎科と向かい合わせの南向き案であったが，外来患者の利便性を優先して東向きとなった。病棟の配置計画には初代内科教授有馬英二の示したドイツ・ハンブルクの大学病院が参考にされたといわれる。

062 医学部附属医院本館㉖

063 北13条門から望む医院本館

064 医学部基礎科　中央は解剖病理組織実習室⑮および解剖学講義室⑯，右は病理細菌衛生学教室㊲，左は生理薬物医化学教室㉔

西暦	月日	できごと
1918	4 1	北海道帝国大学創立
	9 15	土木専門部材料強弱試験室①新築
	10	農学部育種実験室②新築
	11 30	農学部特用作物温室③新築
1919	3 31	農学部肥料効能実験室④・水産養殖実験室⑤新築，農学部林学製造実験室⑥増築
	8 15	予科教室⑦・学生控室⑧・附属図書室⑨ほか増築
	8 20	寄宿舎南寮⑩増築
	9 20	予科煖房汽罐室⑪新築
	10 25	水産専門部水産学実習室製図室⑫新築，農学部農業経済学講堂⑬増築
1920	6 24	医学部解剖学実習室⑭・解剖病理組織実習室⑮新築
	6 28	医学部解剖学講義室⑯・解剖学法医学講堂⑰新築
	6 30	水産専門部化学実験室⑱新築
	11 30	医学部附属医院看護婦寄宿舎⑲新築
1921	6 26	予科教室⑳・化学実験室㉑・標本室㉒・物理実験室㉓ほか増築
	8 20	医学部生理薬物医化学教室㉔・講義室㉕新築
	9 30	医学部附属医院本館㉖新築
	10 20	寄宿舎㉗増築
	11 20	食堂㉘新築
	12 10	農学部動植物学実験室㉙増築
	12 20	演習林苗圃硝子室㉚新築・苗圃作業場㉛増築
1922	6 15	工学部印刷室及物置㉜ほか新築
	10 15	医学部病理細菌衛生学講義室㉝新築
	10 30	農学部林学貯蔵兼標本室㉞・理論化学実験室㉟新築
	11 1	医学部生理薬物医化学実習室㊱新築
	11 10	医学部病理細菌衛生学教室㊲新築
	11 19	医学部附属医院看護婦寄宿舎㊳増築
	11 20	農学部皮革製造室㊴新築

I 札幌キャンパスの125年

北海道帝国大学 1918-1947

医学部の開設 1918▶1922

065　東から眺めた医学部基礎科の教室群　中央手前の平家は生理薬物医化学実習室㊱

066　水産専門部水産学実習室　右端は製図室⑫，中庭に土俵がある。後方左は増築後の水産専門部講堂（旧水産学教室），その右は化学実験室⑱

067　医学部病理細菌衛生学教室[37]

068　北海道帝国大学の看板が掛かった正門　札幌農学校時代のものをそのまま利用している。
　　　左の建物は1913年建築の学生生徒控所

069　寄宿舎（恵迪寮）　右が増築された南寮[10]

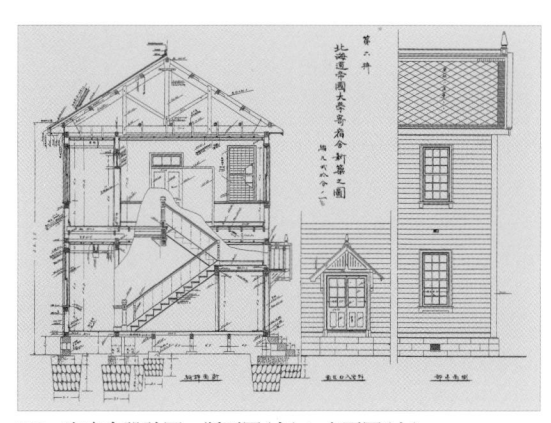

070　寄宿舎設計図　断面図（左）と立面図（右）

I 札幌キャンパスの125年

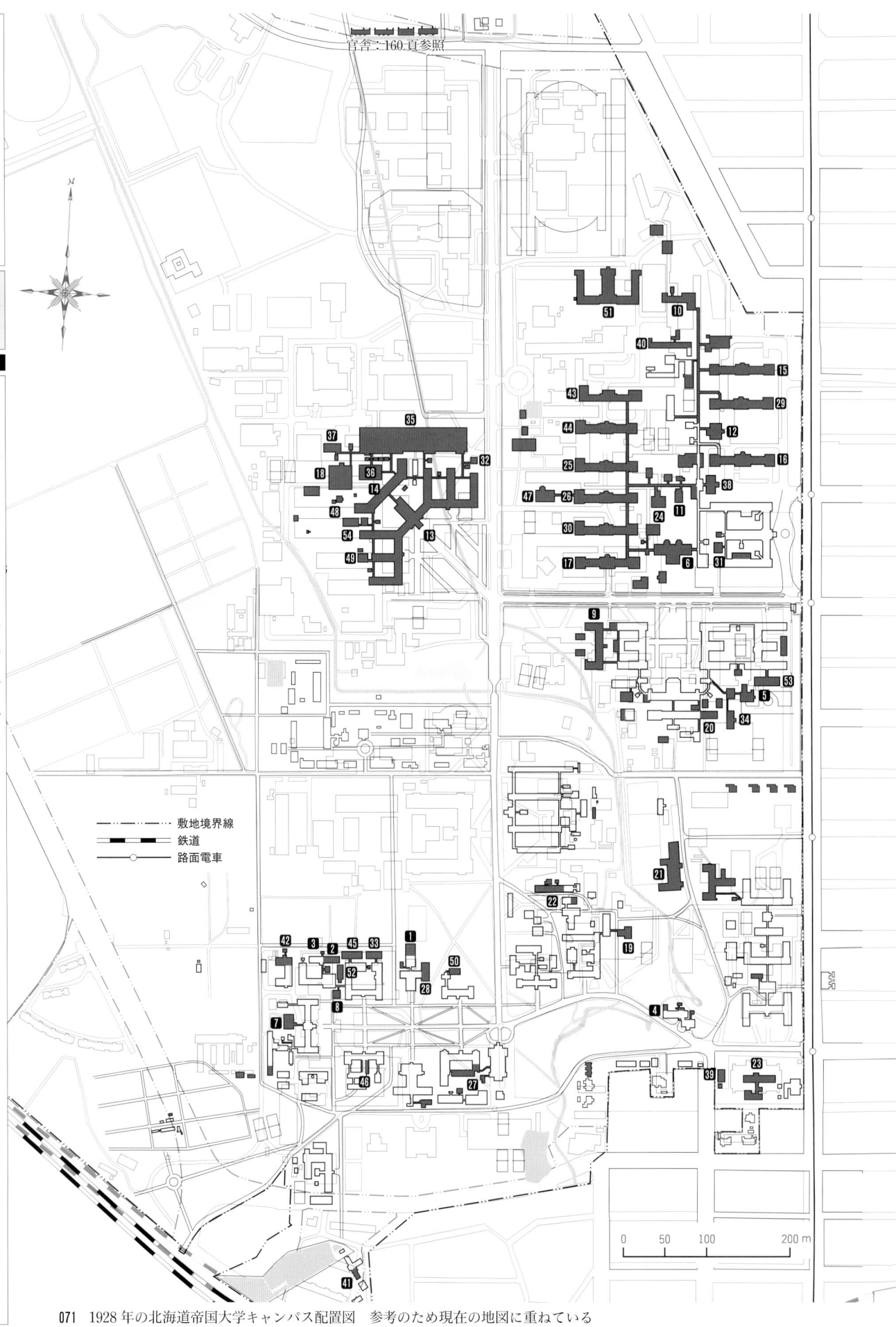

北海道帝国大学 1918-1947

工学部の設置
1923 ▶ 1928

官舎：160頁参照

――― 敷地境界線
▬▬▬ 鉄道
―○― 路面電車

071　1928年の北海道帝国大学キャンパス配置図　参考のため現在の地図に重ねている

072 北西から見た工学部　鶴が翼を広げたような形の校舎が工学部本館⑬，その手前が製図室⑭。手前左は電気水力採鉱実験室㉟

073 前庭から見た工学部本館　一面に張られた白色タイルから「白堊館」と呼ばれた

074 工学部玄関前での土木工学科学生（1929年頃）

　工学教育は札幌農学校時代の1887年3月工学科の設置に始まるが，工学科はわずか10年足らずで廃止された。20年後，工学部の設置のために，原敬内閣による1918年末の高等教育施設創設及拡張計画の一環として，1919年度から10ヵ年継続，212万6000円の予算が計上された。1924年9月26日，橋梁学・鉄道学・水工学・電気機械学・原動機学・鉱山学の6講座をもって工学部が発足した。当時の北海道鉱工業に対する貢献への期待がうかがえる。1925年に13講座，26年に6講座をそれぞれ増設し，計25講座となった。この工学部の学生を受け入れることになったのが，外壁一面に白タイルを張った工学部本館，通称「白堊館」であった。平面が鶴の翼を広げた様を思わせることから「鶴翼館」と呼ぶ者もあった。工学部校舎の建築と前後して，医学部附属医院の諸施設も充実していった。なかでも各科病室が並立する姿は，「白堊館」とともに，北13条以北のキャンパスの様相を一変させた。

　1923年9月1日の関東大震災は北大キャンパスの建設にも大きな影響を与えた。1925年以後の新築施設は耐震・耐火の鉄筋コンクリート構造が盛んに用いられるようになる。工学部の各種実験室，医学部の薬物学実験室，同附属医院の手術室などである。

西暦	月日	できごと
1923	3 27	図書館書庫①増築
	4 18	農学部理論化学実験室②・瓦斯発生及分析室③新築
	6 28	本部事務室④増築
	8 30	医学部本館⑤新築
	9 30	医学部附属医院手術室⑥新築
	10 30	農学部農学実験室⑦・応用膠質化学実験室⑧，医学部病理学細菌学実験室⑨新築
	11 8	医学部附属医院伝染病室⑩新築
	11 10	医学部附属医院講義室⑪・臨床講義室⑫新築
	12 6	工学部本館⑬・製図室⑭新築
	12 10	医学部附属医院眼科病室⑮新築
	12 25	医学部附属医院第一内科病室⑯・第一外科病室⑰新築
1924	5 31	工学部汽罐室・実験室⑱新築
	9 8	農学部畜産学皮革製造室⑲新築
	9 30	医学部法医学解剖室⑳新築
	10 30	雨天体操場・銃器室㉑移転改築
	10 31	農学部畜産学実験室㉒新築
	11 20	学生生徒控所㉓新築
	12 15	医学部附属医院臨床講義室㉔新築
	12 24	医学部附属医院耳鼻咽喉科病室㉕新築

I 札幌キャンパスの125年

北海道帝国大学 1918-1947

工学部の設置 1923▶1928

075 医学部附属医院全景　附属医院講義室⑪東側の事務所屋上から南西方向を撮影

076 医学部附属医院事務所㊳

077 医学部附属医院手術室⑥南面

078 医学部学生集会所㉞

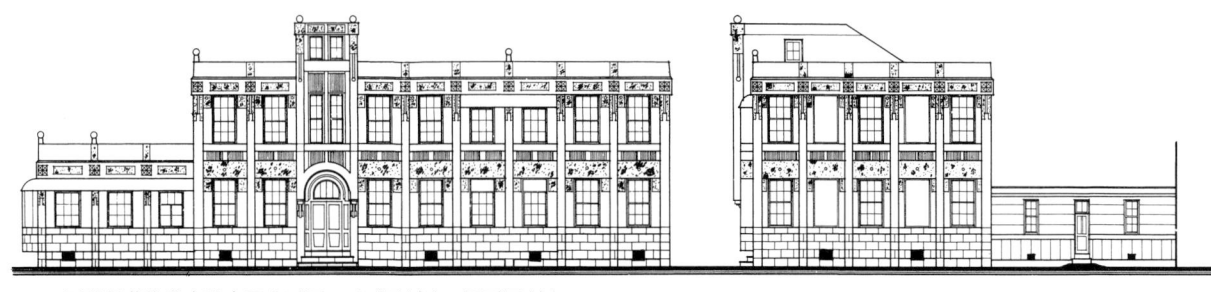

079 医学部薬物学実験室㊺立面図　正面図（左）と側面図（右）

28

080　図書館北側に増築された鉄筋コンクリート造の図書館書庫①(左)

西暦	月日	できごと
1925	6 20	医学部附属医院産婦人科病室㉖新築
	9 30	農業経済学教室・教官室㉗，図書館閲覧室㉘ほか増築
	10 15	医学部附属医院第二内科病室㉙・第二外科病室㉚・第二薬局㉛新築
	10 17	工学部蓄電池室㉜新築
	10 31	農学部農産製造学実験室㉝，医学部学生集会所㉞新築
	11 10	工学部電気水力採鉱実験室㉟・化学実験室㊱・地質学実験室㊲新築
	11 15	医学部附属医院事務所㊳新築
	12 12	自動車ポンプ置場㊴新築
	12 20	医学部看護婦寄宿舎㊵増築
1926	9 15	水産専門部養殖実験場㊶増築
	10 23	農学部応用菌学実験室ほか㊷増築
	10 30	医学部附属医院小児科病室㊸・皮膚泌尿科病室㊹新築
	12 10	農学部実験室㊺・植物学講義室及実験室㊻新築
1927	10 15	医学部附属医院産婦人科手術室㊼新築
	10 31	工学部給水ポンプ室㊽新築
	11 10	工学部図書庫㊾新築
	11 20	農学部昆虫学標本室㊿新築
	12 8	医学部附属医院精神科病室(51)新築
	12 10	農学部農芸化学教室動物実験室(52)，医学部薬物学実験室(53)新築
1928	9 30	農学部皮革製造実験所増築
	10 31	工学部印刷室(54)新築

081　農芸化学教室北側の農産製造学実験室㉝(左)と農学部実験室㊺(右)

082　学生生徒控所㉓　学生集会所，学生ホールなどとも呼ばれた

I 札幌キャンパスの125年

北海道帝国大学 1918-1947

理学部の新設 1929▶1934

―・―・― 敷地境界線
━━━ 鉄道
─○─ 路面電車

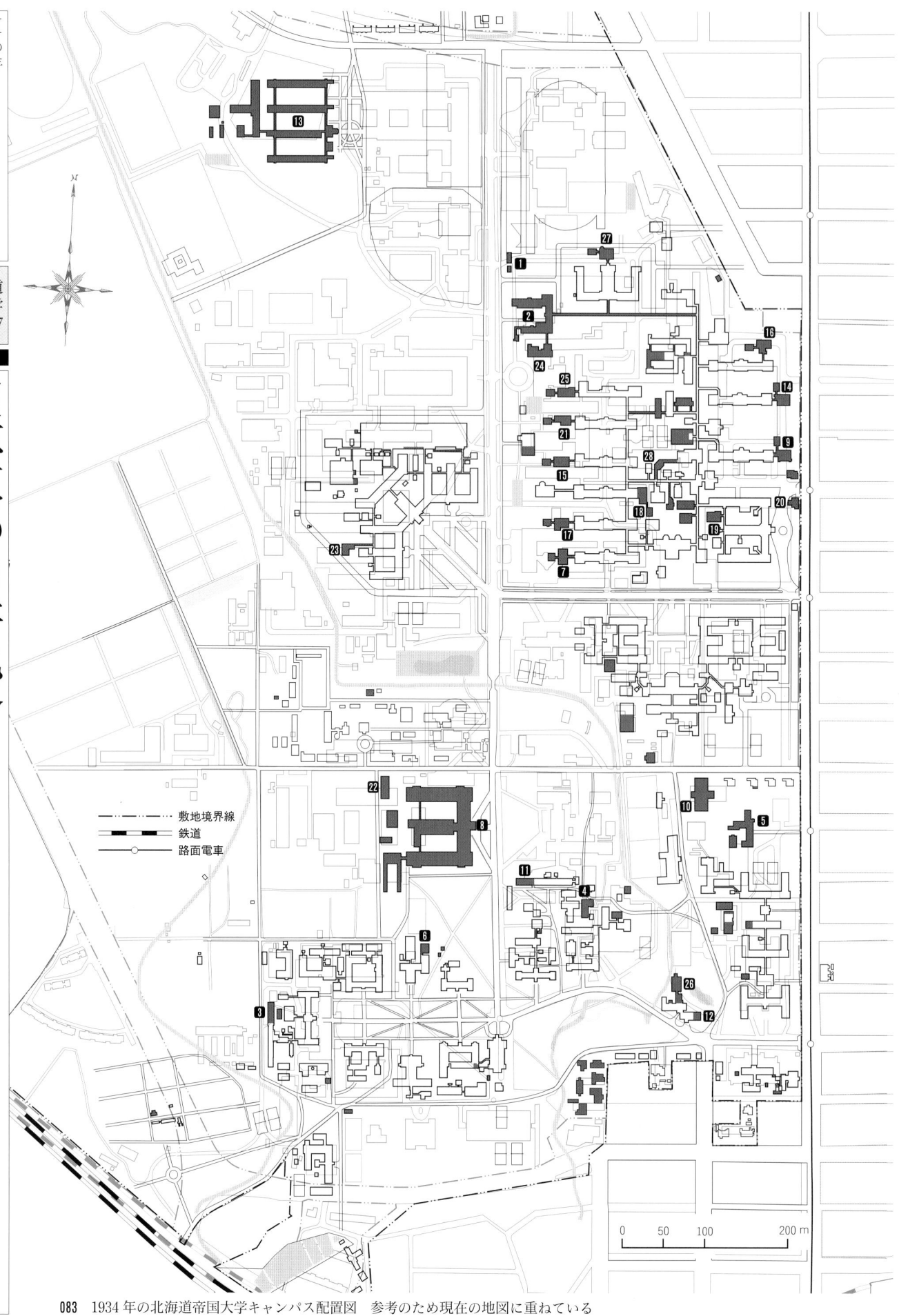

083　1934年の北海道帝国大学キャンパス配置図　参考のため現在の地図に重ねている

1919年医学部，24年工学部の発足により，北海道帝国大学は総合大学の形態を整備しつつあったが，応用科学の基礎となる理学部創設の意向も強く，関東大震災による財政緊縮の余波を受けながらも，26年帝国議会で新学部設置が可決された。翌年，大学では理学部創立委員会を発足させ，東京での第1回委員会を経て，8月青森県浅虫での会議，1928年4月パリ会議を経て，30年開学した。創設費196万6047円のうち，建物新営費は138万1950円で約7割を占めていた。建築は，浅虫会議にも出席した営繕課長萩原惇正の設計監理で行なわれ，1927年11月工事開始，29年11月竣工と2年を要している。当時の札幌でも数少ない大型鉄筋コンクリート造建築で，外壁をスクラッチタイルやテラコッタで覆い，ロマネスク様式やゴシック様式を加味したヨーロッパ中世風の堂々たる外観は，キャンパス内に異彩を放っていた。当初二重窓の計画であったが，予算上一重窓に変更されている。開学式は1930年9月27日，中央講堂で開催された。

084　理学部本館⑧階段のアインシュタインドーム

085　理学部背面

086　理学部本館南東面

西暦	月 日	できごと
1929	8 19	運動場脱衣所①新築
	8 31	医学部附属医院伝染病室②新築
	9 30	農学部農学教室附属交配室③新築
	10 5	農学部畜産学科附属家畜病院厩舎④新築
	10 8	農学部畜産学科第二部建物焼失
	10 25	土木専門部本館⑤新築
	10 30	図書館製本室⑥，医学部第一外科研究室⑦新築
	11 10	理学部本館⑧新築
	11 30	医学部第一内科研究室⑨新築
1931	3 30	武道場⑩新築，農学部畜産学実験室⑪増築
	8 30	本部事務室⑫増築
	10 30	寄宿舎⑬移転改築
	12 10	医学部附属医院第二内科研究室⑭・耳鼻咽喉科研究室⑮新築
1932	2 10	医学部附属医院眼科研究室⑯新築
	3 10	医学部附属医院第二外科研究室⑰・産婦人科研究室⑱新築
	3 30	医学部附属医院製剤室⑲新築
	10 30	医学部附属医院外来応急診療所⑳新築
1933	3 31	医学部附属医院皮膚泌尿科研究室㉑新築
	7 28	理学部石炭庫㉒新築
	9 30	工学部橋梁学実験室㉓新築
	10 15	医学部附属医院小児科伝染病室㉔・小児科研究室㉕新築
	10 31	本部事務所(営繕課)㉖増築
	12 5	医学部附属医院精神科研究室㉗新築
1934	5 13	医学部附属医院温室㉘新築

31

I
札幌キャンパスの
125年

北海道
帝国大学
1918-1947

理学部の新設
1929 ▶ 1934

087　医学部附属医院伝染病室②

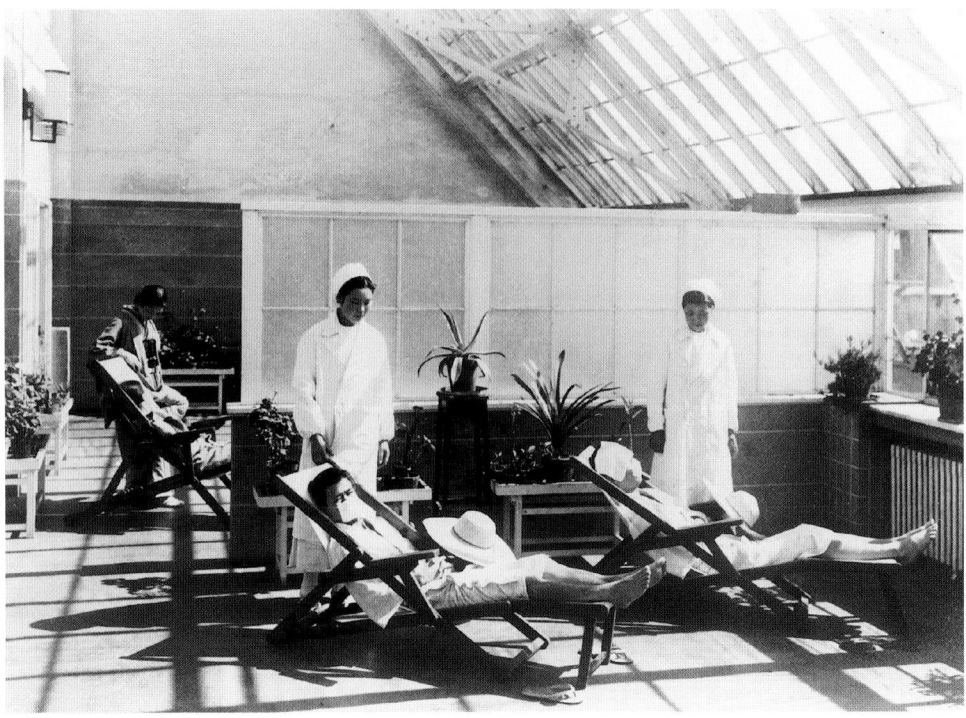

088　医学部附属医院伝染病室日光浴室

089　医学部附属医院製剤室⑲　見上げた内部階段

090　本部事務所(営繕課)㉖　旧屋内体操場建物を移築改造した

091　医学部附属医院第二外科研究室⑰　南面

092　医学部附属医院外来応急診療所⑳

093　土木専門部本館⑤

I
札幌キャンパスの125年

北海道帝国大学
1918-1947

農学部本館の改築
1935 ▶ 1943

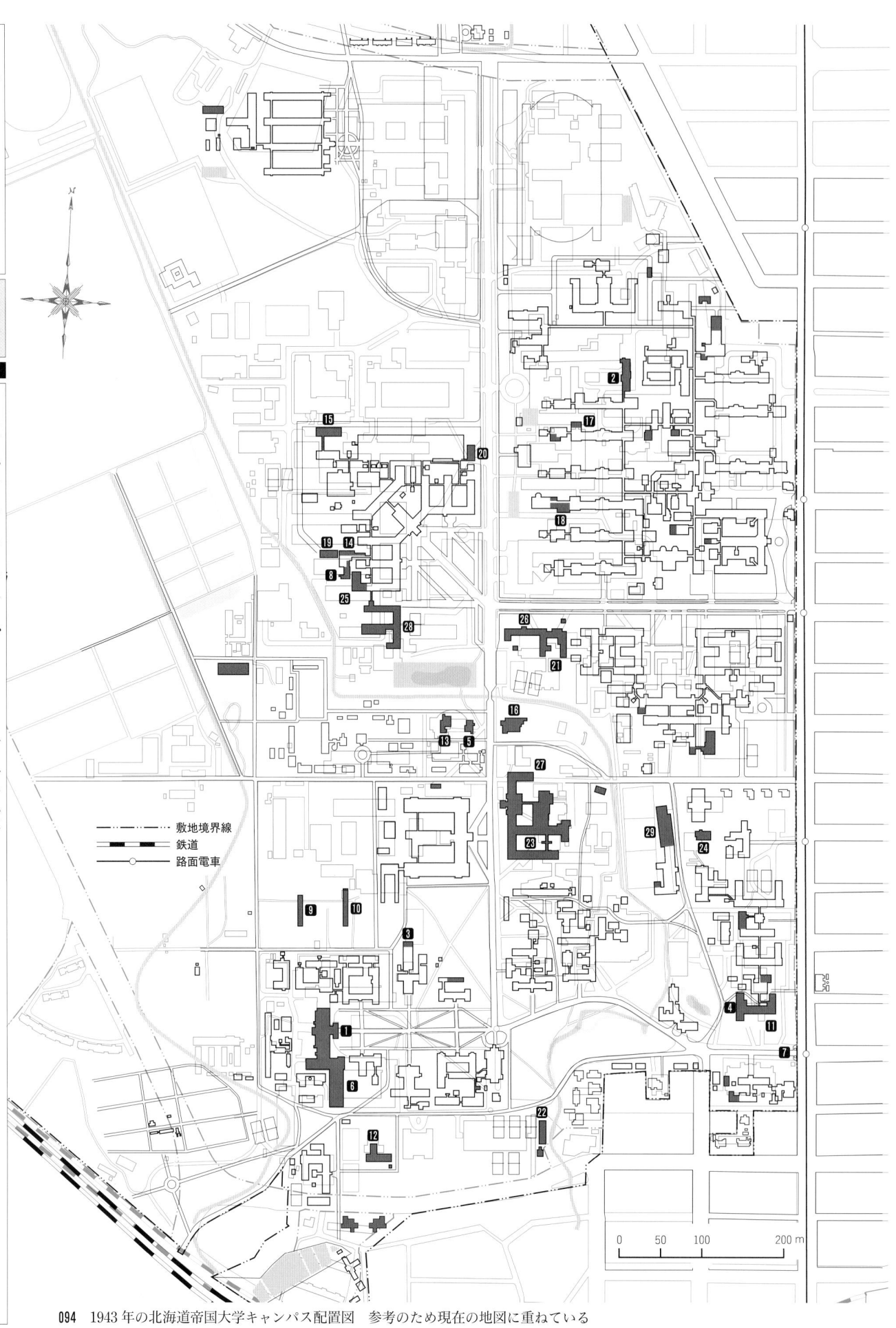

敷地境界線
鉄道
路面電車

094　1943年の北海道帝国大学キャンパス配置図　参考のため現在の地図に重ねている

北八条キャンパスへの移転から30年を経，初期の木造校舎は老朽化が目立つようになった。1933年，まず農学部本館の改築工事が着手された。鉄筋コンクリート造4階建地下付き，さらに中央に塔を設けた。当初は装飾的な塔屋が予定されていた。設計は理学部本館も手掛けた営繕課長萩原惇正。スクラッチタイルやテラコッタなどに共通性があるが，中央大時計周辺のねじり柱が目立つ程度で華美な装飾は控えられている。1936年の陸軍特別大演習の際，農学部本館が大本営および行在所にあてられたことと無関係ではないであろう。第2期工事完了後に予定されていた工事は財政難のため中止，戦後に再開された。

1935年から37年にかけて予科教室も鉄筋コンクリート造へと建て替えられた。設計は萩原の後任の営繕課長落藤藤吉。外壁をスクラッチタイルで覆っているが，農学部本館よりさらに装飾が抑制されている。戦時体制への突入という社会背景が校舎のデザインにも影響を見せ始めた。

095 南西から見た新旧の農学部本館① 第1期工事終了後の撮影。この後，木造の旧館は取り壊される

096 大学正門⑦ 陸軍特別大演習の大本営設置にあたり，改装された。赤レンガの旧正門は現在の南門へ移設され，中門は取り払われた

097 木造校舎の老朽化により建て替えられた予科教室⑪ 現在の大学本部

西暦	月 日	できごと
1935	2 21	農学部本館（改築第1期）①新築
	3 30	医学部附属医院理学的治療室②新築
	3 31	図書館書庫③増築
	8 3	予科教室（改築第1期）④新築
	10	常時低温研究室⑤新築
1936	8	農学部本館（第2期）⑥増築
	9 15	大学正門⑦新設
	11 26	工学部鉄道工学実験室⑧新築
	12 7	農学部普通作物硝子室及作業室附属金網室⑨・肥料効能実験室及作業室附属金網室⑩新築
1937	3 5	予科教室（第2期）⑪増築
	12 9	農学部肉製品製造実習室⑫新築
	12 18	金属化学研究室⑬新築
1938	12 10	工学部応用地質学実験室⑭新築
1939	9 23	工学部燃料学研究室⑮（北海道炭礦汽船株式会社寄付）新築
	10	山下生化学研究室⑯（11月23日，卒業生山下太郎寄付）新築
	10 10	医学部皮膚科手術室⑰・産婦人科分娩室⑱新築
1940	3 20	工学部鉄道工学第一実験室⑲新築
	11 15	工学部電気特別実験室⑳新築
	11 30	超短波研究室㉑，学生食堂㉒新築
1941	10 31	低温科学研究所（第1期）㉓新築
1942	7 17	鍛練場㉔（寄付）新築
1943	3 3	工学部生産冶金学科実験室㉕（北海道生産冶金協力会寄付）新築
	9	超短波研究所（1月30日超短波研究室より昇格）研究室㉖増築
	9 8	低温科学研究所（第2期）㉗増築
	12 3	工学部生産冶金工学科研究室㉘ほか（北海道生産冶金協力会寄付）新築
	12 21	屋内教練場㉙新築

I 札幌キャンパスの125年

北海道帝国大学 1918-1947

農学部本館の改築

1935 ▶ 1943

098　農学部本館 ①

099　実現しなかった農学部本館計画案　塔のデザインが装飾的

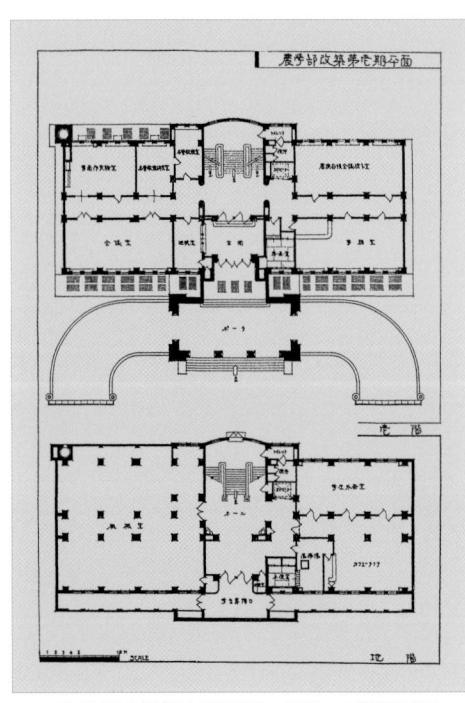

100　農学部改築第壱期平面　地階・1階平面図

101 超短波研究室㉑　現在の電子科学研究所の前身

102 図書館書庫③　1923年増築部分の北側(右)に、さらに3層の書庫が建て増しされた

103 常時低温研究室⑤　中谷宇吉郎教授が雪の研究を行なった

104 山下生化学研究室⑯

105 低温科学研究所㉓　理学部の向かい側に建てられた

I 札幌キャンパスの125年

北海道帝国大学 1918-1947

構内の耕地化と防空壕
1944▶1947

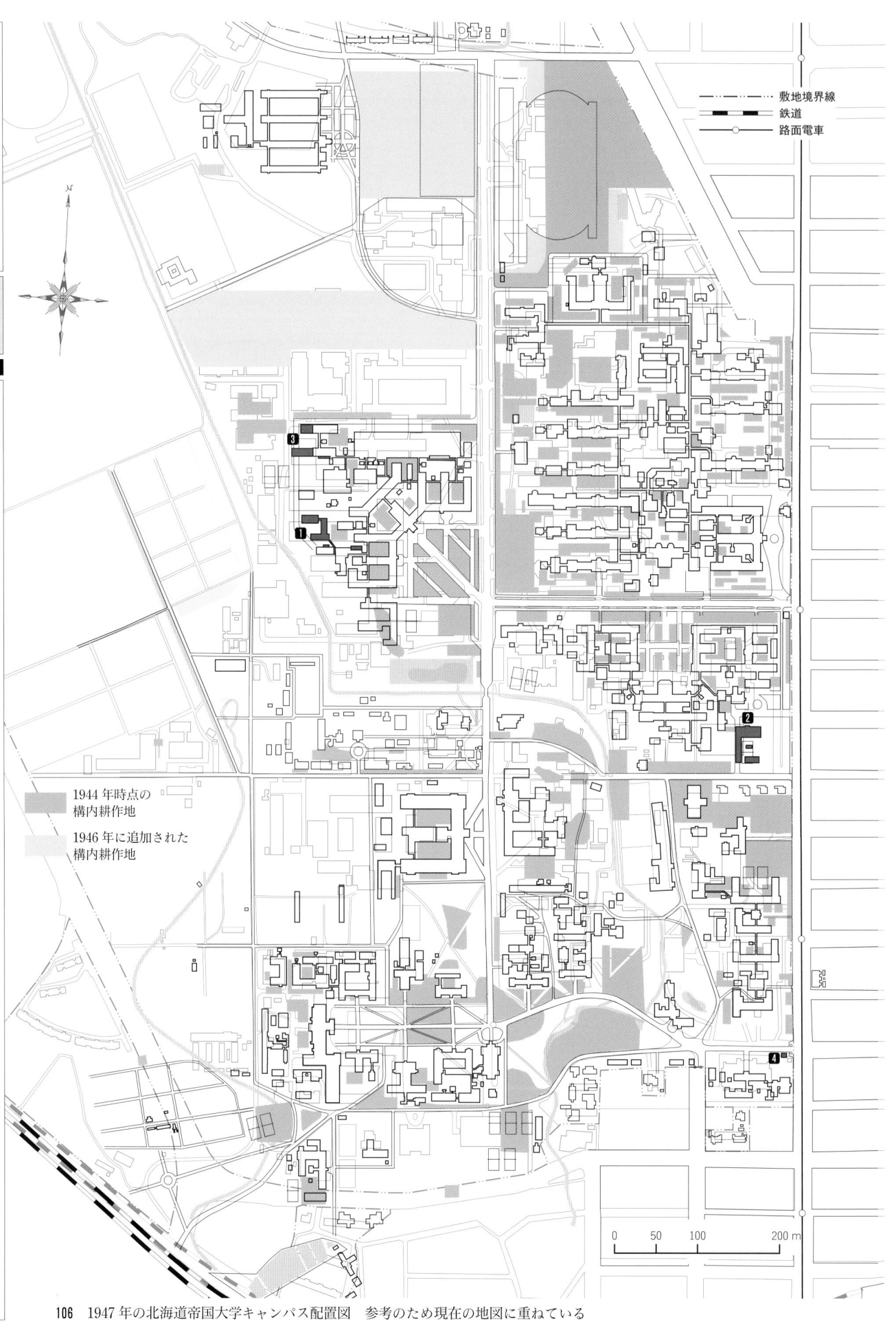

1944年時点の構内耕作地

1946年に追加された構内耕作地

敷地境界線
鉄道
路面電車

106　1947年の北海道帝国大学キャンパス配置図　参考のため現在の地図に重ねている

107 戦争末期の構内耕作　旧昆虫学及養蚕学教室北側。背後に林学実験室が見える

108 低温科学研究所の収穫記念(1944年頃)　カボチャやジャガイモなどを収穫した

109 北方結核研究所本館②　戦時中にもかかわらず新築された唯一の主要施設

戦争は研究体制とともに，大学における日常生活にも影響を与えた。強力な統制の下，主食の配給も漸減していった。1941年頃より構内の空地に点々と野菜の栽培が始められ，それが次第に波及して戦争末期にはキャンパス図(図106)に示すように拡大した。1944年8月17日付の札幌市への構内耕作地に関する報告によると，大学構内と植物園で合計10町4反6畝(約10.4 ha)の耕作地があり，ダイコン・ハクサイ・タイサイなども作付していた。

このとき耕地化されていない空地には，すでに防空壕が設けられていた。1944年作成の「学内防火施設配置図」(図110)には，鉄筋コンクリート造の耐火構造物や消火栓，井戸のほか，構内のいたる所に防空壕を見ることができる。1945年に入ると札幌にも空襲警報が出されるようになり，延焼防止の対策が検討された。工学部では校舎北側の芝生を剥ぎ取り実験室屋上に敷き詰める偽装工作を行ない，医学部では渡廊下を取り外し，建物を迷彩塗装した。

終戦を迎えても食糧事情は悪化する一方であった。構内の耕地面積は戦後さらに増加し，1946年には約20 haまで増加した。一方，1945～47年，進駐軍による大学施設の接収も行なわれた。

西暦	月日	できごと
1945	5	工学部校舎渡廊下の壁・天井撤去
	6 20	工学部橋梁学研究室①・木材実験室(三井物産㈱寄付)新築
	7	工学部大実験室屋上を芝生で迷彩
	8 1	北方結核研究所本館(1951年3月15日寄付)②新築
	10 5	進駐軍が低温科学研究所接収(1946年11月3日返還)
1946	1	進駐軍が予科教室(1947年1月返還)，中央講堂(46年7月返還)学生生徒控所(返還日不明)接収
	3 21	工学部燃料科学実験室③増築
1947	2 3	理学部実験工場焼失
	3 5	工学部生産冶金工学科研究室焼失
	3 25	巡視詰所④新築

學內防火施設配置圖

I 札幌キャンパスの125年

北海道帝国大学 1918-1947

構内の耕地化と防空壕 1944▶1947

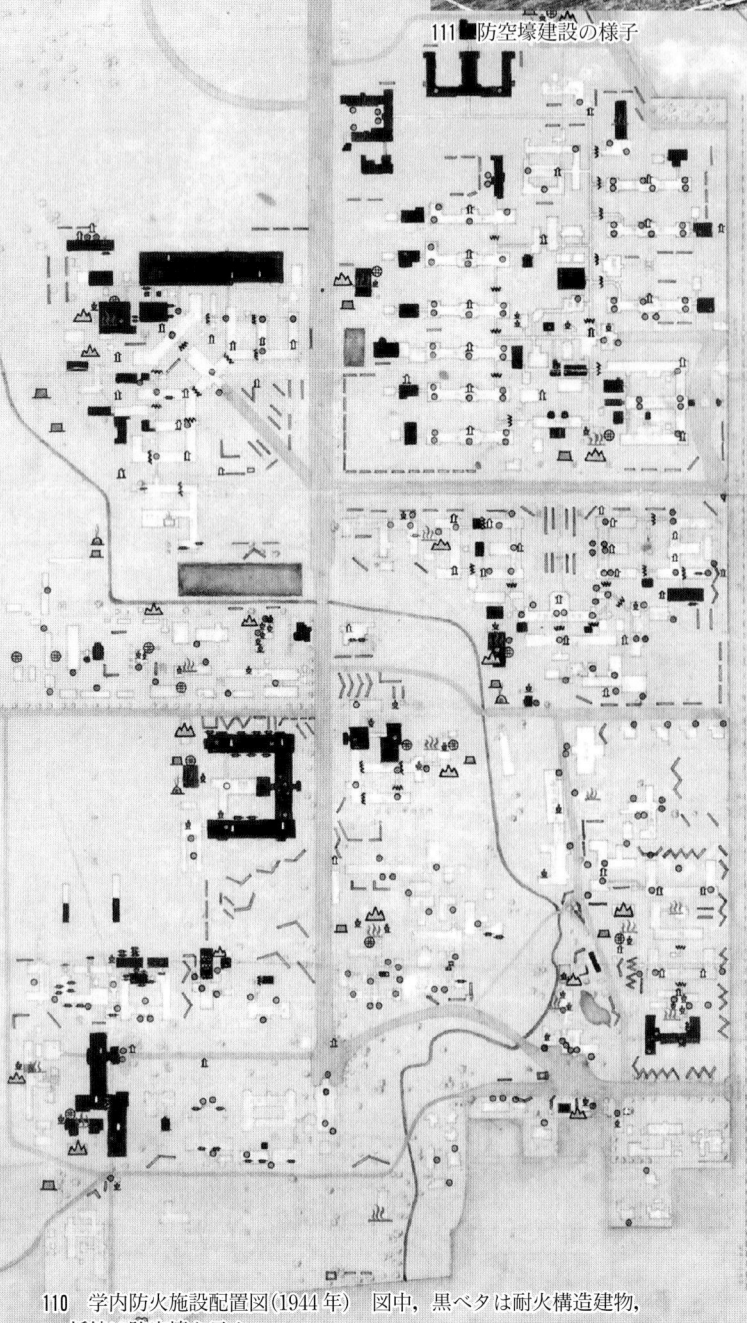

111 防空壕建設の様子

112 理学部本館南側の防空壕

110 学内防火施設配置図(1944年) 図中，黒ベタは耐火構造建物，折線は防空壕を示す

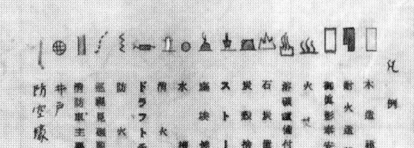

北海道大学

1947-2001

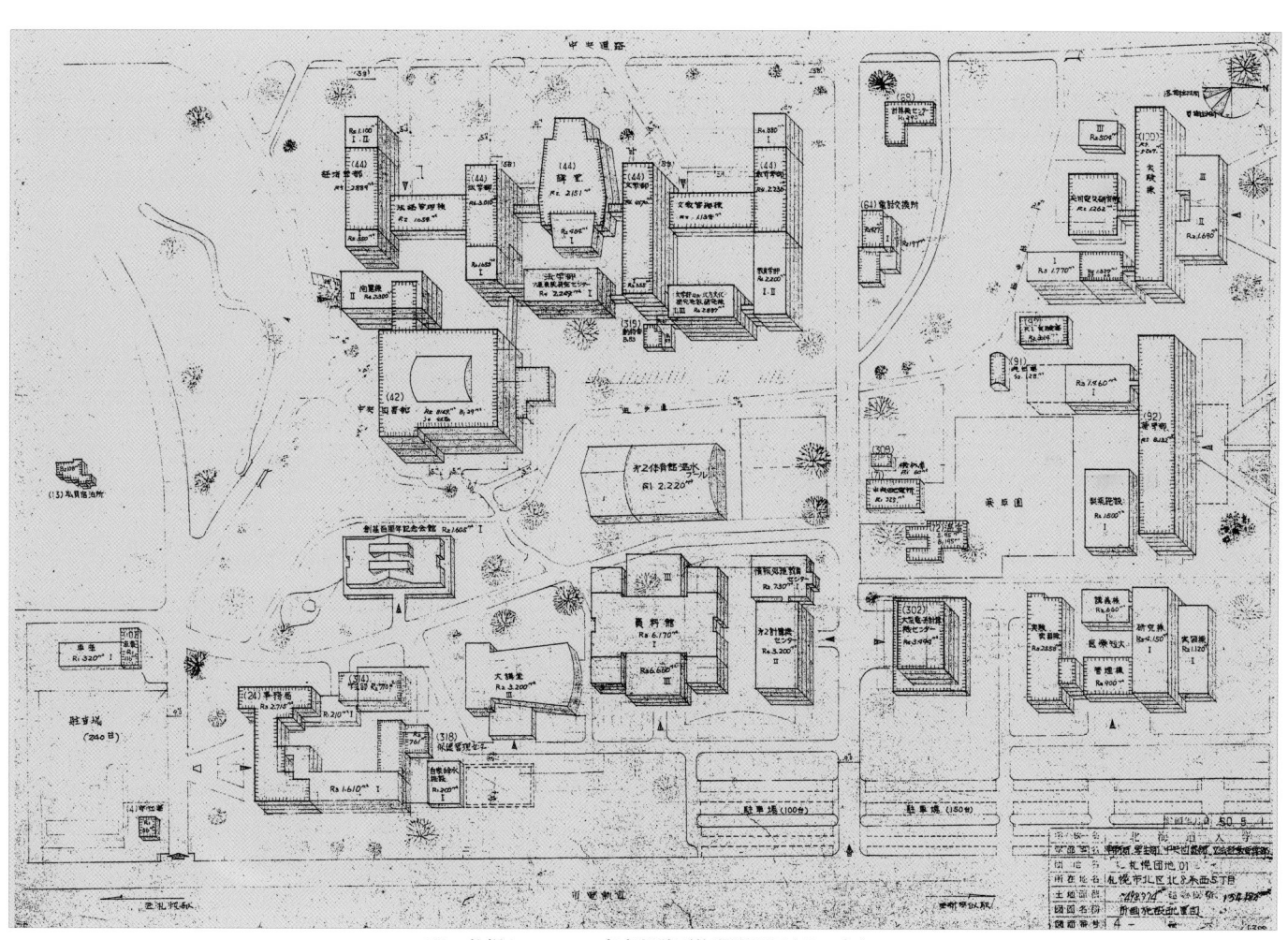

113 札幌キャンパス南東部計画施設配置図(1975年)

I
札幌キャンパスの
125年

北海道大学
1947-2001

農学部本館・クラーク会館の完成

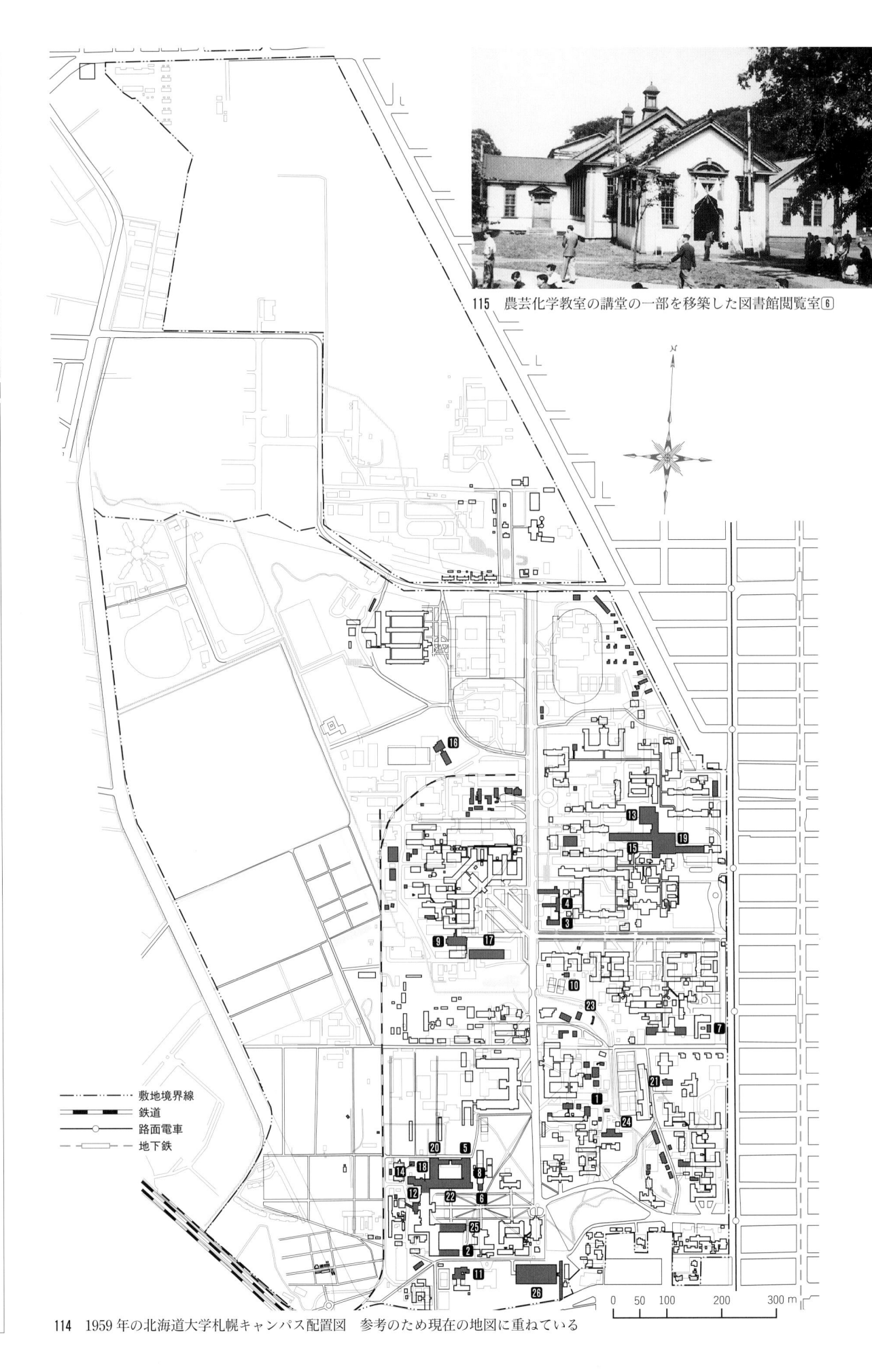

1947 ▶ 1959

115 農芸化学教室の講堂の一部を移築した図書館閲覧室 ⑥

凡例:
― 敷地境界線
― 鉄道
― 路面電車
― 地下鉄

114 1959年の北海道大学札幌キャンパス配置図　参考のため現在の地図に重ねている

敗戦から2年後の1947年，北海道帝国大学は北海道大学と改称され，同時に法文学部が設置された。文系学部の設置は戦前からの長年の悲願を実現するものであったが，法文学部の校舎は新たに建設されず，予科が使用していた建物を利用することとなった。1949年に発足した新制北海道大学を構成したのは新設の教育学部と水産学部を加えた7学部および3研究所などであった。その後，農学部からの獣医学部の独立と法文学部の三分（文・法・経済学部）により，1956年に北大が創基80周年を祝賀した時点で学部数は10となったが，この間の学部学科増設に伴う建物の新築は工学部建築工学科など一部に限られ，キャンパス全体を見れば老朽施設の更新，増改築が急務となっていた。

116　農学部本館俯瞰(1970年代)　1936年の第2期工事終了から中止されていた農学部本館工事は51年より再開，60年に完成

117　解体中の農芸化学教室　一部は図書館閲覧室と学生集会所用に移築された

118　工学部建築工学科教室実験室⑰　翌年西側2, 3階増築

西暦	月日	できごと
1947	10 1	政令第204号をもって北海道帝国大学を北海道大学と改称
1949	5 31	国立学校設置法（法律第150号）により新制北海道大学設置
	12 20	農学部獣医学科健体解剖実習室①新築
1951	3 31	農学部本館南翼②増築
	6 29	看護学校教室③・寄宿舎④新築
1952	3 25	農学部本館北翼⑤増築
	3 31	農芸化学教室の一部を図書館前面に閲覧室⑥として移築
	12 30	結核研究所動物実験施設⑦増築
1953	3 20	農学部本館北翼⑧増築
	6 10	工学部冶金工学科実験室⑨新築
	11 30	応用電気研究所研究室工作室⑩増築
1954		農芸化学教室の一部を学生集会所⑪として移築
	3 29	農学部本館⑫増築
	7 31	医学部附属病院暖房室・調理所⑬ほか（医学部改築期成会寄付）新築
1955	3 25	農学部本館北翼⑭増築
	12 28	医学部附属病院西病棟⑮新築
1956	1 20	楡影寮⑯（三上二郎寄付）新築
	5 19	工学部建築工学科教室実験室⑰新築
	6 30	農学部本館⑱増築
1957		医学部附属病院東病棟⑲ほか新築
	3 25	農学部本館北翼⑳増築
	6	教育学部敷地内に幼児園舎㉑新築
1958	6 2	農学部本館北翼㉒増築
	7 7	低温科学研究所本館屋根裏失火延焼
	11 13	弓道部弓道場㉓（弓道部弓道場建設期成会寄付）新築
	11 26	医学部附属病院外来病棟焼失
1959	2 25	医学部附属病院第二外科病棟焼失
	3 25	附属図書館（当初は教養部講義室・研究室）㉔新築，農学部本館南翼㉕増築
	10 30	クラーク会館㉖新築

I 札幌キャンパスの125年

北海道大学 1947-2001

農学部本館・クラーク会館の完成
1947▶1959

119 病院改築に伴い取り壊される皮膚泌尿科病室

120 旧畜産学教室とサクシュコトニ川（1950年頃）　現在の文系校舎東側。右の柵はテニスコート

121 クラーク会館ロビー

122 竣工間近のクラーク会館㉖　国立大学初の学生会館。創基80周年を記念し，国内外の寄付を募って建設された

123　旧病棟群に姿を現わした新病棟(1957年)　手前の左右に延びる道は13条門に通じるイチョウ並木

124　看護学校教室③

125　教育学部幼児園舎㉑　1959年末にさらに増築された

I 札幌キャンパスの125年

北海道大学 1947-2001

教養部の新築と医学部附属病院の改築
1960▶1965

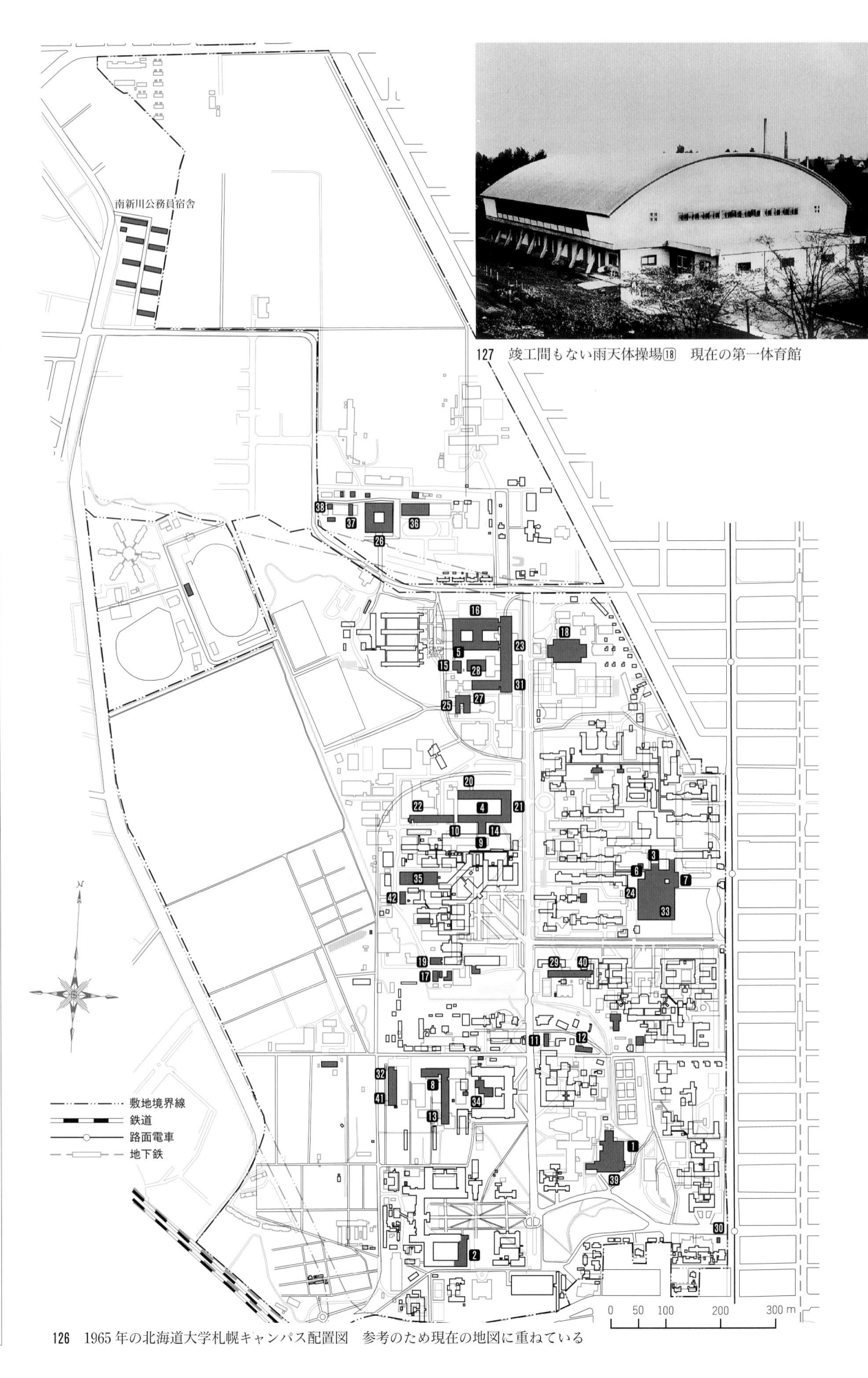

127 竣工間もない雨天体操場⑱　現在の第一体育館

126　1965年の北海道大学札幌キャンパス配置図　参考のため現在の地図に重ねている

戦後復興を終えて経済成長が国の重要政策課題となったことと関連し、理工系を中心とした学科の新設・定員拡充が行なわれ、学生数が大幅に増加した。「北大方式」と呼ばれる2年間の教養課程が実施されたが、教養課程担当スタッフや建物の整備が大幅に遅れていた。このような背景の下に、教養部校舎が建設された。さらに、獣医学部と附属図書館が現在の位置に移転・新築された。このほか、医学部附属病院の改築などが進み、木造校舎に代わり鉄筋コンクリート造の校舎が次第に姿を見せ始めた。

128　北から見た教養部E棟㉓　南北両側の大教室部分はピロティ（1階部分を柱だけにした構造）であった

129　医学部附属病院全景　手前の低層棟が外来病棟⑦。さらにその手前は北13条通とイチョウ並木

130　工学部精密・電子・金属工学科教室実験室④㉑　左は工業教員養成所教室実験室⑳

西暦	月日	できごと
1960	5 24	附属図書館(当初は教養部教育研究室)①新築、農学部本館南翼②増築
	10 14	医学部附属病院中央棟③増築
1961	3 25	工学部精密工学科棟④、教養部新校舎(N棟)⑤新築
	7 20	医学部附属病院南病棟⑥・外来病棟⑦新築
	7 31	理学部地球物理学科実験研究室(二号館)⑧新築
	12 21	工業教員養成所教室実験室⑨新築
1962	3 25	工学部合成化学工学科教室実験室⑩、電子計算機センター⑪、中央電話交換所⑫新築、理学部高分子学科実験研究室⑬、工学部電子工学科教室実験室⑭増築
	6 30	教養部ボイラー室⑮新築、教養部N棟⑯増築
1963	3 23	工学部理系RI研究室⑰新築
	3 30	教養部雨天体操場⑱、工学部原子工学科教室実験室⑲新築、工業教員養成所教室実験室⑳、工学部精密・電子・金属工学科教室実験室㉑、同合成化学工学科教室実験室㉒増築
	6 7	教養部E棟㉓新築
	6 12	医学部附属病院中央外来診療病棟㉔増築
	11 30	教養部食堂㉕新築
1964	2 3	獣医学部家畜内科・家畜外科講座実験室焼失
	3 25	獣医学部附属家畜病院㉖、教養部S棟㉗・大講堂㉘、応用電気研究所研究棟㉙、正門守衛室㉚新築、教養部E棟㉛増築
	3 31	触媒研究所実験研究棟(第1期)㉜新築
	12 8	医学部附属病院中央外来診療棟㉝増築
1965	3 25	理学部化学第二学科教室実験室㉞、工学部機械工学科第二実験室㉟、獣医学部教室実験室㊱・平病入院舎㊲・伝染病入院舎㊳ほか新築、附属図書館㊴、応用電気研究所研究棟㊵増築
	3 31	触媒研究所実験研究棟(第2期)㊶増築
	6 30	工学部土木工学科研究室㊷新築

I
札幌キャンパスの125年

北海道大学 1947-2001

教養部の新築と医学部附属病院の改築
1960▶1965

131　1963年頃の教育学部幼児園の運動会　背後の木造校舎は取り壊し前の旧畜産学及獣医学教室の一部。その後ろのL字形の建物が建築途中の附属図書館①

132　理学部周辺（1983年）　手前が触媒研究所実験研究棟㉜㊶。真中のL字形が理学部二号館⑧，奥は理学部本館

133　北18条に移転された獣医学部施設（1970年頃）　左手の腰折れ屋根（上部の勾配が緩く，下部が急な屋根）は，左端から第二実験動物舎（1968年竣工），第一実験動物舎（1967年竣工），平病入院舎㊲。2つの実験動物舎の間に見えるのが伝染病入院舎㊳。右が家畜病院㉖

134 竣工後の附属図書館㊱　手前のガラス張り部分が吹き抜けのロビー，奥のタイル張り建物が閲覧室

135 応用電気研究所研究棟㉙㊵北面　現在の電子科学研究所

136 獣医学部教室実験室㊱

I
札幌キャンパスの125年

北海道大学
1947-2001

文系校舎・工学部の建設
1966▶1971

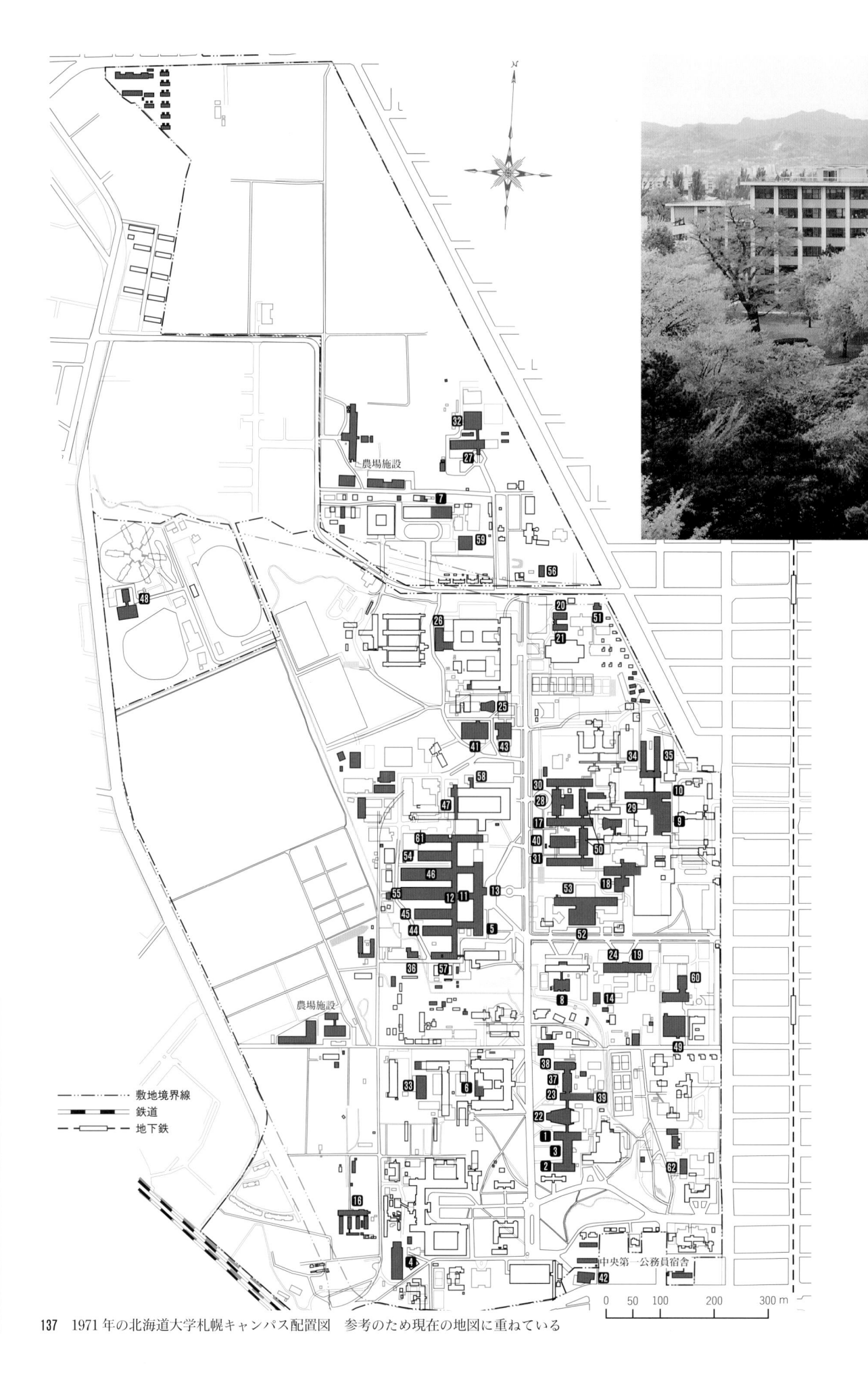

----- 敷地境界線
━━━ 鉄道
━━━ 地下鉄

農場施設

農場施設

中央第一公務員宿舎

0 50 100 200 300 m

137　1971年の北海道大学札幌キャンパス配置図　参考のため現在の地図に重ねている

高度経済成長期の真只中，キャンパス内の建築物のほとんどが鉄筋コンクリート造へと変わり，現在のキャンパスの骨格がほぼ出来上がった。石炭から石油へのエネルギー転換が起こり，全国的な流れを受けた大学紛争が北大へも広がっていく時期であった。1968年，第二農場へ移転した獣医学部と低温科学研究所跡地には文系校舎が順次建設された。年を追って増築されるユニット式建築の特徴は現在でも外観からうかがい知ることができる。また，「白亜館」として愛されてきた旧工学部本館は惜しまれつつも姿を消し，現在の工学部本館が建設された。さらに薬学部(1965年設置)・歯学部(1967年設置)・同附属病院も新築された。キャンパス周辺に目を転じると，1927年から西5丁目通を行き交い，北大への通勤・通学等に利用され親しまれてきた路面電車も，72年の札幌オリンピック開催に向けた地下鉄南北線の開業に伴って，71年末に廃止された。

138　工学部本館　1965年正面向かって左(南側)⑤から建設が始まり，順次右(北側)⑪へと増築されていった

139　文系校舎　左から古河講堂，経済②・法①・文㉓・教育㊳学部棟。右手前は附属図書館

140　文系共同講義棟㉒　その姿から軍艦講堂と通称されている

西暦	月日	できごと
1966	3 25	法学部教官研究室①，経済学部教官研究室②，法学部・経済学部管理棟③，農学部農業工学科機械実験室④，工学部管理研究棟⑤新築，理学部化学第二棟⑥，獣医学部管理研究棟⑦，応用電気研究所管理棟⑧増築
	4	クラーク会館にパイプオルガン設置
	8 4	医学部附属病院サービス棟⑨・精神科隔離病棟⑩新築
	11 30	工学部講義室棟⑪・製図室棟(C棟)⑫新築，同管理研究棟(A棟)⑬増築
1967		薬学部RI実験室⑭新築
	3	外国人留学生会館⑮新築
	3 25	農学部研究温室⑯，医学部基礎医学実験研究棟⑰，医学部附属病院RI診療棟病棟⑱，薬学部研究教育棟(第1期)⑲，教養部体育教官棟⑳・小体育館㉑新築
	11 30	文系共同講義棟㉒新築，文学部教室研究室㉓増築
1968	3 19	薬学部管理研究棟(第2期)㉔新築
	3 25	教養部S棟(講義棟)㉕新築，N棟㉖増築
	5 5	低温科学研究所㉗新築
	8 31	医学部基礎医学管理棟㉘・臨床講義室㉙新築
	11 30	医学部基礎医学実験研究棟㉚・臨床実験研究棟㉛，低温科学研究所低温室棟㉜新築
	12 20	理学部極低温液化センター㉝新築
	12 25	医学部附属病院寄宿舎㉞新築
	12 27	看護婦宿舎㉟新築

I 札幌キャンパスの125年

北海道大学 1947-2001

文系校舎・工学部の建設
1966▶1971

141　歯学部附属病院52　焦茶色の外観は現在白色に変えられている

142　外国人留学生会館15　北区北11条西3丁目

143　医学部附属看護学校（現医療技術短期大学部A・B棟）60

144　学生部62　現在は人事課・研究協力課

145　大型計算機センター49南東面

146 医学部基礎医学管理棟㉘(中央)　左右は基礎医学実験研究棟⑰㉚

147 医学部図書館㊵

148 1967～68年新築の薬学部⑲㉔

西暦	月日	できごと
1969	3 15	工学部バンデグラーフ装置室㊱新築
	3 20	文学部・教育学部管理棟㊲，教育学部教室研究室棟㊳新築，文学部教室研究室棟㊴増築
	7 30	医学部図書館㊵(医学部創立50周年記念会館建設期成会寄付)新築
	8 30	教養部福利厚生会館(北大生協教養店)㊶新築
	10 13	生協会館(現北大生協会館店)㊷新築
	10 31	附属図書館教養分館㊸新築
	12 15	工学部応用物理学科棟㊹・衛生工学科棟㊺新築，同機械工学科棟㊻・化学系共通棟㊼増築
1970	3 13	スポーツ・トレーニングセンター㊽新築
	3 25	大型計算機センター庁舎㊾新築
	11 28	医学部臨床基礎研究棟㊿新築
	11 30	授乳所51，歯学部および歯学部附属病院庁舎52・基礎臨床病院53新築
	12 15	工学部資源開発工学科棟54・土木工学科棟55新築
1971		馬術部厩舎56新築
	2 18	工学部原子工学科棟57新築
	3 25	工学部超高圧電子顕微鏡研究室58新築
	11 20	獣医学部獣医放射線研究棟59新築
	12	医学部附属看護学校60新築
	12 10	工学部電気工学科・生体工学科棟61新築
	12 18	本部管理棟(学生部)62新築

53

I 札幌キャンパスの125年

北海道大学 1947-2001

文系校舎・工学部の建設
1966▶1971

149　教養部S棟(講義棟)㉕東面

150　附属図書館教養分館㊸　現在の北分館

151　教養部福利厚生会館(北大生協教養店)㊶　現在の北大生協北部店

152 低温科学研究所管理・研究棟㉗　同年北側に低温室棟㉜新築

153 スポーツ・トレーニングセンター㊽　現在の体育指導センター

154 馬術部厩舎㊽北東面

I
札幌キャンパスの
125年

北海道大学
1947-2001

環境科学研究科の設置
1972 ▶ 1980

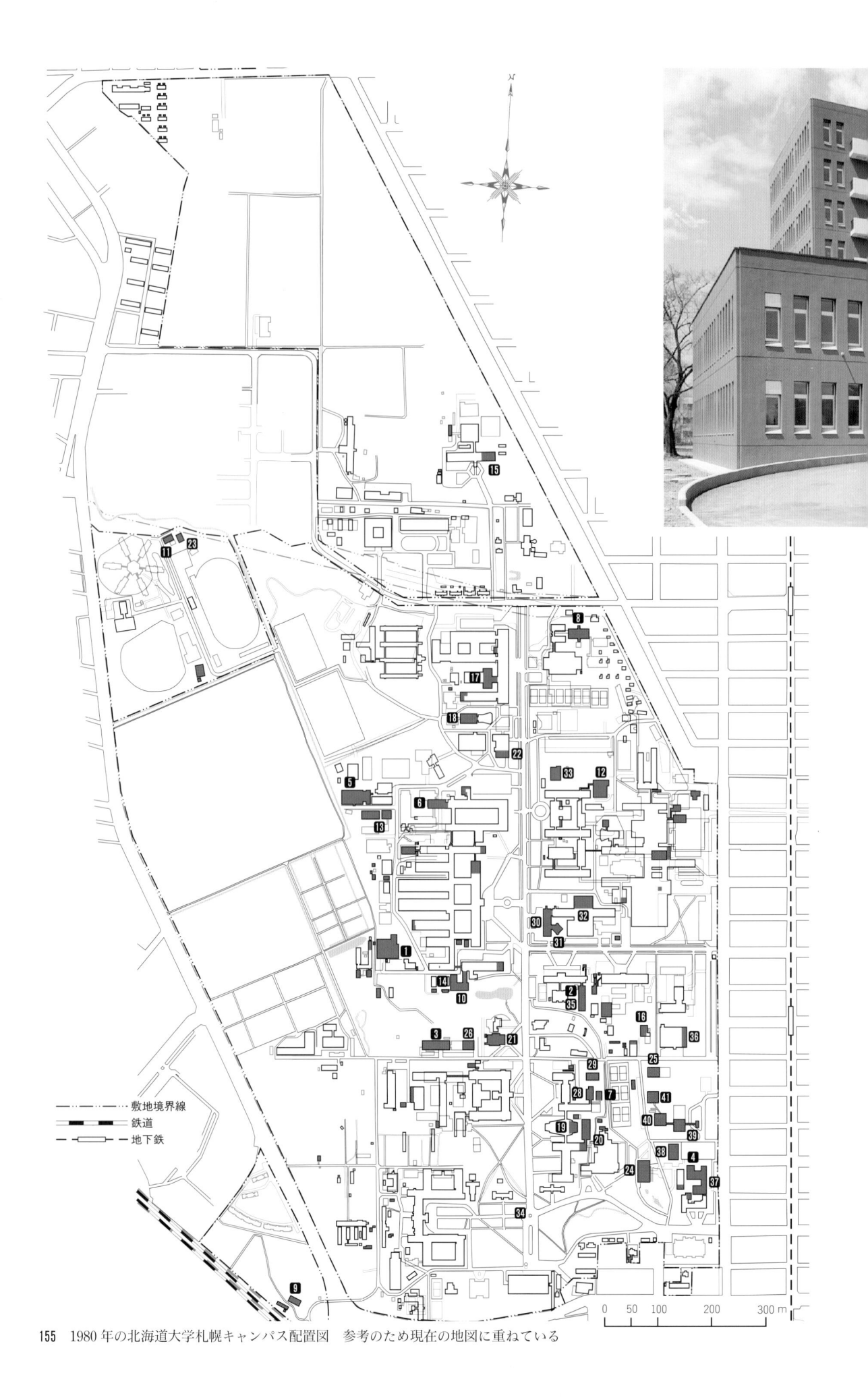

155　1980年の北海道大学札幌キャンパス配置図　参考のため現在の地図に重ねている

56

1972年度からの5カ年計画で，中央道路周辺や文系校舎東側，中央ローンに植樹が行なわれた。校舎建設による研究環境の整備の一方で，構内環境重視の計画といえる。食堂や体育施設，宿泊所など福利厚生施設の充実も図られた。大学紛争を機に大学改革の動きが活発になり大学院の充実が求められたこと，「環境」が社会的な問題になりつつあったことを受け，1977年4月独立研究科として環境科学研究科が発足した。のちに8階建で新築された環境科学研究科の建物は，北大施設高層化の嚆矢といえる。1976年北大は創基100周年を迎え，12学部4研究所，学生数1万人超にまで拡充した。翌年には百年記念会館が建設された。

156　環境科学研究科㊴㊵　右の建物は取り壊し前の旧土木専門部

157　理学部三号館③　数学・地球物理学教室

158　医学部附属動物実験施設⑫

西暦	月日	できごと
1972	6 3	工学部瞬間強力パルス状放射線発生装置(大型電子線型加速器)室①新築
	10 31	応用電気研究所実験研究棟②増築
	11 20	理学部三号館③新築
	12 11	保健管理センター④新築
	12 16	工学部土木工学科開発実験室⑤(工学部土木工学系研究室拡充後援会寄付)新築
1973	3 10	工学部応用化学科棟⑥新築
	3 24	文学部実験動物舎⑦，教養部武道場⑧，演習林実験苗圃研究室⑨新築
	5 14	工学部大型構造物試験装置室⑩新築
	7 31	廃水処理施設⑪新築
1974	2 20	医学部附属動物実験施設⑫，工学部フーリエ型核磁気共鳴装置室⑬新築
1975	3 25	工学部先端電磁流体実験室⑭新築
	12 27	低温科学研究所管理研究棟⑮増築
1976	2 3	薬学部薬用植物実験室⑯新築
	3 25	教養部示範教室(N1, N2)⑰・中講義棟(S棟)⑱ほか増築
	12 24	文系共同講義棟⑲・法学部研究棟⑳増築
1977	3 22	中央食堂㉑新築
	8 29	附属図書館教養分館㉒増築
	10 24	有害廃液燃焼処理装置施設㉓新築
	12 27	百年記念会館㉔新築
1978		情報処理教育センター㉕，理学部四号館㉖新築
	3 15	納骨堂(豊平区平岸)㉗増築
	11 15	文学部研究棟㉘増築
	12 15	教育学部附属乳幼児発達臨床センター㉙新築
1979	3 24	歯学部基礎臨床研究棟㉚・講堂㉛新築，同附属病院病棟㉜増築
	3 28	アイソトープ総合センター㉝新築
	11 30	クラーク像前ロータリー㉞設置
	12 7	応用電気研究所実験研究棟㉟増築
	12 20	大型計算機センター㊱増築
1980	2 28	事務局㊲増築，同特殊車輌庫㊳新築
	3 10	環境科学研究科管理棟㊴・研究棟㊵・実験棟㊶新築

I
札幌キャンパスの
125年

北海道大学
1947-2001

環境科学研究科の設置
1972 ▶ 1980

159　冬の百年記念会館[24]

160　北18条通側から見た教養部武道場[8]

161　中央食堂[21]（1989年）

162　アイソトープ総合センター[33]

163 東側2階建部分(右側)を増築した大型計算機センター㊱

164 中央道路側から見た附属図書館教養分館㉒ 南部分(左側)が増築された

165 第一サークル会館(旧農業経済学及農政学教室)の火災(1979年4月)

166 有害廃液燃焼処理装置施設㉓内部

167 増築された歯学部基礎臨床研究棟㉚・講堂㉛

168 納骨堂㉗ 平岸墓地内にある。碑銘「静観」は当時の学長今村成和の揮毫

学術交流会館・学生寮の建設

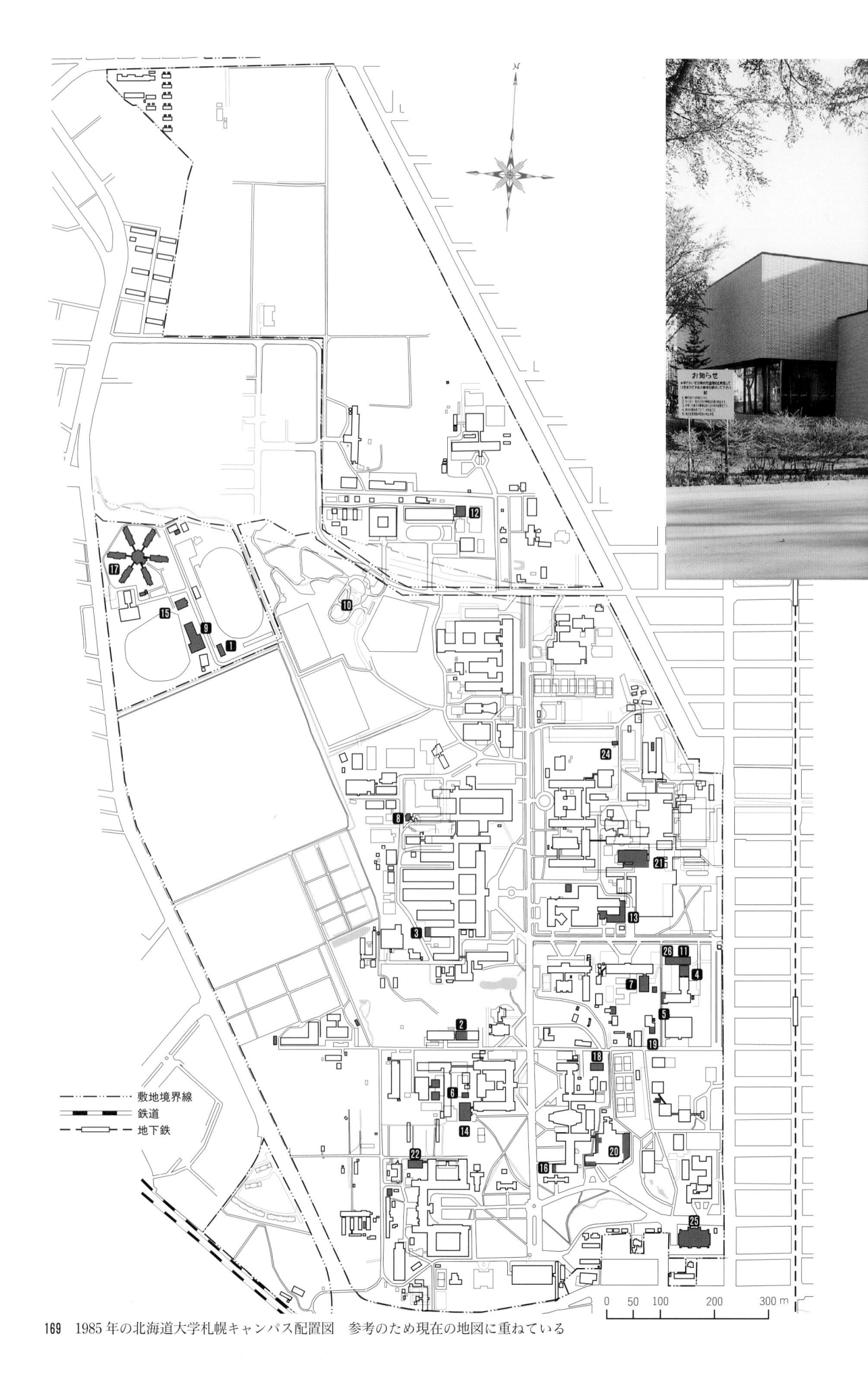

1981 ▶ 1985

I 札幌キャンパスの125年

北海道大学 1947-2001

169　1985年の北海道大学札幌キャンパス配置図　参考のため現在の地図に重ねている

170　学術交流会館㉕

171　医療技術短期大学部東面　左がC棟④，右がD棟⑪

172　医学部附属病院中央診療棟㉑

　市内に散在していた7つの寮を統合し，鉄筋コンクリート造5階建の現恵迪寮を新築，1983年入寮が始まった。木造の旧恵迪寮の一部は1985年北海道開拓の村に，有島寮は「有島武郎旧邸」として札幌芸術の森にそれぞれ移築され，歴史的建造物として一般に公開されている。また，1981年恵迪寮建設工事に先立って行なわれた埋蔵文化財調査により9～10世紀のものと推定される遺跡が発掘され，「遺跡保存庭園」として保存されている。

　1976年から大学を挙げて研究・教育における国際交流推進に取り組み，82年に国際交流事業基金の創設を決定，85年には国際的な学術交流の場として学術交流会館を建設した。大学間・部局間で国際交流協定を締結する研究機関が増加し始めたのもこの時期である。

西暦	月日	できごと
1981		グライダー格納庫①新築，理学部四号館②，工学部応用物理学科棟③増築
	3 5	医療技術短期大学部④新築，医学部附属病院専修学校⑤増築
	3 14	理学部超伝導核磁気共鳴装置室⑥新築
	3 23	薬学部機器分析センター⑦新築
	3 28	工学部高エネルギー超強力X線回折装置室⑧増築
	5 13	学生部サークル会館⑨新築
	11	恵迪寮裏の擦文時代竪穴式住居跡を「遺跡保存庭園」⑩とする
1982	3 23	医療技術短期大学部⑪増築
	3 25	獣医学部実験研究棟⑫新築，歯学部病院棟臨床研究棟⑬増築
	3 29	理学部実験生物センター⑭新築
1983	1 20	学生部北西食堂⑮新築
	3 9	経済学部研究棟⑯増築
	3 19	男子学生寮⑰新築
	3 28	教育学部附属乳幼児発達臨床センター⑱増築
1984		薬学部薬用植物園温室⑲新築，附属図書館⑳増築
	3 19	医学部附属病院中央診療棟㉑新築
	3 28	演習林実験研究棟㉒新築
	3 30	女子寮㉓新築
	7 25	医学部解剖教室保管アイヌ民族人骨慰霊のためのアイヌ納骨堂㉔新築
1985	3 15	学術交流会館㉕新築
	3 29	医療技術短期大学部㉖増築

I
札幌キャンパスの125年

北海道大学
1947-2001

学術交流会館・学生寮の建設
1981▶1985

173　女子寮(霜星寮)㉓　北区北14条西2丁目

174　理学部実験生物センター⑭

175　サークル会館⑨東面

176　サークル会館の大レリーフ　クラーク博士島松別離の場面。1981年除幕

177　雪の結晶をかたどった男子学生寮（恵迪寮）⑰

178　演習林実験研究棟㉒北面

179　薬学部薬用植物園温室⑲南面

63

I
札幌キャンパスの
125年

北海道大学
1947-2001

施設の高層化と構内環境整備

1986 ▶ 1994

181 理学部二号館 玄関ホールの正面ステンドグラス。理学部本館アインシュタインドーム壁面のレリーフを模したデザインとなっている

――――― 敷地境界線
━━━━━ 鉄道
―□□□― 地下鉄

180 1994年の北海道大学札幌キャンパス配置図 参考のため現在の地図に重ねている

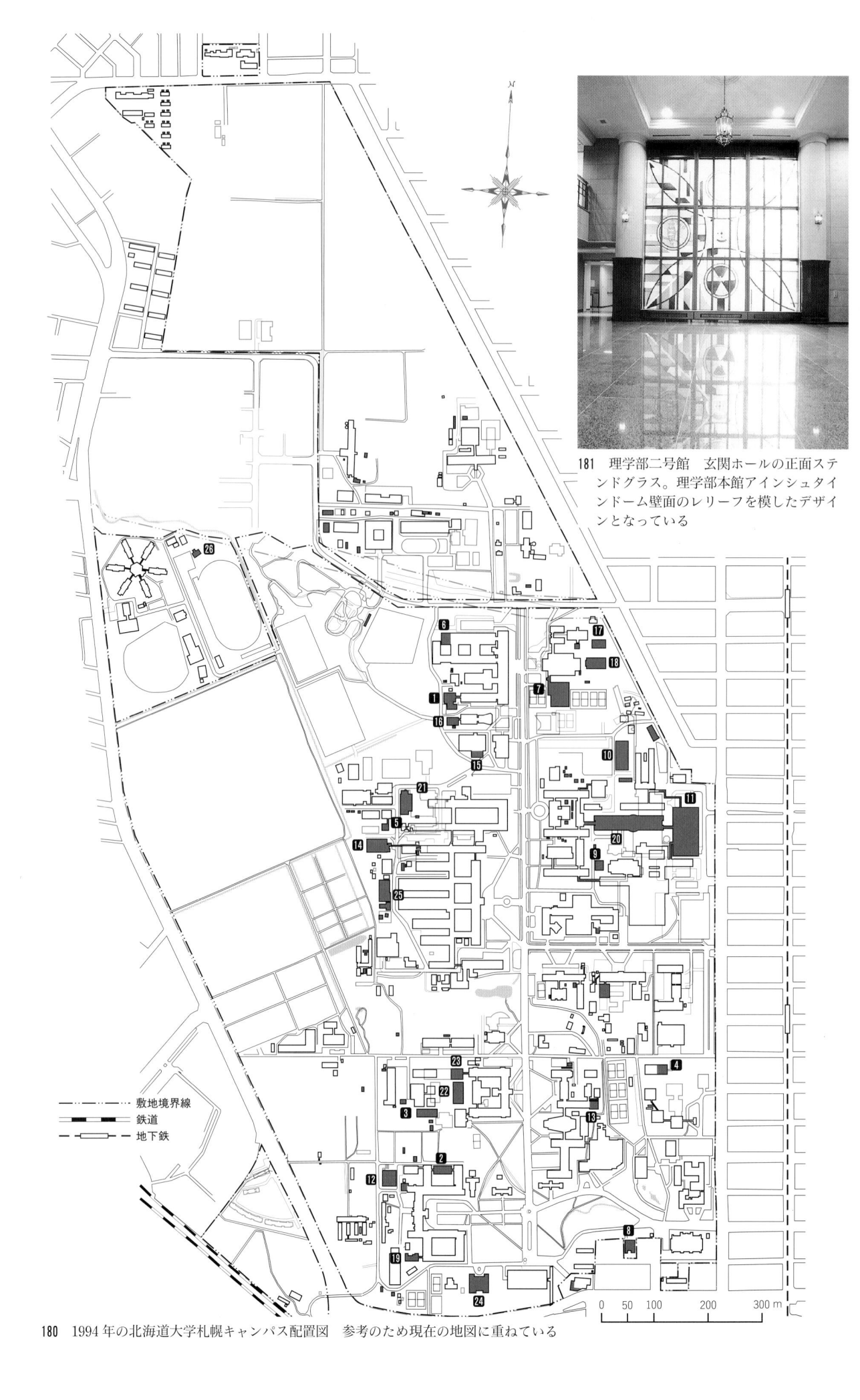

64

1980年代後半から急増する留学生の受入れ態勢整備が急務となり，91年に留学生センターが設置され，94年，独立した建物が建設された。また，1993年に始まった大学院重点化や，鉄筋コンクリート造の既存建物老朽化などの理由で，各施設の新築や増改築が行なわれた。理学部，工学部，医学部附属病院が敷地的制約から高層化して建設された。高層化したこれらの建物は耐震面が重視され，鉄骨鉄筋コンクリート造が採用された。

　この時期には案内板の設置や中央ローン，工学部南側の大野池周辺の緑地化など，環境整備が重点的に行なわれた。

　さらに，パーソナルコンピュータの大幅な普及とネットワーク接続による利用形態の変化を背景として，1989年から整備を進めた北海道大学情報ネットワークシステム（通称 HINES）の運用が92年から始まり，本格的な情報化の時代を迎えた。

182　理学部二号館㉒㉓　理学部本館の総合博物館転換に伴い，本館と旧二号館との間に新築された。旧二号館は取り壊された

183　工学部材料・化学系棟㉑　工学部本館および実験棟が耐用年数を超え，順次高層棟の建設が始まった

西暦	月日	できごと
1986	2 24	言語文化部①新築
	3 14	農学部実験研究棟（農学部図書館）②新築
	3 17	理学部遺伝子実験施設③新築
	5 29	情報処理教育センター④増築
	10 27	工学部核磁気共鳴装置棟⑤新築
	11 7	教養部研究室⑥増築
1987	3 23	学生部第二体育館⑦新築
1988	3	事務局ポプラ会館⑧新築
	3 14	医学部附属病院 MRI-CT 棟⑨ほか新築
	9 28	医学部パワーセンター⑩新築
	10 12	医学部附属病院外来診療棟⑪新築
	10 26	農理地区パワーセンター⑫新築
	11 11	文学部研究棟⑬増築
1989	3 6	工学部情報工学科棟⑭新築
1990	3 26	教養部福利厚生会館⑮増築
	3 28	教養部講義棟⑯新築
	10 3	廣田剣道場⑰（廣田俊子寄付）新築
1992	3 27	学生部プール管理棟⑱新築
	7 12	農学部共同実験棟⑲新築
	10 22	医学部附属病院病棟⑳新築
1994		この頃より，案内板・街路灯設置や緑地（中央ローン・大野池周辺・教養部前庭）の環境整備開始
	3 23	工学部材料・化学系棟㉑，理学部物理・高分子学科高層棟㉒・低層棟㉓（二号館）ほか新築
	6 24	留学生センター㉔新築
	9 5	量子界面エレクトロニクス研究センター研究棟㉕ほか新築
	12 26	山岳館㉖（北大山の会寄付）新築

I
札幌キャンパスの125年

北海道大学
1947-2001

施設の高層化と構内環境整備　1986▼1994

184　高層化された医学部附属病院全景
　　　奥の高層棟が病棟⑳

185　医学部附属病院外来診療棟⑪受付ホール

186　理学部遺伝子実験施設③

187　留学生センター㉔

188　留学生センター内部

190　農学部共同実験棟⑲　農学部本館を意識した
　　アーチ装飾を用いている

189　言語文化部①　教養部Ｓ棟教官棟の西側に隣接して建造された

I 札幌キャンパスの125年

北海道大学 1947-2001

施設の高層化と構内環境整備 1986▼1994

191 構内環境整備（中央ローン）
地下水位が下がって流量の減ったサクシュコトニ川に湧き出しポンプを設置し，流路に沿って石堤を設けた

192 学生部プール⑱ 25 m，6レーンで水深は最大1.5 m。夏季には教職員・学生に開放している

193 山岳館㉖

194 廣田剣道場⑰内部

195 構内環境整備(大野池)　工学部の南に隣接するひょうたん形の池の周辺に散策用の木道を設け，要所に休息用ベンチを置いた

196 ポプラ会館⑧　事務局の宿泊施設。中央ローンの脇にひっそりと建っている

197 構内環境整備(案内板と街路灯)

198 構内環境整備(案内板)　正門横に設置された案内板にはこのほか，市民講座や法律相談の開催なども掲示されている

199 構内環境整備(注意標識)　七輪・バーベキューコンロやボール遊びによる被害から芝生を守るため，中央ローンとエルムの森に設置

I
札幌キャンパスの
125年

北海道大学
1947-2001

1995▶2001
総合博物館の開設と構内北部の変容

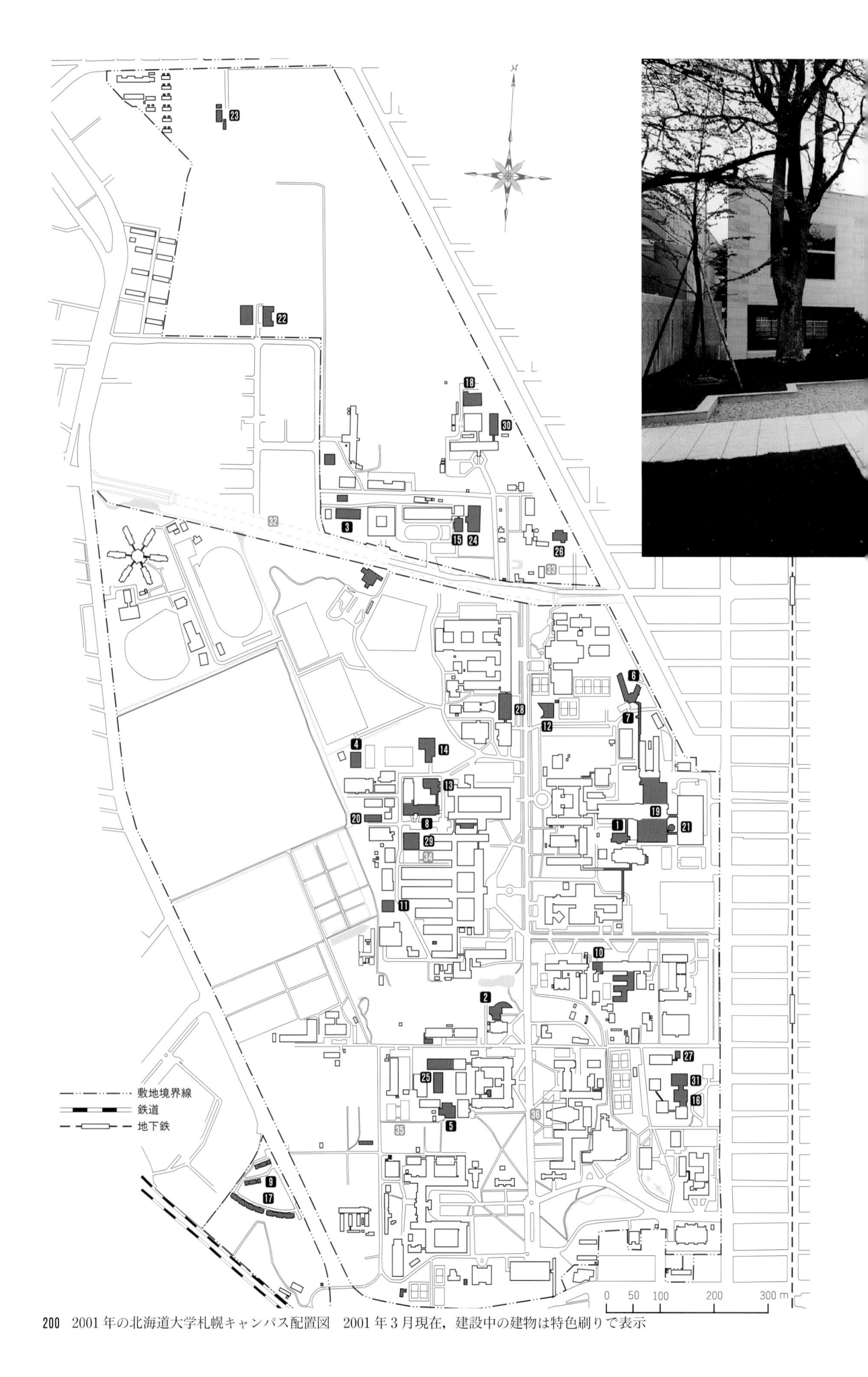

200　2001年の北海道大学札幌キャンパス配置図　2001年3月現在，建設中の建物は特色刷りで表示

敷地境界線
鉄道
地下鉄

70

さらなる情報化と積極的な大学開放，そして市民向けの学術普及などの要求が高まり，21世紀を見すえた施設・環境整備が求められるようになった。1996年度に決定した「キャンパスマスタープラン96」や99年に理学部本館の模様替えと増築を経て設置された総合博物館は，このような時代の流れに即したものである。また，情報メディア教育研究総合センター設置や情報教育館建設など時代を担う研究・教育環境の整備が積極的に実施され，開かれた大学を実践する中心施設として機能している。

201　ファカルティハウス・エンレイソウ②　3つの会議室とレストラン・エルム，ギャラリーがある

202　1999年に設置された総合博物館　29年建設の理学部本館を改修

203　総合博物館の内部展示

西暦	月 日	できごと
1995	3 16	医学部臨床講義棟①新築
	3 24	本部福利施設棟ファカルティハウス・エンレイソウ②新築
	3 28	獣医学部動物舎③ほか新築
	5	環境保全センター④新築
	6 30	理学部共同実験棟⑤新築
	12 18	看護婦宿舎⑥および渡廊下⑦新築
	12 20	工学部材料・化学系南棟⑧新築
1996	3 25	国際交流会館⑨新築
	6 27	薬学部動物舎⑩新築
	7 25	工学部ベンチャービジネス・ラボラトリー棟⑪新築
	9 30	福利厚生施設はるにれ⑫新築
	10 7	工学部材料・化学系実験棟⑬新築
	10 31	工学部パワーセンター⑭新築
	11 19	獣医学部研究棟⑮新築
	12 2	地球環境科学研究科管理棟⑯増築
1997	2 19	評議会で「キャンパスマスタープラン96」決定
	3 26	国際交流会館⑰新築
	5 19	低温科学研究所分析棟⑱新築
	6 9	医学部附属病院中央診療棟⑲新築
	6 30	工学部新世代先端材料研究実験棟⑳新築
1998	5 13	医学部附属病院温室㉑新築
	5 16	先端科学技術共同研究センター㉒新築
1999		馬術部厩舎ほか㉓・獣医学部放射線棟㉔・理学部生物・物理棟（五号館）㉕新築
	4 1	北海道大学総合博物館設置
	9 24	授乳所㉖新築
2000	2 1	情報メディア教育研究総合センター㉗増築
	2 29	情報教育館・放送大学北海道学習センター㉘新築
	3 14	理学部本館(総合博物館)模様替え
	3 15	工学部情報エレクトロニクス系研究棟㉙新築
	3 24	低温科学研究所研究棟㉚増築
	3 27	地球環境科学研究科研究棟(C棟)㉛増築
2001	3	工学部管理研究棟(A棟)改修
	7 19	環状通エルムトンネル㉜開通
	9	遠友学舎㉝新築
2002		工学部総合研究棟㉞増築，理学部総合研究棟㉟・文系総合研究棟㊱新築

I
札幌キャンパスの
125年

北海道大学
1947-2001

総合博物館の開設と構内北部の変容
1995▶2001

204 大学院地球環境科学研究科⑯㉛東面

205 医学部看護婦宿舎⑥　右は附属病院への渡廊下⑦

206 ファサードが改修された薬学部管理・研究棟　右は動物舎⑩

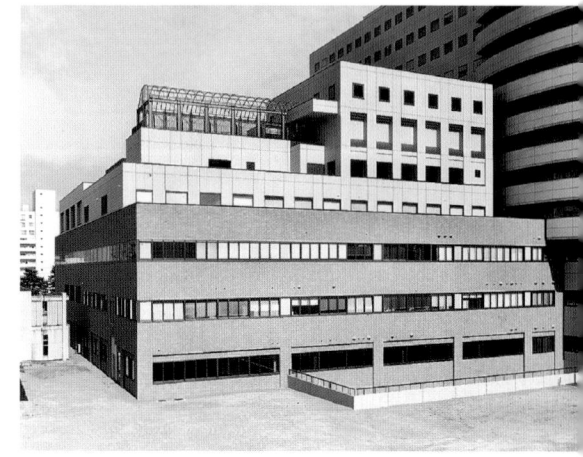

207 医学部附属病院中央診療棟⑲

208　理学部五号館㉕北面　低層棟の右部分と右の高層棟

210　工学部情報エレクトロニクス系研究棟㉙北西面

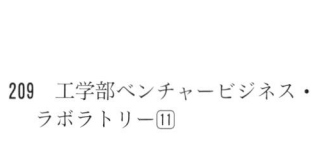

209　工学部ベンチャービジネス・ラボラトリー⑪

211　工学部材料・化学系南棟⑧　左の建物

212　国際交流会館⑰

I 札幌キャンパスの125年

北海道大学 1947-2001

総合博物館の開設と構内北部の変容
1995▶2001

214 環状通エルムトンネルの東口

213 構内北部の全景(2001年7月)　西から東方向を撮影した航空写真。写真中央を縦断しているのは北18条を走る環状通エルムトンネル(建設中)[32]

215 創基125周年記念施設「遠友学舎」[33]

216 授乳所㉖　　217 はるにれ（学生食堂）⑫

75

I 札幌キャンパスの125年

北海道大学 1947-2001

総合博物館の開設と構内北部の変容
1995▶2001

218 情報教育館・放送大学北海道学習センター㉘

219 高等教育機能開発総合センター　リニューアルされた学務部前ロビー

220 先端科学技術共同研究センター㉒

221 獣医学部動物舎③

222 獣医学部研究棟⑮

II
函館キャンパスと部局附属施設

函館キャンパス　1927-2001
　　函館高等水産学校
　　水産学部

植物園　1876-2001
　　本草園・博物場から植物園へ
　　農学部附属植物園

農場・牧場　1876-2001
　　育種場から農芸伝習科へ
　　第一農場
　　農校園
　　第二農場
　　合併後の学内農場
　　第三〜第八農場
　　余市果樹園・日高牧場

演習林　1901-2001
　　雨龍地方演習林
　　中川・天塩地方演習林
　　苫小牧地方演習林
　　朝鮮・樺太・台湾演習林
　　和歌山地方演習林
　　檜山地方演習林

その他の施設　1884-2001
　　臨海・臨湖実験所
　　観測施設・分室・分院
　　傭外国人教師官舎
　　官舎・宿舎
　　山小屋

函館キャンパス

1927-2001

224　TRAINING SHIP "OSHORO MARU" GENERAL ARRANGEMENT（1926年頃）

II
函館キャンパスと
部局附属施設

函館
キャンパス
1927-2001

函館高等水産学校 1927▶1949

226 函館キャンパス俯瞰（1957年）

225 1949年の函館高等水産学校配置図　参考のため現在の地図に重ねている

227 本館④正面

228 訓育寮⑰ 1941年に新設された遠洋漁業科の寄宿舎

229 化学細菌学実験室①

　設置以来,日本唯一の水産高等教育機関であった附属水産専門部では,1923年頃から水産学発展のためには水産学部設置か独立が必要との意見が出,佐藤総長や文部省に働きかけた。大学当局は水産学部設置には消極的であったが,文部省では水産専門部独立を審議し,1929年の帝国議会で函館高等水産学校設置を決定した。財政上の問題による曲折を経て,1935年4月水産専門部が廃止され,漁撈・養殖・製造の3学科からなる函館高等水産学校が開校した。1941年には漁撈学科の専攻科として遠洋漁業科(修業期間2年半のうち1年半が乗船訓練)が設置された。

　函館に独立移転後も水産生は入魂式・応援歌・相撲部など農学校以来の水産生気質を継承し,独自の校風を築き上げた。

西暦	月日	できごと
1927	2	文部省議において水産専門部の独立,高等水産学校設置について審議
1929	3 27	第56帝国議会で高等水産学校の設置を函館に定め,北海道帝国大学附属水産専門部の移転を決定
1932	4 18	水産専門部を函館高等水産学校と改称
1934	10 18	化学細菌学実験室①,養殖学動物学実験室②,養魚温室③ほか(函館市寄付)新築
1935	3 22	本館④,講堂⑤,図書館⑥,柔剣道場・生徒控所・銃器室⑦,汽罐室・変電室⑧ほか新築
	4 1	附属水産専門部を廃止し,函館高等水産学校設置
	5 1	函館高等水産学校開校式
	5 29	寄宿舎(北晨寮)⑨新築
	5 30	寄宿舎事務室・食堂⑩ほか新築
1936	3 9	北晨寮北寮焼失
	4 15	生徒集会室及食堂⑪(函館市竹内新太郎寄付)新築
	4 30	製造実習工場⑫,燻製室⑬ほか新築
	10 24	御真影奉安殿⑭(札幌市笠原寅治寄付)新築
	11 3	北晨寮北寮再建
1938	3 7	娯楽室⑮(北晨寮寄付)新築
1941	5 31	遠洋漁業科教室⑯・寄宿舎(訓育寮)⑰(ともに函館市川畑孫市寄付)新築
1942	2 3	発動機実習室⑱新築
	6 16	滑空機格納庫(東京市五十嵐与助寄付)新築
1944	3 31	函館高等水産学校を函館水産専門学校と改称
1945	10 3	進駐軍が全校舎接収(東川国民学校に移転)
1946	2 7	遠洋漁業科教室,進駐軍の失火により延焼
1947	1	進駐軍接収の全校舎返還
	3 12	寄宿舎(北晨寮)⑲増築
1949	3 25	遠洋漁業科教室⑳ほか再建

II 函館キャンパスと部局附属施設

函館キャンパス 1927-2001

函館高等水産学校 1927▶1949

230 製造実習工場⑫横での実習風景

231 製造実習工場内部

232 「高水」のマークが入った缶詰

233 北晨寮⑨⑩⑲　奥の2棟は北水会（水産学部同窓会）の寄付による

235 おしょろ丸II世のサロン

234 おしょろ丸II世進水式　改組以前であるため水産専門部の旗を掲げている

236 構内にあった土俵　左奥は養魚温室③

237 遠洋漁業科教室⑯　寄付者川畑孫市にちなみ川畑講堂と呼ばれた。1946年焼失

II
函館キャンパスと
部局附属施設

函館
キャンパス
1927-2001

水産学部 1949▶2001

239　水産学部旧本館　左手は進駐軍の失火焼失後再建なった遠洋漁業科教室，通称川畑講堂（図225の⑳）

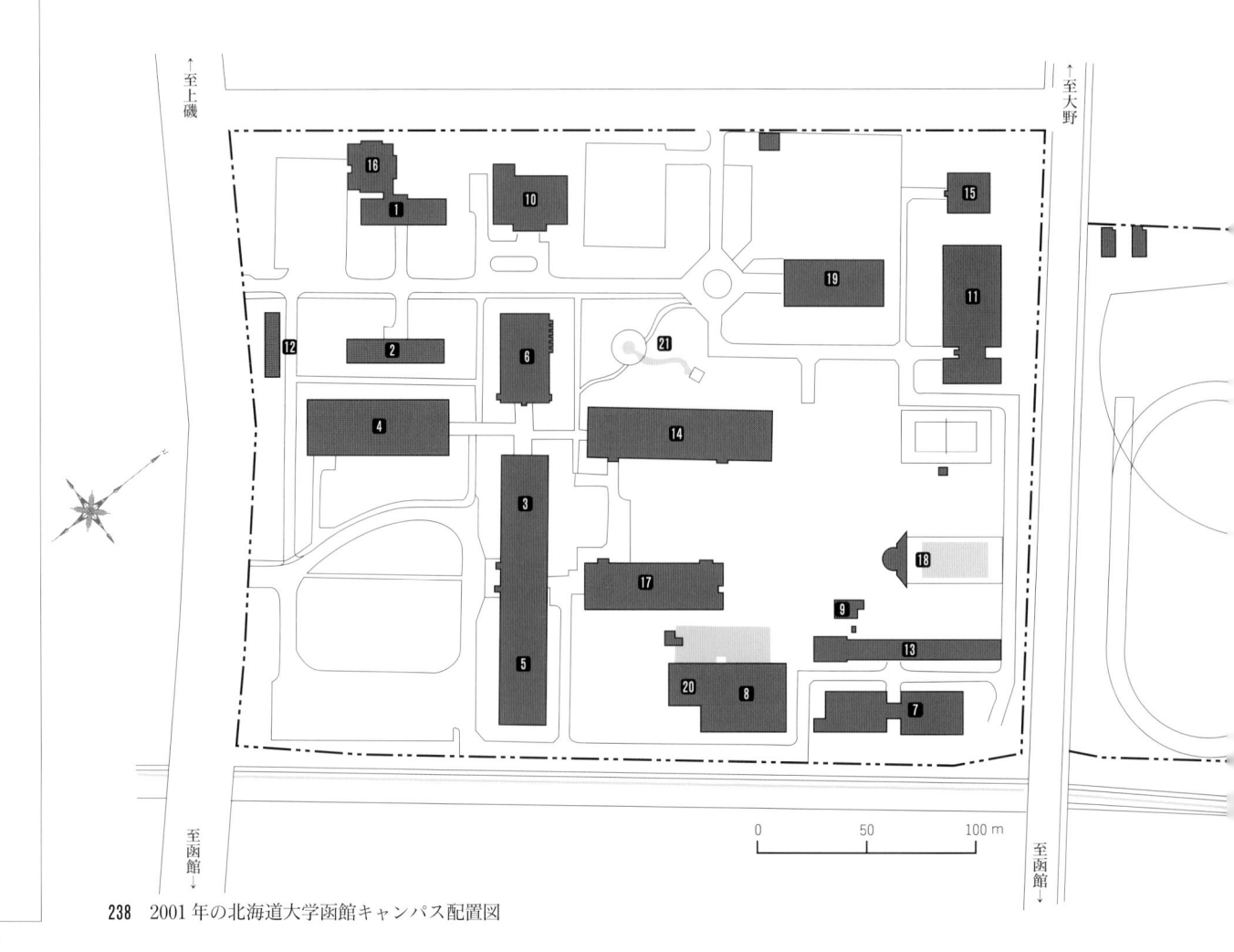

238　2001年の北海道大学函館キャンパス配置図

240 水産学部標本室① のちの水産資料館

241 魚類標本室内部展示

242 増築なった水産資料館⑯

　1949年新制北海道大学成立と同時に，水産技能教育に大きな役割を果たしてきた函館水産専門学校と，水産学研究を目的とした農学部水産学科(40年設置，札幌)を合同した水産学部が函館に設置された。両者の合併には，函館水産専門学校の単科大学独立論や水産学科の札幌存置論などの異論が多く，国立総合大学初の水産学部発足が合意に至るまでには多くの議論が交わされた。

　1951年の新入生までは，教養課程の講義も札幌から出張してきた教官が函館で行なっていたが，52年以降の新入生は札幌キャンパスで1年半の教養課程を学んだのち，函館キャンパスへ移行する方式となり現在に至っている。

　水産学部は現在，練習船おしょろ丸・北星丸，研究調査船うしお丸を所有し，外洋も教育・研究の場としている。

西暦	月日	できごと
1949	5 31	北海道大学水産学部新設，函館水産専門学校は同大学に包括
1953	12 1	水産学部，函館に移転完了
1954	3 31	函館水産専門学校廃止
	4	水産学専攻科を設置
1957	10 6	水産学部50周年記念式典
	12 27	図書館書庫，放射能実験室(水産学部整備拡充後援会寄付)新築
1958	2 3	標本室①(水産学部創基50周年記念協賛会寄付)新築
1960	11 18	北洋水産研究館②(大洋漁業寄付)新築
1963	1 28	実習工場焼失
1964	3 30	化学細菌学実験室増築
1965	3 25	新北晨寮新築
1970	11 30	管理研究棟③(第1期)，講義棟④新築
1971	10 30	管理研究棟⑤(第2期)新築
1972	10 31	図書館⑥，水産実習工場⑦新築
1973	10 31	水槽共同利用研究棟⑧新築
1976	3 26	RI実験室⑨新築
1978	3 22	福利厚生会館⑩新築
	12 11	体育館⑪新築
1979	10 5	車庫⑫新築
	12 21	大型水理実験水槽室⑬新築
1981	3 25	実験研究棟⑭新築
1982	12 8	課外活動施設(サークル会館)⑮新築
1983	3 26	水産資料館⑯(水産学部創基75周年記念事業後援会寄付)増築
1987	5 20	第二研究棟⑰新築
1988	3 26	プール上屋・管理棟⑱新築
	5 20	講堂⑲改修
1991	3 22	感染魚飼育室⑳新築
1994	12 13	プロムナード㉑造成

II
函館キャンパスと
部局附属施設

函館
キャンパス
1927-2001

水産学部 1949▶2001

243 管理研究棟③⑤

244 第二研究棟⑰

245 体育館⑪

246 水産学部創基75周年記念式典に際し，一般公開のため集結した水産学部所有船舶　手前から，うしお丸，おしょろ丸，北星丸

247 実験研究棟⑭

248 北洋水産研究館②　現在の水産生物標本館

249 水産実習工場⑦　現在の漁業学実習室

250 図書館⑥

II 函館キャンパスと部局附属施設

函館キャンパス 1927-2001

水産学部 1949▶2001

251　学内環境整備の一環で造成されたプロムナード(親水公園)[21]

252　福利厚生会館(北大生協水産学部店)[10]

253　講義棟[4]

254　大型水理実験水槽室[13]

植物園

1876-2001

255 北海道帝国大学博物館及農科大学植物園平面図(1918年頃)

II 函館キャンパスと部局附属施設

植物園 1876-2001

本草園・博物場から植物園へ 1876▶1919

257 幽庭湖　当初は湧水を湛えた泉であったが，現在は地下水を汲み上げて水面を維持している。佐藤昌介校長の「湖ハ閑雅幽遠ノ庭中ニアル」より命名

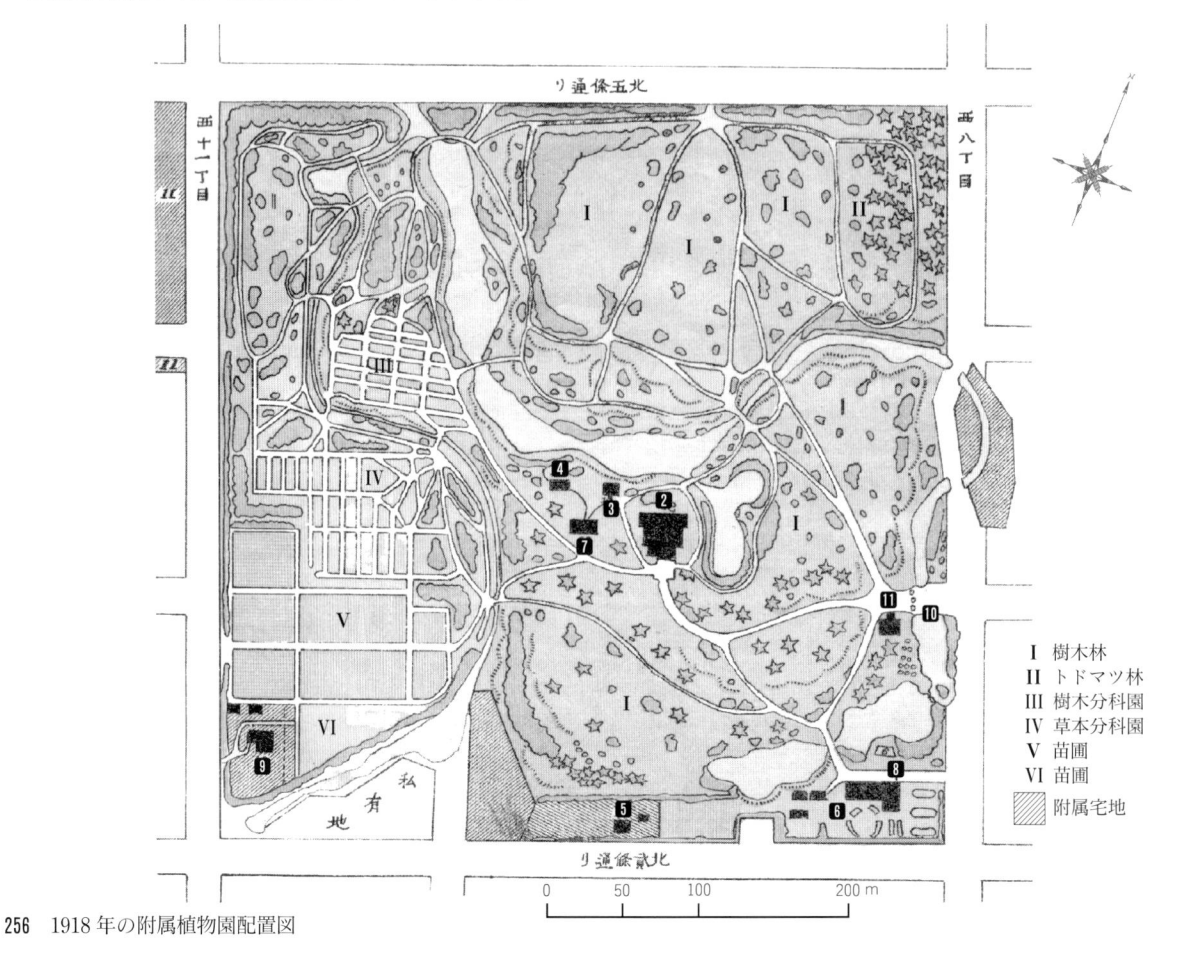

I 樹木林
II トドマツ林
III 樹木分科園
IV 草本分科園
V 苗圃
VI 苗圃
附属宅地

256　1918年の附属植物園配置図

258 博物場②(1892年頃) のちの博物館

259 札幌博物場出来容図(1882年)

260 博物館内部展示　1878年，札幌近郊の丘珠で人を襲ったヒグマの剥製

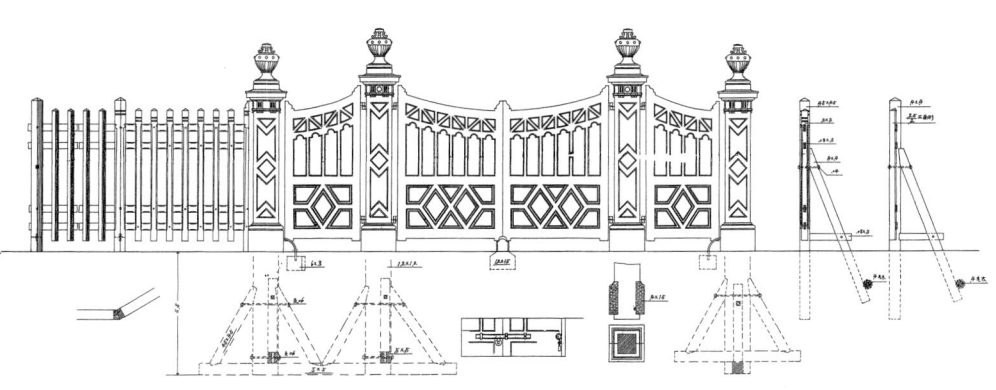

261 東北帝国大学農科大学植物園門及柵之図　正門⑩の設計図

1876年開拓使は御雇外国人園芸技師L.ベーマーの設計により北3条西1丁目に30坪の温室を建設した。W.S.クラークは温室と附属地を本草園として農学校に付与すべきことを建議，1878年札幌農学校に移管された。一方，北一条キャンパス後庭のペンハロー設計による樹木園を植物園とする計画もあったが，開拓使廃止後の1884年，勧業課所管だった博物場および附属地など1万5000余坪が植物園用地として札幌農学校に移管され，86年には温室もこの一隅に移築された。植物園の設計を担当した初代植物園長宮部金吾は，天然の風致を重視し，水系・起伏や巨樹などをそのままの姿とした。1890年には園内を自然分科園，樹木園，灌木園，温室附属園，試験園(苗圃)に区分し，1900年以降博物館事務所の新築，温室の増築などが行なわれた。1911年皇太子来園にあたって門衛所と正門が新設され，これを機に入園料2銭で一般公開が始まった。

西暦	月日	できごと
1876		開拓使が北3条西1丁目に温室①(L.ベーマー設計)新築
1878	2 7	開拓使より開拓使勧業課内温室および附属地移管
1879		ハーバード大学附属アーノルド樹木園と種子交換開始
1880		温室附属地の一部に樹木園造成
1882	6 1	札幌博物場②・看守所③新築
1884	7 2	北海道事業管理局より札幌博物場および附属地を移管，博物館と改称
1885	5	博物館附属倉庫④，官舎⑤新築
1886	7	植物園の基礎が確立
	10 30	ベーマー設計の温室を園内に移築⑥

II 函館キャンパスと部局附属施設

植物園 1876-2001

本草園・博物場から植物園へ 1876▶1919

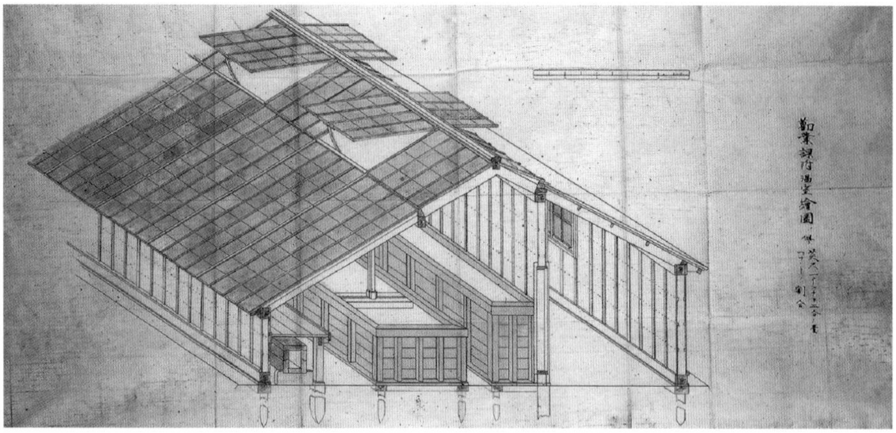

262 勧業課内温室絵図　L.ベーマー設計による温室①の見取り図

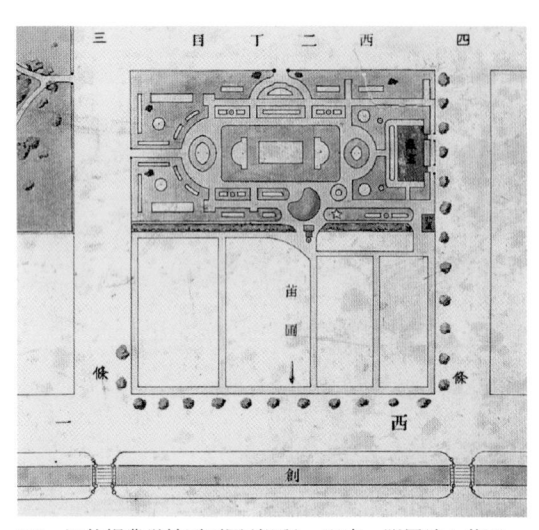

263 旧札幌農学校平面図(部分)　温室・附属地と苗圃

264 移築後の温室⑥　奥に博物館が見える

265 増築後の温室　右奥は1903年に増築された温室および作業室⑧。手前は花壇

266　博物館事務所⑦背面(1920年代)　左奥は鳥舎(1924年新築)

267　竣工間もない正門⑩と門衛所⑪

西暦	月日	できごと
1890		周囲に竹垣新設
1900	4 1	勅令により植物園長，博物館長設置
1901	9 16	博物館事務所⑦新築
1903	12 9	温室・作業室⑧増築
1907	6 22	博物館長を廃止し，主任設置
	9 22	植物園長官舎⑨・便所を北3条西2丁目から移転
1909		竹垣改造，正門に門衛設置
1911		正門⑩新築
	7 30	門衛所⑪新築
	8 26	皇太子(のちの大正天皇)来園
	8 30	植物園および博物館縦覧規程制定，入園料(2銭)徴収開始
1913		ローン完成

268　植物園正門前(1920年代)　この頃はメム(湧泉)があった

II
函館キャンパスと
部局附属施設

植物園
1876-2001

農学部附属植物園
1919▶2001

270　造成中の高山植物園（1938年）　日本の代表的なロックガーデンの一つ

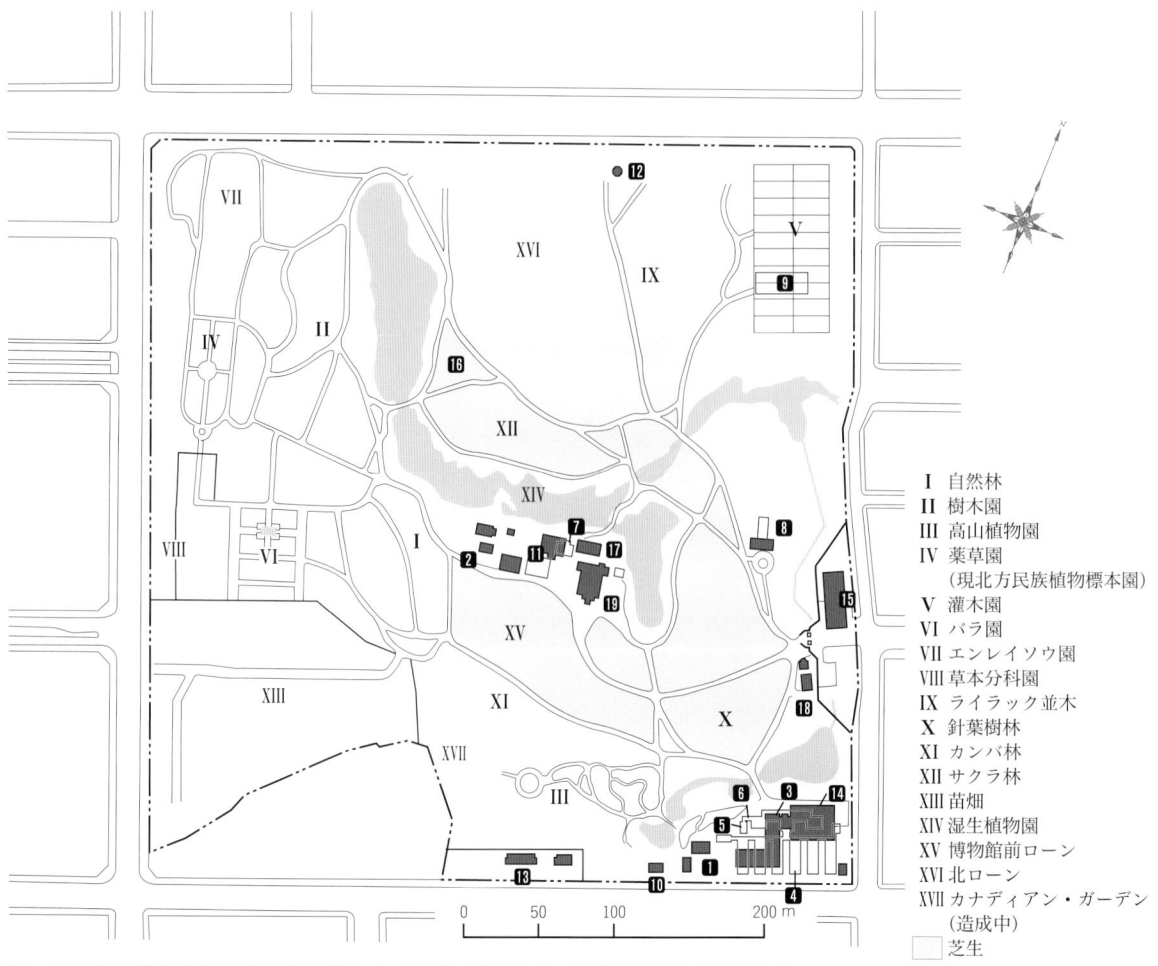

I　自然林
II　樹木園
III　高山植物園
IV　薬草園
　　（現北方民族植物標本園）
V　灌木園
VI　バラ園
VII　エンレイソウ園
VIII　草本分科園
IX　ライラック並木
X　針葉樹林
XI　カンバ林
XII　サクラ林
XIII　苗畑
XIV　湿生植物園
XV　博物館前ローン
XVI　北ローン
XVII　カナディアン・ガーデン
　　（造成中）
　　芝生

269　2001年の農学部附属植物園配置図　この時点で存在しない建物は実線の枠で示した

戦前は温室の拡張や高山植物園の造成,旧動植物学教室を一部移築し庁舎に改修したほかに大きな変化はない。戦後は灌木園・バラ園・エンレイソウ園などの新設のほか,各分科園の充実が図られた。また各施設の狭隘と老朽化により,温室および管理棟が新築された。博物館本館を始めとする園内の歴史的建造物は重要文化財あるいは登録文化財に指定され,1991～95年に修復工事が行なわれ,同時に周辺環境も整備された。しかし,地下水位の低下,大気汚染,日照不足,ビル風など都市の緑の孤島として多くの問題を抱えている。

現在植物園では,主に北方生物圏冷温帯の野生植物を対象として,その多様性を理解するための生態学や分類学の研究・教育が行なわれている。また,絶滅危惧種など貴重な植物の保護・管理についても研究されている。

271 植物園庁舎⑧ 農学部本館の改築により旧動植物学教室の主棟と東翼が植物園内に移築,利用された。現在は宮部金吾記念館

272 バチェラー記念館⑪ 聖公会宣教師J.バチェラー邸を移築した。1989年,北に約20m再移築

273 1932年改築の温室③(中央) 両脇は寄付による温室④

西暦	月日	できごと
1919	4 1	農学部附属植物園と改称
	8 23	博物館看守所改築
1922	7 12	皇太子(のちの昭和天皇)来園
1923	11 9	物置①新築
1924	9 20	博物館鳥舎②新築,竹垣・正門改築
1932	10 31	温室・作業室③新築
	12 22	温室④(盧貞吉寄付)新築
1933	8 29	温室縦覧券売捌所⑤新築
	12 5	温室拡張工事完成
1938	3 31	農学部昆虫飼育室を低温蘭栽培室として移築⑥
	7	ロックガーデン造成(1936年着工)
	12 12	博物館動物飼育室⑦新築
1942	11 30	旧動植物学教室の一部を移築し,植物園庁舎⑧に改修
1944		戦争末期から戦後の食糧難時にローンでイモ・カボチャを栽培
1947	10 30	薬草園設置
1949	3 4	旧札幌陸軍被服支廠倉庫(1945年7月新築)を植物陳列室⑨として転用(その後事務局倉庫として移築)
1952		灌木園・バラ園・エンレイソウ園設置
1957	6 3	博物館所蔵のアイヌ民族の丸木舟,重要文化財に指定
1958	8 1	札幌市より石造氷室(1899年6月3日築)を植物防寒室⑩として移管
1959		エンレイソウ園拡張
1961	5 26	昭和天皇・皇后来園
1962	10 9	北海道庁よりバチェラー記念館⑪の寄付受入
1964		エンレイソウ園の第2次拡張
	4 30	バチェラー記念館を農学部附属博物館分館として開館
1968		便所⑫新築
1970	11 20	公務員宿舎⑬新築
1977		園長官舎跡地を苗圃として整備

II
函館キャンパスと
部局附属施設

植物園
1876-2001

農学部附属植物園
1919 ▶ 2001

274 台風の被害により倒れたハルニレ樹根の運搬

275 附属植物園俯瞰（2001年）

276 幽庭湖に造成された湿生植物園

277 カラフト犬タロと犬飼哲夫教授　タロは1957年南極越冬隊に参加，59年弟ジロとともに生存が確認され話題になった。帰国後北大植物園で過ごし，70年死亡。剥製を博物館に展示

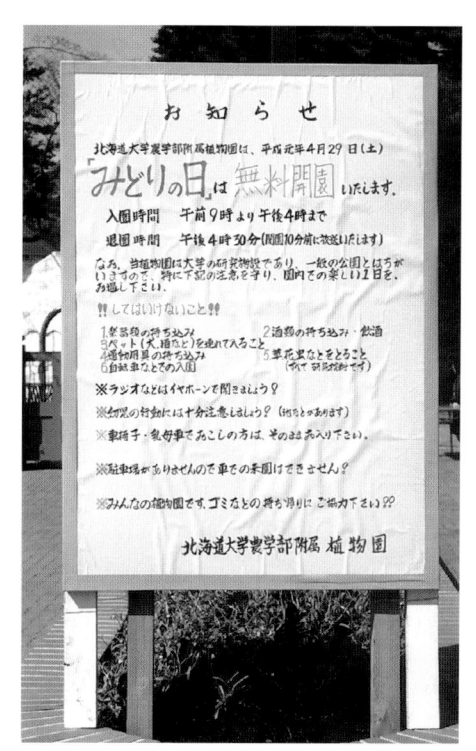

278　みどりの日の無料開園を知らせる看板

279　みどりの日の無料開園にあたり，普段は閉鎖されている正門を開放

280　バラ園でのモデル撮影会風景（1954年）

西暦	月日	できごと
1978		薬草園を北方民族植物標本園として転換・整備
1982	11 1	温室⑭竣工（1983年4月1日開館）
1985	7	湿生植物園第1期工事
1986		湿生植物園第2期工事
1988	3 31	管理棟⑮新築
1989	4 29	みどりの日無料開園開始
	5 19	博物館本館・博物館事務所・博物館倉庫・植物園門衛所，重要文化財に指定
	9 17	現天皇・皇后来園
1991		重要文化財建物群の修復工事ならびに建物周辺部環境整備工事開始（1995年度まで）
1992	9 15	旧庁舎（1991年12月27日一部取壊し）を宮部金吾記念館として公開
1993	11 29	北ローンに東屋⑯新築
1995	11 30	船小屋⑰新築
1997	3 26	便所⑱新築
1999	5 20	石臼保存上屋⑲新築
2001	4 1	北方生物圏フィールド科学センターに改組

II
函館キャンパスと
部局附属施設

植物園
1876-2001

農学部附属植物園
1919 ▶ 2001

281　1982年11月に新築なった3代目の温室⑭

282　管理棟⑮　北方民族資料室が併設されている

283　石臼(日本初の輸入製粉器)　石臼の寄付を受け、保存用の上屋⑲が造られた

284　アイヌ民族の丸木舟(1972年)　現在は博物館本館裏の船小屋⑰に保管

農場・牧場

1876-2001

285　Sapporo Agricultural College Barn（1877年）

II 函館キャンパスと部局附属施設

農場・牧場 1876-2001

育種場から農芸伝習科へ 1887▶1903

287 竈場⑩付近から北東を見る（1897年頃）　左から牛舎⑭，牛酪製造所⑮，農校園模範家畜房，その手前が大工小屋⑰，右端が一号厩⑪

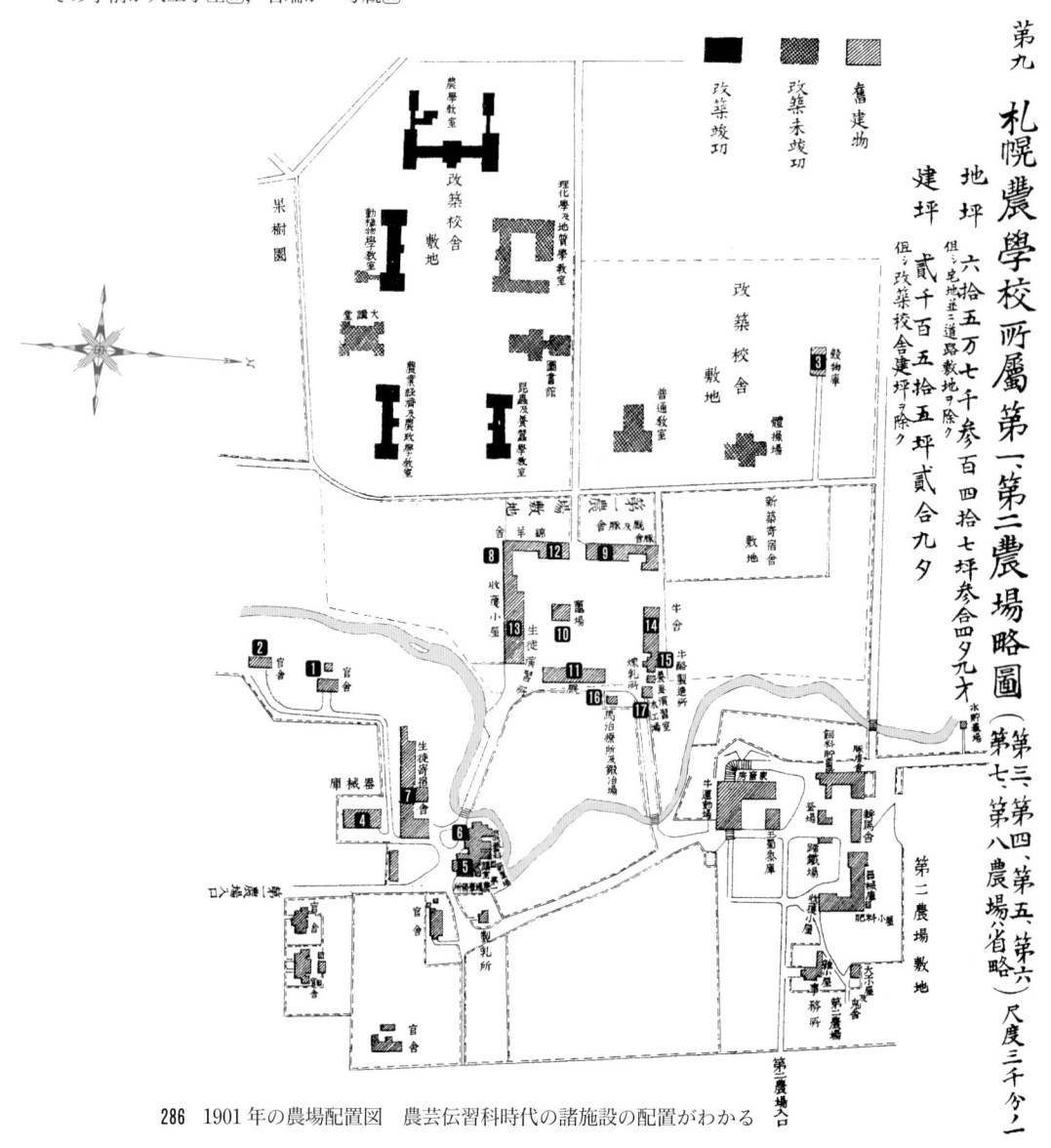

286 1901年の農場配置図　農芸伝習科時代の諸施設の配置がわかる

第一農場の始まりは開拓使が1871年開設した勧業課御手作場まで遡る。札幌官園と改称後，現北大札幌キャンパスに該当する敷地は一号園と呼ばれた。1875年には官舎のほか，現百年記念会館付近に事務所，現文系校舎付近に諸施設が建設された。この頃から札幌育種場と呼ばれるようになった。1887年札幌育種場は札幌農学校に移管され，同年設置の農芸伝習科の土地・施設となった。施設の改築に際しては育種場時代からのロの字型配置が踏襲された。1895年に第一農場と改称後は，農芸伝習科のみならず，農学校生徒の農業実習や試験栽培の場となった。

288 農芸伝習科教場⑥（右） 奥に諸施設が見える

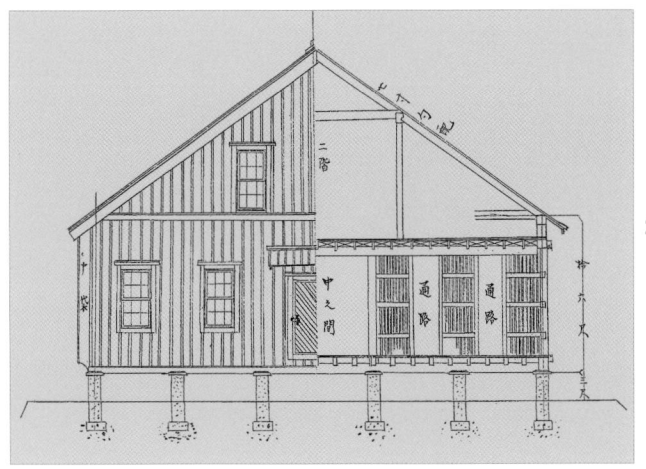

289 勧業課壱号園玉蜀黍庫百分之壱ノ図 玉蜀黍庫③は札幌育種場（勧業課）施設として建設され，農校園時代を経て，1904年の第一農場移転に際し穀物庫（図294⑱）として移築された

西暦	月日	できごと
1871		偕楽園（北6条）内に開拓使勧業課御手作場（3600坪）開設
1873		この頃，御手作場を札幌官園と呼称
1875		事務所，一号官舎・穀物庫・雑倉庫，二号官舎①，三号官舎②，一号厩，二号厩，豚舎，乾草小屋，烟室，物置2棟ほか新築
	9	作事小屋新築
1876		車房新築
1879	7	玉蜀黍庫③新築
1883	5	蹄鉄場・錬鉄場新築
	10	馬繋場・灰置場・薪置場・浴室新築
1885		氷室新築
	10	器械庫④新築
1887	1 20	北海道庁より札幌育種場継承
	3	農芸伝習科設置
	4 21	札幌育種場を農校園に合併し，所属農園と呼称，農校園より事務所を農芸伝習科事務所⑤として移築，育種場事務所を農芸伝習科教場⑥に，一号官舎・穀物庫・雑倉庫を農芸伝習科生徒寄宿舎⑦に改築
1888	9	生徒舎および同食堂増築
		一号厩西端を蚕室⑧に改築
1889		乳牛にホルスタイン種導入
	6	乾草小屋を豚舎⑨に改築
	7	竈場⑩新築
	8 30	二号厩の屋根葺替・土台替・中間仕切りを追加し，一号厩⑪と呼称
	9	綿羊舎⑫新築（車房を移転改築した干草置場付設）
	11 29	旧一号厩を生徒演習所⑬に改築
1890		牛舎⑭・牛酪製造所⑮新築，家畜房近傍（サクシュコトニ川東側）より牛馬治療所⑯を移築，物置2棟を大工小屋⑰・鍛冶小屋として移転増築
1895	4 1	サクシュコトニ川以西の農場を第一農場と改称
1899	3 22	農芸伝習科を農芸科（3年）に改組

II 函館キャンパスと部局附属施設

農場・牧場 1876-2001

育種場から農芸伝習科へ 1887▶1903

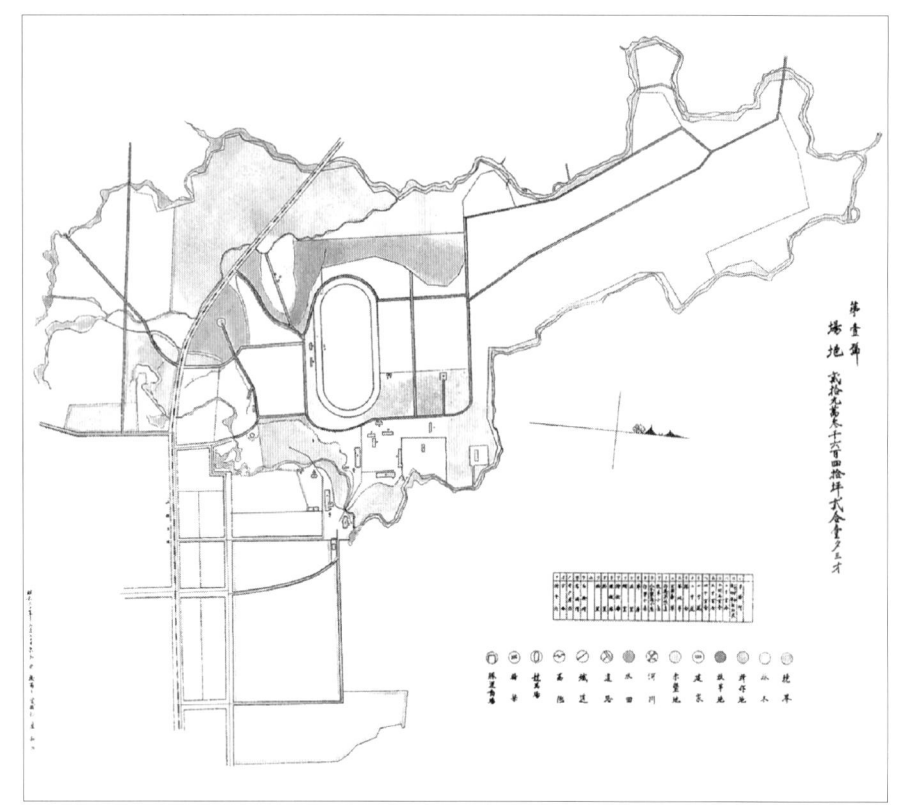

290 育種場引継図(1887年) 鉄道線路(点線)を目安に現在との位置関係を推測できる。中央のトラック状の施設は競馬場(図292)

291 農芸伝習科生徒

292 エドウィン・ダンが設計した競馬場(1878年)　札幌育種場内に造られ，1887年農校園の一部となった。現在の農学部付近

293　1897年頃の農芸伝習科生徒寄宿舎⑦(左)　右の2階建建物は農場事務所(前農芸伝習科事務所⑤)

II
函館キャンパスと
部局附属施設

農場・牧場
1876-2001

第一農場 1904 ▶ 1967

295 試作園越しに見た第一農場諸施設　現在の農学部付近から北側の眺め

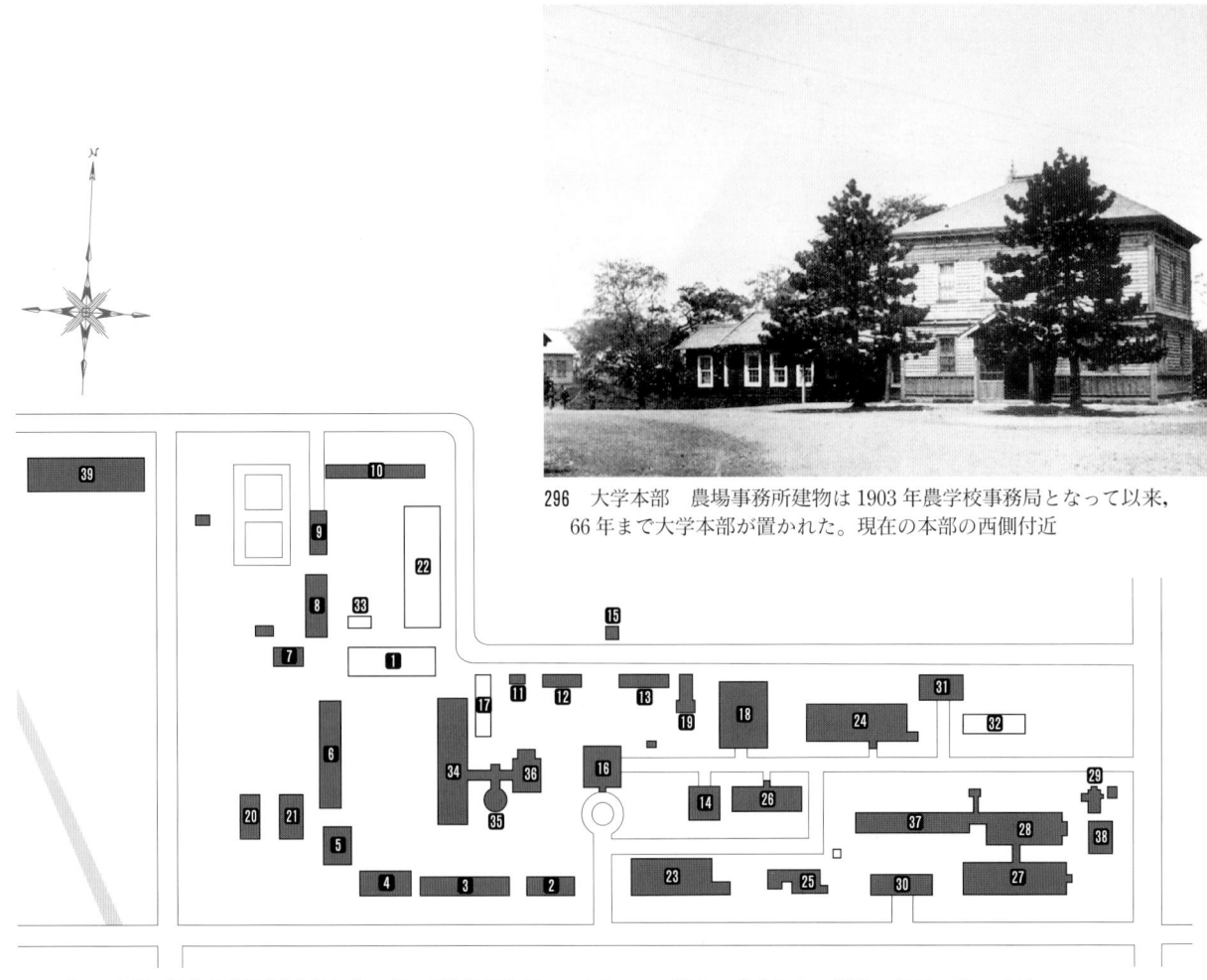

296 大学本部　農場事務所建物は1903年農学校事務局となって以来、66年まで大学本部が置かれた。現在の本部の西側付近

294 北11条付近(現理学部北側)移転後の第一農場配置図(1929年)　この時点で存在しない建物は実線の枠で表示

北八条キャンパス新校舎の建設開始に伴い，第一農場の諸施設は，1901年以降順次，北11条西7丁目付近（現理学部北側の一帯）に移転することになった。移転は第一・第二農場の機能分化と農場施設拡充のためであったが，一方で新キャンパス形成のため予定地中心部にあった旧第一農場敷地をより有効に利用しようとする意図があったと考えられる。1907年農学校の帝国大学昇格後，旧第一農場敷地は新設された林学教室・畜産学教室の建設用地にあてられた。第一農場は学生生徒の実習や研究のための試験を行なう実験農場であった。実習は種芸・園芸・畜産・養蚕・農産製造など農業全般にわたり，また水田試作も行なっていた。移転にあたって大半の施設が新築されたものの，育種場から引き継いだ施設のほとんども増改築を伴いながら移築された。

297　第一農場内にあったエルムの鐘（1958年）

298　試作園における農耕馬2頭引による耕作（1920年代）

西暦	月日	できごと
1904	3 28	牛舎を牛馬舎附属家①に移転改築，肥料室②・農具置場③・農馬車室④・耕馬舎⑤・牛馬舎⑥・堆肥場⑦・牧草室⑧・藁置場⑨・豚舎及綿羊舎⑩・燻腿室⑪・大工及鍛冶場⑫・鶏舎⑬・砕穀室⑭・氷貯蔵室⑮・事務室⑯・竈場⑰新築
	9 23	玉蜀黍庫を穀物庫⑱に移転改築，果実貯蔵室⑲新築
	11 30	肥料小屋⑳・堆肥製造実習室㉑新築
1905	1 13	生徒実習室を収穫実習室㉒に，生徒舎の一部を実習室㉓に，器械庫を農具標本室㉔に，牛酪製造所を製乳所㉕に移転増改築，農具室㉖新築
	3 31	生徒舎の一部を養蚕室㉗と剉桑室㉘に移転改築，殺蛹室㉙・醸造実験室㉚・解剖及治療室㉛・肥料効能実験室㉜・緑飼室㉝新築
1918	7 15	第一農場事務室・農具標本室・農具室改築
	10 6	牛馬舎附属家焼失
1919	3 31	牛馬舎㉞新築
1921	3 31	牛舎附属緑飼室㉟・牛乳取扱室及釜場㊱新築
	7 31	試験用養蚕室㊲・物置㊳新築
	9 19	園芸実習室新築
1929	1 23	収穫実習室，雪害により倒壊
	11 15	収穫実習室㊴新築
1941	12 3	果樹園監視所新築
1958	6 30	養蚕室焼失

II 函館キャンパスと部局附属施設

農場・牧場 1876-2001

第一農場 1904▶1967

299 西端から望んだ第一農場　左から牛馬舎㉞，事務室⑯，砕穀室⑭，その右隣が実習室㉓，右端が農具置場③。現在の中央食堂西側一帯

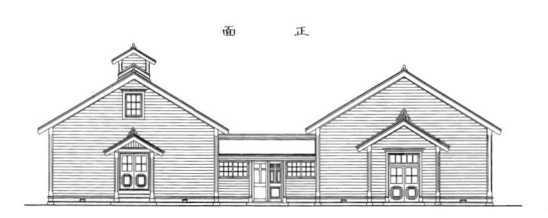

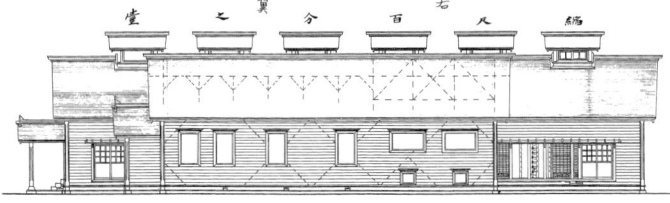

300 養蚕室㉗南面　屋根の上に並んだ採光窓が特徴的

301 養蚕室移築之図　正面図の左が養蚕室，右が剉桑室㉘

302 中央道路沿いのポプラと第一農場(1958年) 左は理学部本館

303 左から牛馬舎㉞，牛舎附属緑飼室(サイロ)㉟，牛乳取扱室㊱(1930年)

304 牛の左奥が穀物庫⑱

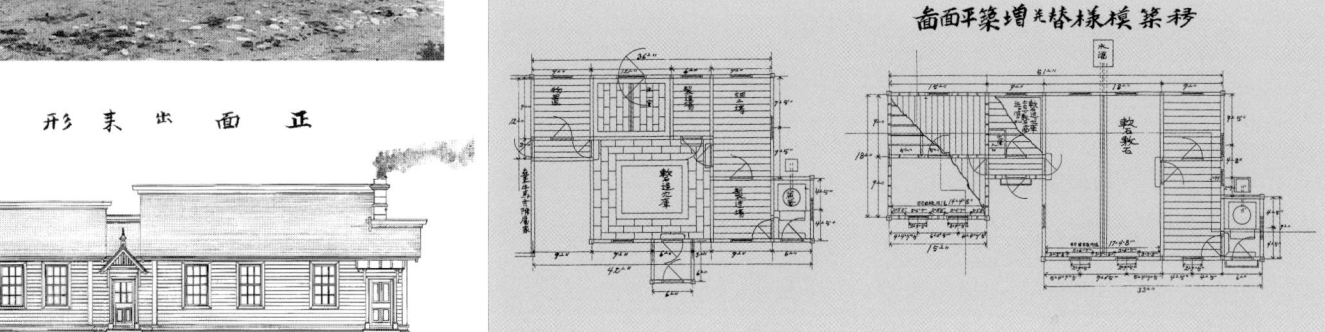

305 製乳所㉕設計図　正面出来形(左)と移築模様替幷増築平面図(右)

II
函館キャンパスと
部局附属施設

農場・牧場
1876-2001

第一農場 1904▶1967

306　ポプラ並木(1930年代)

307　第一農場南西端に位置する演習林苗圃(1909年頃)　現在の
　　　国際交流会館南側

308　農場の馬耕風景(1903年)

309　農学部本館高塔から見た第一農場全景（1937年）　ポプラ並木右に見えるのは収穫実習室㊴

310　札幌キャンパス南端の果樹園　現在の留学生センター付近

311　試験園から見た農学部（1903年）

II
函館キャンパスと
部局附属施設

農場・牧場
1876-2001

農校園 1876▶1909

313 西5丁目通から見た第二農場　左端が模範家畜房②・家畜房⑤，隣が玉蜀黍庫③。ほかに釜場⑯，豚舎⑦，器械庫⑥などが見える。右端は農場長を務めた南鷹次郎(のちの総長)が居住していた官舎(元事務所)⑧。現在の地球環境科学研究科付近

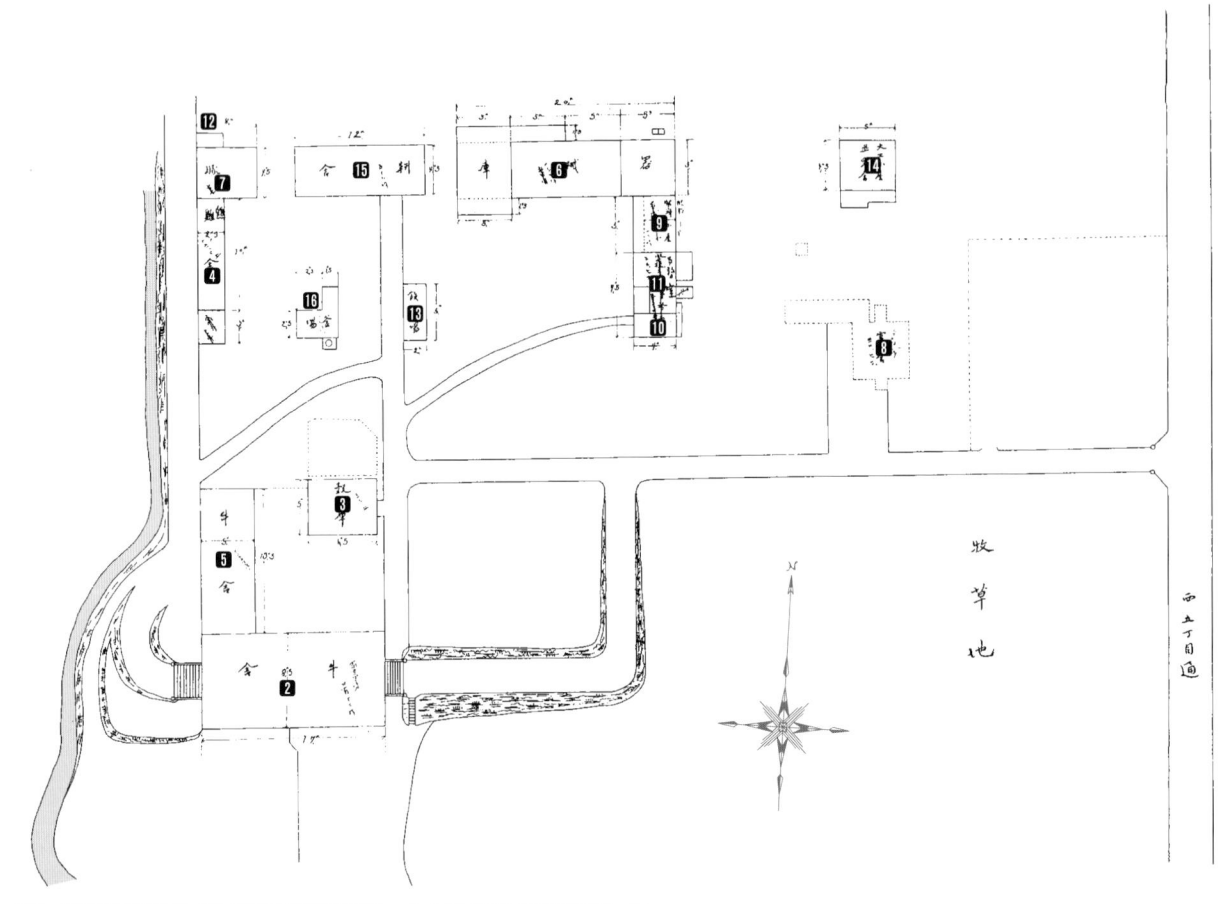

312 移転直前(1909年)の第二農場配置図　この時点では①は存在しない

314 模範家畜房②と玉蜀黍庫③（手前）（1878年）　家畜房には2階に向かって傾斜路が設けられ、牧草を積んだ馬車が直接出入りできるように配慮されている

315 農校園試験園　遠方かすかに北海道庁が見える。現在の地球環境科学研究科付近

316 竣工間もない模範家畜房（右）　左は器械庫①

札幌農学校教頭W.S.クラークは農業教育上，実践の重要性を主張し，開校早々に札幌官園の一部の移管を受けて農校園を開設した。クラークの構想によりモデルバーン（模範家畜房）を建設したほか，多数の畜力農具や外国種の牧草・家畜を導入し，洋式農法を実現して北海道畜産の普及拠点となった。モデルバーンは真駒内・静内の官営牧場にも同じ設計で建設され，その後の北海道における畜舎の原型となった。

1890年4月の会計法施行により財産制限が加えられ，農校園を起源とする土地・建物は札幌同窓会へ払い下げられた。1895年経営安定のため札幌農学校が文部省直轄になったことにより，同窓会所有の旧農校園（同窓会第二農園）が農学校に寄付され，経済的農場経営を目的とする第二農場が確立した。

西暦	月日	できごと
1875		器械庫①新築
1876	9	開拓使勧業課から農園30万4500坪所管換
	9 13	札幌官園移管，農校園設置
1877	6 1	模範家畜房②・玉蜀黍庫③・鶏舎④新築
1879	6	家畜房⑤増築
	7	器械庫⑥，排水管製造所焼竃・覆吹貫新築
	8	牧舎（のちに豚舎）⑦新築
	9	排水管製造所（のちに煉瓦製造所）新築
	10	製糖所・派出所（のちに農場事務所）新築
1880	7	排水管製造所焼竃・覆吹貫増築
	11	大工細工場（大工小屋）・鍛冶細工場（鍛冶小屋）新築
1881	11	大工細工場増築
1882	2	燻肉製造所新築
1883		事務所（のちに官舎）⑧新築
1885	9	牛酪製造場（製乳場）新築
	10	種牛運動所・牛馬治療所新築
1887		派出所を農芸伝習科事務所として移築
1890		製糖所を収穫小屋⑨に，大工小屋を肥料小屋⑩と人糞肥料貯蔵所に改造，器械庫を事務室⑪に，煉瓦製造所の一部を豚舎⑫に移築改造
	3 31	サクシュコトニ川南東の土地・建物を札幌同窓会に払下げ（札幌同窓会第一農園）
1891		牛馬治療所を厩近傍（サクシュコトニ川北側）に移築
1892		鍛冶小屋を蹄鉄場⑬に，煉瓦製造所を作事小屋（大工小屋及兎舎）⑭に移築改造
1895	4 1	札幌同窓会寄付の第一農園を農学校第二農場と命名。この頃までに耕馬舎⑮・釜場⑯新築

II
函館キャンパスと
部局附属施設

農場・牧場
1876-2001

第二農場 1909▶1967

318 北18条通から見た第二農場(1919年)

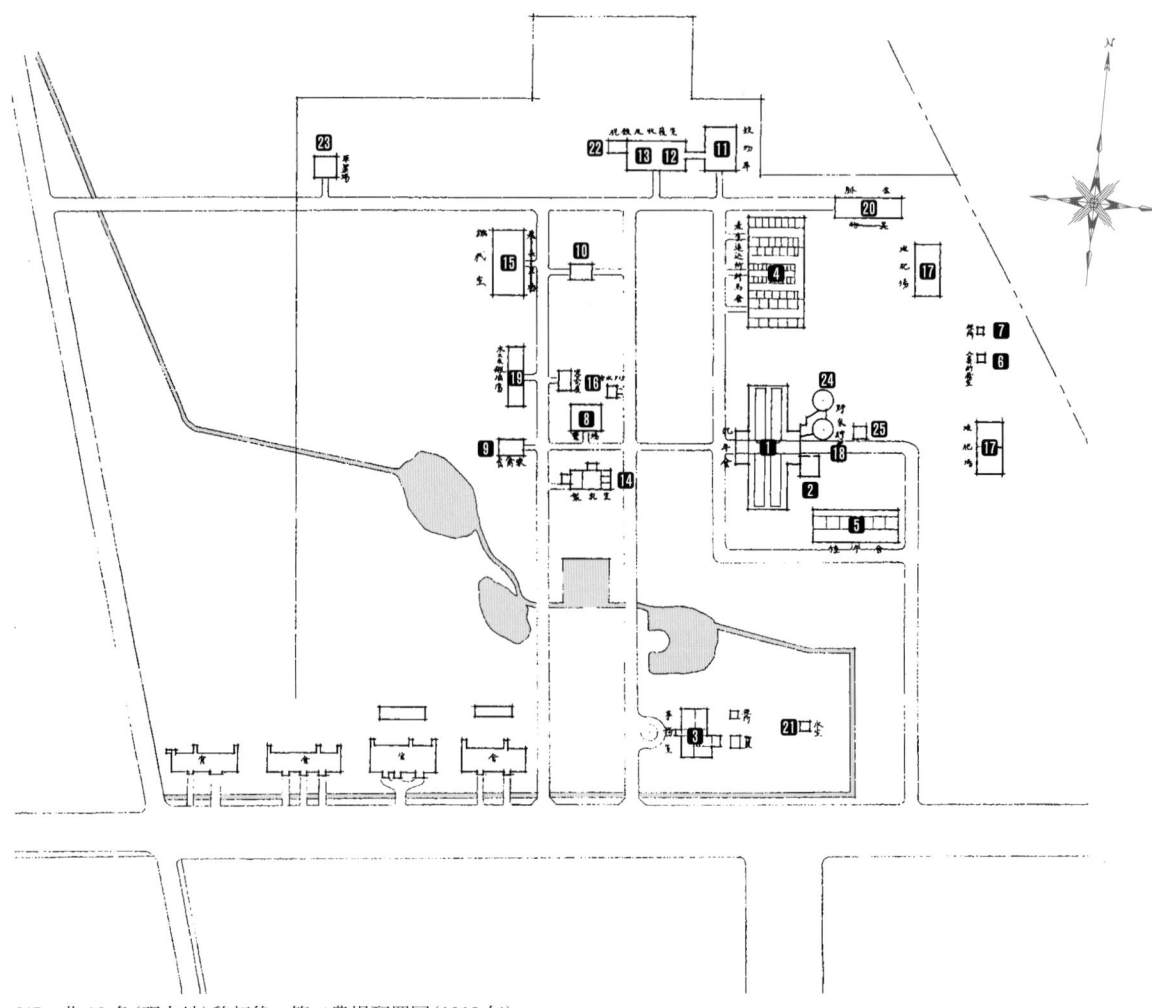

317 北18条(現在地)移転後の第二農場配置図(1912年)

319 左が牧牛舎①，右が種牛舎⑤(1912年)

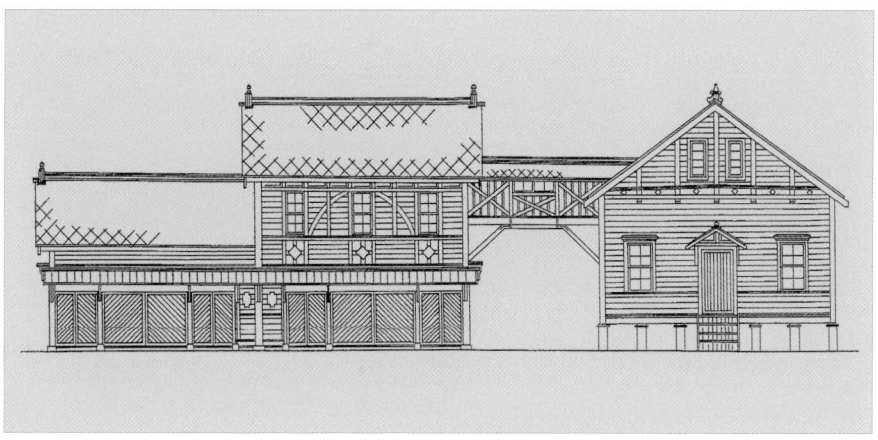

320 穀物庫⑪(右)，収穫室⑫・脱稃室⑬(左)設計図

321 南東から見た第二農場諸施設(1958年)

　第二農場は欧米式農牧混合農場経営の北海道への移植を試みる経済農場と位置づけられた。学生生徒には実習材料を提供するとともに，経営収支を明確にし，北海道大規模農場のモデルの役割を果たした。畜産では畜牛を主に，常時100頭前後を飼育して搾乳・製酪を行ない，農産としては飼料作物を多く栽培した。農作業は人力を省き，西洋式農具を用いた畜力によるものであった。

　1907年の農科大学設置により第二農場南付近に予科教室が建ち，札幌市街域の鉄道以北への拡張によって火災延焼の懸念が生じた。さらに建設後30年以上を経過した農場施設の老朽化が顕著となってきたため，第二農場は1909年移転および新築工事に着工し，12年完了した。現在，褐色の木肌を見せる施設群は移転工事完了当初，2色のペンキで塗り分けられていた。移転前には2階への進入斜路が設けられていた模範家畜房は，斜路が取り払われ，内部には大幅な模様替が施された。

　第二農場施設は北海道全域に畜産を広めた日本畜産の一発祥地として，またバルーンフレーム工法の稀有な農場建築として，価値が認められ，1969年重要文化財の指定を受けた。その後，文化庁により諸施設の全面解体，保存・原状復帰工事が行なわれた。また，1975年から始まった農場の近代化整備過程で，畜舎の屋根裏などから多くの農具が発見された。これらはケプロン，クラークらが手配した数百点の輸入農具や，全国の鍬など貴重な農具標本であった。これらの標本は，整備後，施設内に収容された。

西暦	月日	できごと
1909	9	第二農場建物移築工事着工
	10 8	牧牛舎①，根菜貯蔵室②新築
1910	12 10	器械庫併置の事務室を事務所③に，家畜房を産室・追込所及耕馬舎④と種牛舎⑤に移転改築，人糞貯蔵室⑥・常夫便所⑦・竈場⑧・鷲室(のちの家禽舎)⑨・秤量所⑩新築
1911	9 15	穀物庫⑪を移転し，収穫室⑫・脱稃室⑬を増築，製乳所⑭・器械庫⑮・常夫小屋⑯新築
1912	11 20	肥料室⑰・緑飼貯蔵室⑱・細工場及蹄鉄場⑲・豚舎⑳・氷室㉑・原動機室㉒・草置場㉓新築
1920	9 30	緑飼室(鉄筋コンクリート造)㉔・附属動力室㉕新築
1927	11 15	大半の施設の屋根を鉄板に葺替

II
函館キャンパスと
部局附属施設

農場・牧場
1876-2001

第二農場 1909▶1967

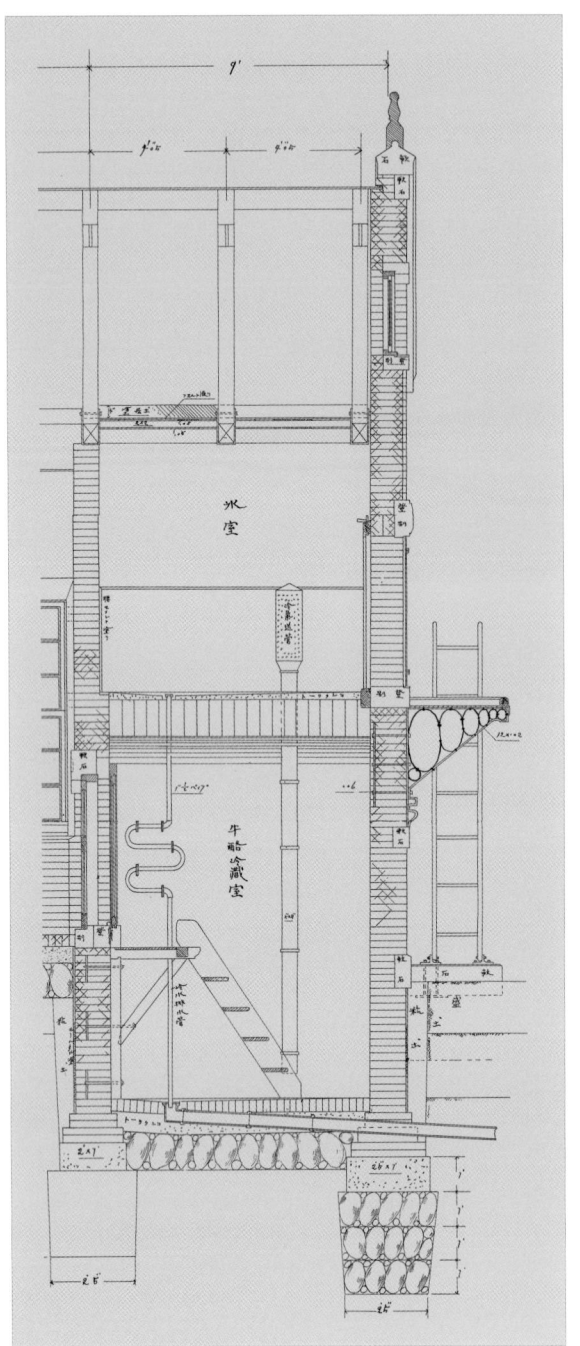

322 製乳所⑭詳細図
323 製乳所平面図　内部は3室に分かれ，通路の東側には窓から氷を入れる冷蔵室，西側には機器と人の洗浄室を配置し，中央の牛乳やバター，チーズを作る製造室は，洗浄後の人の出入りによる雑菌の混入を防ぐようになっている

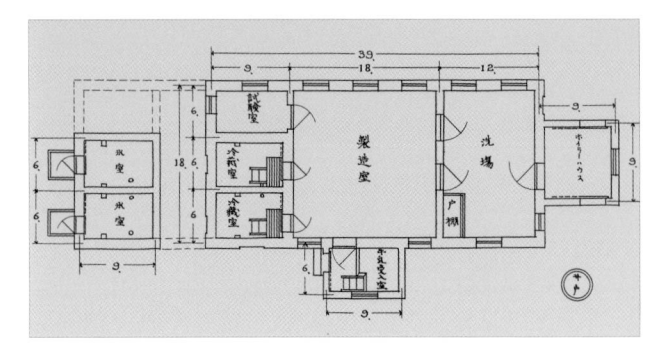

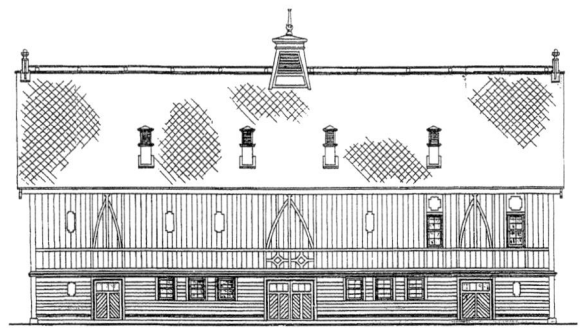

324 竈場⑧正面図
325 産室・追込所及耕馬舎（旧模範家畜房）④立面図

326 第二農場(1970年代) 重要文化財指定を受け，修理工事を終えた後の全景

327 牧牛舎と2基のサイロ(緑飼室24・緑飼貯蔵室18)

328 牧牛舎東側のサイロにトウモロコシを裁断して詰め込む作業風景(1912年) 原動機はスチームエンジンが使われている。中央の小さなレンガ造建物は根菜貯蔵室2。左端はトウモロコシを積んだ四輪馬車

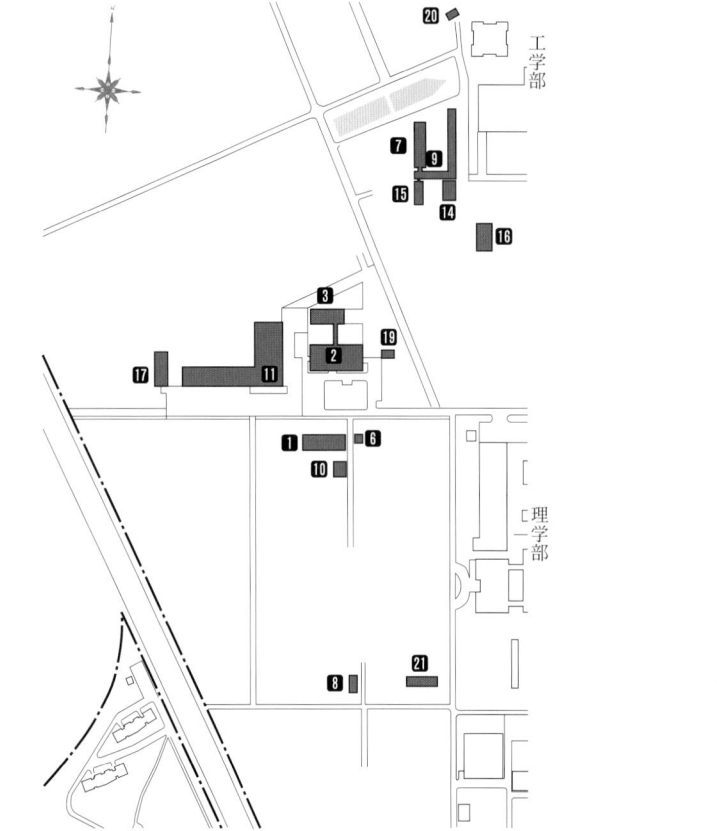

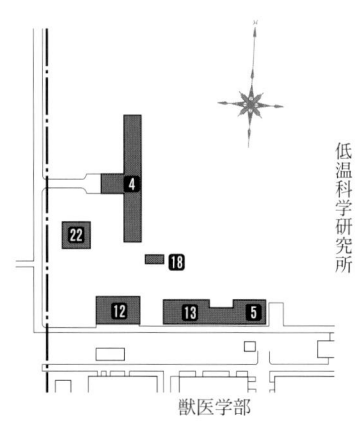

II 函館キャンパスと部局附属施設

農場・牧場 1876-2001

合併後の学内農場 1968▶2001

330 獣医学部屋上から見た北19条付近の農場全景　中央かまぼこ形屋根が牛舎④，左の片流れ屋根が乳肉製品加工所⑤

329 農場配置図　北11条西10丁目付近(左)と北19条西10丁目付近(右)(2001年)

331 農学部附属農場庁舎②

332 実験実習棟⑪

333 蚕飼育室①

　第一・第二農場では，開拓使以来の施設を増改築し，また若干の新設を加えて農場経営を行なってきたが，学部や附属研究所の新設・拡充に伴って敷地を提供し，徐々に規模の縮小を余儀なくされていった。同時に農場自体も農学の発展に相応する実験・実習の場として，水田・畑の基盤整備，畜舎を始めとする諸施設の拡充，大型機械の導入などを進めた。

　1968年から70年にかけて，第一農場の研究棟・附属施設が北11条西10丁目付近に，第二農場の牛舎・管理棟・畜産製造工場が北19条西10丁目付近に新たに建設され，農場における研究体制と実習教育設備はより充実し，合理的な運営を可能にした。1971年には第一・第二農場が合併し学内農場となったが，それ以後も便宜上，第一農場，第二農場の呼称が用いられている。

　現在，農場は栽培学・生理学・生態学・遺伝学・遺伝資源学・造園学・養蚕学・家畜生産学・農産物利用学・農業機械学・土壌肥料学・作物栄養学・植物病理学など多分野にわたり毎年約100課題の研究に利用されている。また，遺伝資源の維持管理にも積極的に取り組んでいる。

西暦	月日	できごと
1961		第一農場蚕飼育室①新築
1968	8 26	第一農場管理棟(のちの附属農場庁舎)②・実験棟③，第二農場牛舎④・乳肉製品加工所⑤新築
	9 21	第一農場乾繭室⑥新築
	12 10	第一農場小家畜飼育室⑦新築
1969		第一農場温室⑧新築，同小家畜飼育室⑨増築
1970		第一農場試験用養蚕室⑩新築
	3 25	第一農場実験実習棟⑪・第二農場飼料肥料諸機器庫⑫新築，第二農場乳肉製品加工所⑬増築
1971	3	第一・第二農場を合併，学内農場と呼称
1972	11 20	小家畜実習室⑭新築，同飼育室⑮増築
1978	2 27	乾草収納庫⑯新築
1981		作業用機械棟⑰新築
1983		家畜飼育室⑱新築
1984	11 26	車庫⑲新築
1989	3 30	牛舎増築
1990	8 10	ホルスタイン種雌牛生産1000頭を達成
1992	7 2	農機具保管庫⑳新築
	12 25	重要文化財第二農場敷地に便所新築
1996	3 26	実験実習棟㉑新築
2000		作業機械庫㉒新築
2001	4 1	北方生物圏フィールド科学センターに改組(生物生産研究農場)

II
函館キャンパスと
部局附属施設

農場・牧場
1876-2001

第三〜第八農場 1887▶1950

334 第三農場小作人集会所⑫(1935年)

335 第三農場25番地から南西を望む

名　称	1918年所在地名	1918年面積(ha)	名称変更	用途廃止	現 在 地
第三農場	札幌郡札幌村字レツレツプ	315.11	1944年　烈々布農場	1980年	札幌市東区北26条東3丁目付近
第四農場	札幌郡平岸村字簾舞	642.24	1944年　簾舞農場	1977年	札幌市南区簾舞
第五農場	夕張郡角田村字ウエンベツ	502.46	1944年　角田北農場	1977年	夕張郡栗山町字北学田
第六農場	夕張郡角田村字アノロ	707.48	1944年　角田南農場	1977年	夕張郡栗山町字南学田
第七農場	亀田郡七飯村・大中山村	79.25	—	1930年	亀田郡七飯町
第八農場	空知郡富良野町・山部村	3,760.94	1945年　富良野農場	1981年	富良野市
			1945年　山部農場 (1975年富良野農場に合併)	1981年	富良野市山部

336 第三〜第八農場一覧表

337　第四農場看守所①(1935年)

338　第四農場集会所(1935年)　玉蜀黍庫③を転用したと思われる

339　第四農場官舎②(1935年)

　第一・第二農場が大学直営であるのに対し，第三〜第八農場は小作経営農場であった。小作人は大学の保護・指導により未開地を開墾・耕作し，同時に大学の試験に協力した。1920年代に開墾を完了すると，小作人と大学の協力関係は希薄になっていったが，農場の小作条件が比較的恵まれていたため戦前に大きな小作争議はなかった。第七農場は小作人に土地を払い下げ1930年廃止，ほかの農場も戦後農地改革により50年までに大部分の土地を小作人に解放した。

西暦	月日	できごと
1887	10 10	北海道庁から農芸伝習科開墾演習地として札幌郡平岸村字ミソマップの土地(のちの第四農場)を所管換
1889		簾舞の農場に看守所①・官舎②・玉蜀黍庫③・仮耕馬舎・仮脱穀小屋・仮蹄鉄小屋など新築
	4 15	北海道庁が家畜増殖のため札幌郡札幌村字レツレツプ(のちの第三農場)の土地の仮使用許可
1890	4 29	北海道庁が学田地として空知郡栗山村(のちの第五・第六農場)の土地を仮引渡
1895	3 14	北海道庁が亀田郡大中山村(旧開拓使勧業試験場放牧場，のちの第七農場)の土地を交付
	4 1	札幌同窓会が所有土地・建物を寄付，同窓会第一・第二・第三農園を農学校第二・第三・第四農場と改称，この頃までに第三農場の官舎・耕馬舎並器械庫・仮収穫小屋・仮脱穀小屋・仮玉蜀黍小屋など新築
1896	9 16	拓殖務省から空知郡富良野村(のちの第八農場)の原野交付
1897	3 31	第六農場看守所④新築
	12 11	第五農場看守所⑤新築
1900	12 28	第八農場(山部)看守所，同山部官舎，同下富良野官舎⑥新築
1902		第七農場看守所⑦新築
1917	7	第三農場小作人集会所新築
	10 24	第八農場(富良野)小作人集会所新築
	12 10	第八農場(山部)小作人集会所⑧新築
1920	3 30	第五農場派出所新築
1921	3 31	第六農場看守所改築，派出所⑨と改称
	10 31	第八農場(山部)看守所⑩新築，同小作人集会所⑪増築
1926	9 15	北海道庁から亀田郡七飯村の土地を所管換，第七農場設置
1929	1 15	第七農場土地・建物を小作人に売却
1930	3 27	第七農場土地を小作人に売却，第七農場廃止
1933	9 25	第三農場小作人集会所⑫新築
1939	10 23	第五農場小作人集会所新築
1940	9 20	第四農場玉蜀黍庫新築
	11 16	第四農場小作人集会所新築

II
函館キャンパスと
部局附属施設

農場・牧場
1876-2001

第三〜第八農場
1887▶1950

340 第五農場精農者(小作)の住宅と家族（1908年）

341 第五農場青年会館(1935年)

342 第五農場看守所⑤(1908年)

343 第六農場未開地区画割測量

344 第六農場北2線4番地から南を望む

345 第六農場看守所④(1908年)

346 第六農場派出所⑨(1935年頃)

347 第六農場小作人中農家宅地及建家の景(1908年)

II
函館キャンパスと
部局附属施設

農場・牧場
1876-2001

第三〜第八農場
1887▶1950

348　第七農場の景(1910年代)　右端に見えるのが看守所[7]

349　第八農場清水山から南東方一区を望む(1908年)

350　第10回農場農産品評会(1908年)

351　第八農場下富良野官舎⑥(1908年)

353　第八農場(山部)小作人集会所⑪(1935年)

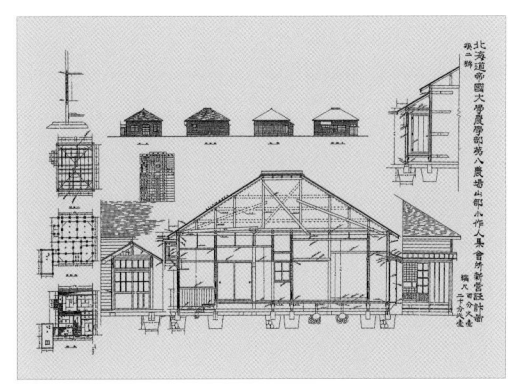

354　第八農場(山部)小作人集会所⑧設計図

352　第八農場集会所前にて　成墾碑祝典記念。佐藤昌介，南鷹次郎の姿が見られる

355　第八農場(山部)派出所(看守所)⑩(1935年)

356　第八農場西17線3番地から北西を望む(1908年)

123

II
函館キャンパスと部局附属施設

農場・牧場
1876-2001

余市果樹園・日高牧場 1912▶2001

357　余市果樹園でのりんご収穫風景

358　余市果樹園入口

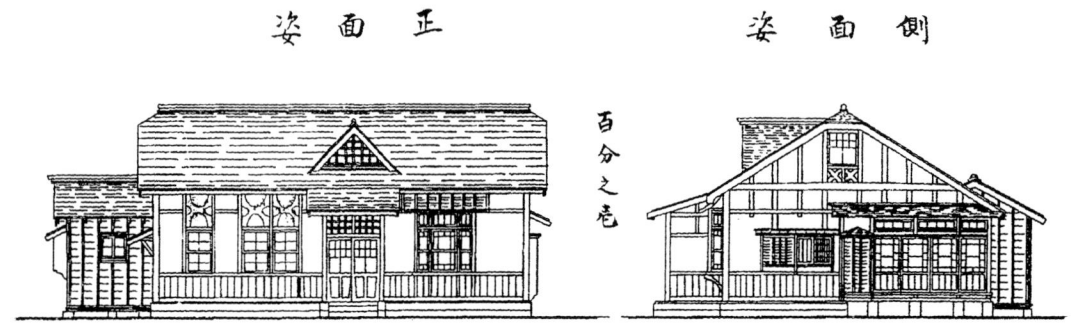

正面姿　　側面姿

百分之壱

359　余市果樹園看守所①立面図

360　余市果樹園果樹研究室③

361　余市果樹園貯蔵庫④

362　日高牧場事務所②

　余市果樹園は，購入地と余市町寄付の畑地をもって，果樹園経営法を研究する実習園，各種試験を行なう資料園として1912年に設置された。余市は比較的温和な気候から北海道内有数の果樹栽培地域として知られている。現在，研究面では果樹遺伝資源の保存・維持・管理などを行ない，教育面では農場実習の一環である収穫実習や夏季実習として宿泊実習を実施するとともに，学部学生・大学院生の実験材料採取・調査に利用されている。

　日高牧場は，伊藤誠哉学長の発案により，北海道における酪農経営と馬種改良の研究を目的に，静内町の旧宮内省所属新冠御料牧場の一部土地の所管換を受け，1950年に農学部附属日高実験農場として設置された。1953年に農学部附属牧場と改称したが，日高牧場の通称が一般的である。放牧地，採草地，広葉樹林の林間放牧地，2本の水系が存在する牧場内では現在，牛約200頭，馬約100頭を飼育している。牧場での実習は夏冬で計3週間あり，放牧牛馬の扱い方，圃場作業の実際，林間放牧地の管理，これらの研究法，馬の調教や乗馬技術の指導を行なっている。

西暦	月日	できごと
1912	9 12	北海道庁から余市郡余市町大字山田村の土地を所管換，余市果樹園設置
1913	10 28	内務省から余市町大字山田村の土地を所管換
1915	10 10	余市果樹園看守所①新築
1923	9 30	余市果樹園作業室及厩舎新築
1950	4	農学部附属日高実験農場設置
1951	10 22	大蔵省から静内町旧宮内省所属新冠御料牧場の一部土地を所管換
	10 23	大蔵省から厩，人夫舎など諸施設を所管換
1952	3 31	日高実験農場事務所②新築
	10 30	余市果樹園果樹研究室③（余市町寄付）新築
1953	7 28	日高実験農場を農学部附属牧場と改称（通称日高牧場）
1957	12 10	余市果樹園貯蔵庫④新築
1970	12 5	日高牧場乾燥庫新築
1977	3 11	日高牧場庁舎⑤・牛舎⑥新築
1980	12 13	余市果樹園庁舎新築
1983	3 3	余市果樹園作業棟新築
1989	3 30	日高牧場厩舎新築
1991	11 21	日高牧場乳牛育成舎⑦新築
1992	5 28	余市果樹園りんご保管庫新築
1994	8 7	日高牧場に純血アラブ種馬受入（大村英雄寄贈）
1997	3 28	日高牧場堆肥場新築
2001	4 1	北方生物圏フィールド科学センターに改組（附属牧場は静内研究牧場と改称）

II 函館キャンパスと部局附属施設

農場・牧場 1876-2001

余市果樹園・日高牧場 1912▶2001

363　日高牧場のサイロと牛舎 ⑥

364　日高牧場乳牛育成舎 ⑦

365　日高牧場庁舎 ⑤

演習林

1901-2001

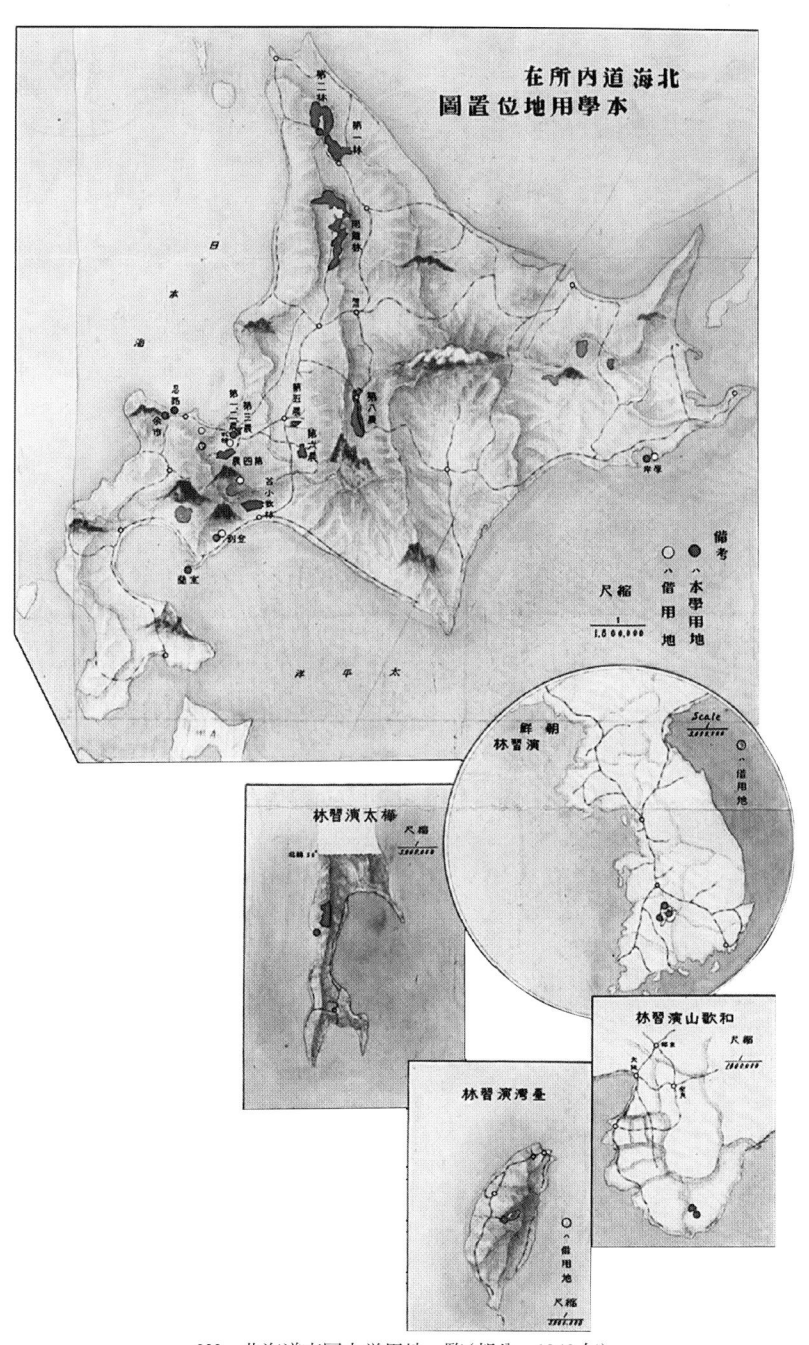

366　北海道帝国大学用地一覧(部分，1940年)

II
函館キャンパスと部局附属施設

演習林
1901-2001

雨龍地方演習林
1901▶2001

367　泥川事業区の官行 斫伐材流送（かんこうしゃくばつ）

368　添牛内事業区での流送材陸上げ

369　添牛内派出所・教官宿泊所①（右）　左手2棟は官舎

北大演習林は林学研究・実習のために設置された。現在は国内に6カ所あるが，戦前には朝鮮・樺太・台湾にも所有していた。

雨龍地方演習林は最も古く，1901年内務省より所管換を受けた国有林約3万haをもとに創設された。1910年未開発地域での労働力確保と小作経営のため林内殖民を実施した。また，1928年には雨龍ダム建設のために一部を雨龍電力へ売却し，収益は理学部創設資金にあてられた。林相は朱鞠内湖を挟んだ北部が針広混交林，南部がアカエゾマツ林である。林木育種試験場では主に北大各演習林を対象とした苗木生産を行なっている。名寄市・雨竜郡幌加内町に所在，総面積は2万1492ha。

370　母子里看守所②

371　建設中の母子里学生宿舎　丸太材使用の様子がよくわかる

372　母子里学生宿舎③

西暦	月日	できごと
1901	3 4	雨竜郡深川村の森林を維持資金に編入(第一基本林)
1907	9	第一基本林を雨龍演習林と改称
1910		林内殖民地区画貸付開始
1916		官行斫伐開始
1918	12 15	派出所新築
1920	10 15	添牛内派出所・教官宿泊所①新築
1925		幌加内事業区を添牛内と三股事業区に分割
1928		茂知殖民地区画開始
	10 9	三股出張所新築
1929		茂知殖民地貸付開始
1931	8 20	母子里看守所②移築
1934		原生保存林設定(953 ha)
1941	3 31	母子里学生宿舎③新築
1942		添牛内で砂金採掘事業開始
1943		演習林内売却地に雨龍ダム完成，学生実習林(416林班)設定
1944		雨龍川流送終了
1945		砂金採掘事業終了
1951		母子里製材実習工場④設置
1954		台風15号による風倒害発生
1959		林内殖民者にカラマツ苗木養成委託
1964		雨龍地方演習林と改称，林内殖民地を全面的に開放
	5	朱鞠内大火
1965		名寄林木育種試験用地購入
1966		母子里460 haを鳥獣保護区に設定
1967	9 20	名寄林木育種試験場庁舎新築
1968	11 13	製材工場選別室・チップ貯蔵庫増築
1969		名古屋大学空電研究所(現太陽地球環境研究所)用地として4 ha所管換，苗圃廃止
	11 30	合同庁舎(名寄)⑤新築
1970		職員宿舎⑥，機械器具格納庫⑦新築
1972	10 14	朱鞠内看守所新築
1980		立木処分夏山に転換
1993	9 27	庁舎・学生宿泊棟(母子里)⑧新築
2001	4 1	北方生物圏フィールド科学センターに改組(雨龍研究林)

II
函館キャンパスと
部局附属施設

演習林
1901-2001

雨龍地方演習林
1901▶2001

373 森林軌道による運材　雨龍ダム水没予定地域内の木材を搬出した

374 母子里製材実習工場 [4]

375 母子里製材実習工場内部

376　トラクターによるバチバチ運材　バチバチはバチ(丸太を運搬するための橇)を連結したもの

377　合同庁舎(名寄)⑤

378　職員宿舎⑥と機械器具格納庫⑦(母子里)

379　庁舎・学生宿泊棟(母子里)⑧

II
函館キャンパスと部局附属施設

演習林
1901-2001

中川・天塩地方演習林
1902▶2001

380 天塩第一演習林の景観

381 天塩第一演習林派出所②・生徒宿泊所①
手前はオトイネップ川

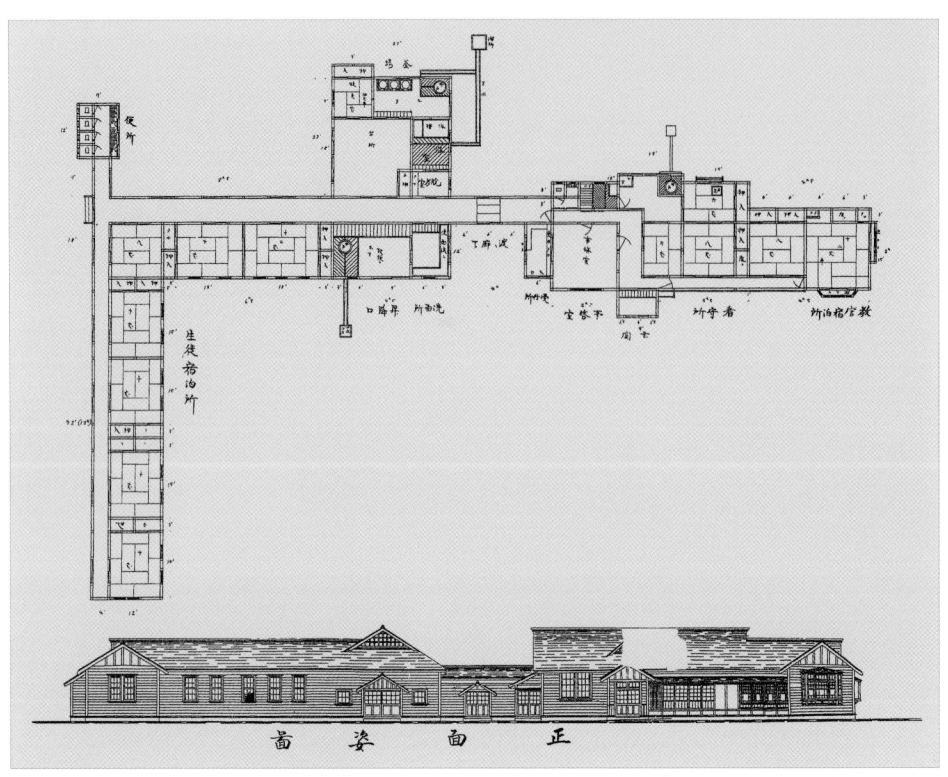

382 東北帝国大学天塩演習林看守所移築及新営図　派出所(移築)・生徒宿泊所(新築)の設計図

383 天塩第一演習林誉平看守所⑤

384 天塩第二演習林派出所③

385 天塩第二演習林官行斫伐事業所(河東)

　中川地方演習林(旧天塩第一演習林)は1902年内務省から移管された国有林約2万haをもって発足した。1915年官行斫伐を開始したほか，カラマツ・ヨーロッパトウヒの人工造林を行なった。針広混交林からなり，温帯性樹種のカツラ・キタコブシの自生北限にあたる。中川郡中川町・音威子府村に所在，総面積1万8067ha。

　天塩地方演習林(旧天塩第二演習林)は1912年に内務省から移管された天塩郡幌延村の国有林をもとに設置された。戦前には中川地方演習林とともに林内殖民を行なっていた。しばしば山火事に襲われ，5000haに及ぶ大規模山火事跡無立木地が存在する。国内最北の大学演習林で，寒帯林に属し，アカエゾマツ純林や針広混交林からなる。天塩郡幌延町に所在，総面積2万2368ha。

西暦	月日	できごと
1902	1 20	天塩中川郡の森林を維持資金に編入(第二基本林)
1907	9	第二基本林を天塩演習林と改称
1912	8 31	天塩郡幌延村森林を基本林として維持資金に編入(トイカンベツ演習林)
1914	6 12	天塩演習林を天塩第一演習林，トイカンベツ演習林を天塩第二演習林と改称
1915		官行斫伐開始，森林防火組合設立
	10 24	天塩第一演習林教官宿泊所・生徒宿泊所①新築，同派出所②移築
1918		天塩第一演習林で医学部校舎用材を生産
1919	10 10	天塩第二演習林派出所③新築
1924		天塩第一演習林歌内で山火事発生
1925	2 17	天塩第二演習林附属苗圃設置
1927	3 31	天塩第一・第二演習林を合併し，天塩演習林と改称
1928	6	天塩演習林を分割し，天塩第一・第二演習林と改称
	9 9	天塩第二演習林8線の沢看守所・宿泊所新築
1929		天塩第二演習林20線でクローム採掘開始(日本白金クローム工業)
1930		天塩第二演習林雄信内〜幌延間流送
1931		天塩第二演習林，林相図作成(5万分の1)
1935	9	天塩第一演習林試験材料及標本貯蔵室④新築
	10	天塩第一演習林森林標本館新築
1937	11 7	天塩第一演習林誉平看守所⑤新築
1941		天塩第一演習林で官行製炭開始
1943		天塩第二演習林8線で砂金採掘事業開始
1944		天塩第二演習林で学生による砂金掘作業

II
函館キャンパスと部局附属施設

演習林
1901-2001

中川・天塩地方演習林
1902▶2001

386　天塩第一演習林試験材料及標本貯蔵室④　同じデザインで苫小牧にも造られた

387　工事中の天塩第一演習林庁舎・学生宿舎⑥

388　天塩第一演習林庁舎・学生宿舎⑥　左端は標本貯蔵室

389 天塩第二演習林の針葉樹林

390 簡易軌道による木材搬出(天塩第二演習林)

391 天塩地方演習林庁舎(問寒別)⑦

392 中川地方演習林庁舎⑧

西暦	月日	できごと
1947		天塩第一演習林で緊急開拓のため林内殖民地増区画
1949		天塩第一・第二演習林で官行製炭終了
1953	3 31	天塩第一演習林に庁舎・学生宿舎⑥,教官詰所,労務者休憩所新築
1954		天塩第二演習林で台風15号による風倒害発生
1956		天塩第一演習林で林内殖民者にカラマツ苗木養成委託
1963		天塩第一演習林駅土場廃止,同パンケ-ペンケ林道開通
1964	3 24	天塩第一演習林を中川地方演習林,天塩第二演習林を天塩地方演習林と改称
1966	3 25	天塩地方演習林庁舎(問寒別)⑦新築
1971		天塩地方演習林で軌道廃止に伴い,土場を山土場に変更
1972		中川地方演習林で理学部生物学科・農学部生物学科の学生実習開始,天塩地方演習林でレーキドーザによる天然更新補助作業開始,天塩地方演習林で風雪による大被害発生
1974	6 29	中川地方演習林庁舎を音威子府に移転
	7 9	中川地方演習林庁舎⑧新築
1975	3 26	天塩地方演習林試験実習地を購入
	12 9	中川地方演習林学生宿舎新築
1977		中川地方演習林で音威子府に苗圃用地購入
	12 23	天塩地方演習林教官宿泊所新築
1979	10 11	天塩地方演習林機械器具倉庫新築
1983	1 22	天塩地方演習林機械類格納庫新築
2001	4 1	北方生物圏フィールド科学センターに改組(天塩研究林,中川研究林)

中川・天塩地方演習林 1902▶2001

演習林 1901-2001

II 函館キャンパスと部局附属施設

官行斫伐　演習林における森林資源の売却方法には，立ち木のまま売却する立木処分と，材木を生産して売却する官行斫伐の2種類があった。以下では1935年頃天塩第一演習林で行なわれていた官行斫伐の過程を示した

393　①伐倒木作業　伐倒方向を確実にするため受口作り(写真に見える切口)を行なったのち，反対側から追い口切をしている。木は写真手前方向に倒される

394　②玉切　伐倒後に枝払いをした樹幹を一定の長さに切断し，丸太にする。玉切をした丸太は皮を剥がれる

395　③藪出　伐採地各所に散在する丸太運搬に便利な場所(山土場)へ集積する。トビ・ガンタなどの道具を使用する。写真は山土場へ丸太を積み上げる巻立作業

396 ④「角バチ」による藪出　角バチはバチ(丸太を運搬するための橇)の変形で,舵取りがしやすいようにできている

397 ⑤山土場での丸太積込み　山土場に集積された丸太を馬橇によって駅土場(鉄道駅近くの丸太集積場)まで搬出する

398 ⑥馬搬　吹雪で道がふさがれた場合,道開けのために先頭は2頭引が行なわれた

399 ⑦鉄道への丸太積み(1960年頃)　丸太の売却は駅土場などで行なわれ,鉄道などにより運送された。官行斫伐は現在,素材生産と呼ばれ,チェーンソー・トラクター・トラックなどを利用して行なわれている

II
函館キャンパスと
部局附属施設

演習林
1901-2001

苫小牧地方演習林
1904▶2001

400　演習林派出所①(左)と生徒宿泊所②(右)

401　苫小牧演習林施設群の全景　中央の建物群が派出所・生徒宿泊所・標本貯蔵室など。手前は幌内川

402 試験材料及標本貯蔵室④

403 標本貯蔵室内部

404 標本貯蔵室　左が増築部分⑤。現在は森林記念館となっている

　苫小牧地方演習林は1904年勇払郡苫小牧村の森林をもって創設された。1916年官行斫伐を開始，44年カラマツ造材木を軍需用材として伐採した。1954年9月には台風15号(洞爺丸台風)の直撃を受け，甚大な風倒木被害が発生した。1978年針葉樹見本林，79年広葉樹見本林の造成を開始した。75%を占める天然林はミズナラ・イタヤ類を始めとする広葉樹林である。研究面では「冷温帯陸域生態系における多様性の維持の解明」を掲げ，観測塔やゴンドラを利用した森林林冠観測など，森林生態系に関する先端的な研究を行なっている。一方，平地林・都市近郊林という特徴を生かし，環境保全の観点を織り込んだ都市林施業を目指しているほか，緑地保養機能を重視した保養林として森林の一部を市民に積極的に開放している。苫小牧市に所在，総面積は2715 ha。

西暦	月日	できごと
1904	4 1	勇払郡苫小牧村の森林を維持資金に編入
1907	9	苫小牧村森林を苫小牧演習林と改称
1909	11 30	派出所①新築
	12 15	生徒宿泊所②・炊夫部屋新築
1910		全林4事業区区画，幌内事業区仮施業案を編成
1911	11 25	派出所③新築
1912		広葉樹用材立木処分
1915		幌内事業区施業案検討
1917		熊ノ沢事業区施業案編成
1923	10	派出所新築
	11 6	学生生徒宿泊所新築
1935	9 15	試験材料及標本貯蔵室④新築
1944		軍需用材伐採
1945		造林事業(新植)中断
1954		台風15号による風倒害発生
1956		木炭製造事業中止
1960		カラマツ先枯病発生
1961		カラマツ先枯病薬剤防除試験　標本貯蔵室⑤増築
1964		苫小牧地方演習林と改称，先枯病薬剤ヘリコプター散布
1977		森林観測塔⑥・森林資料館⑦新築
1979	1 31	庁舎⑧新築
1980		野外動物放し飼園造成
1989	6 30	伐材利用東屋新築
1995	11 2	器材等保管庫新築
1997	11 27	林冠観測用ゴンドラ⑨開所式
2000	1 14	資材倉庫新築
2001	4 1	北方生物圏フィールド科学センターに改組(苫小牧研究林)

II
函館キャンパスと
部局附属施設

演習林
1901-2001

苫小牧地方演習林
1904 ▶ 2001

405　生徒宿泊所（左）と1911年新築の派出所③（右）

406　庁舎⑧

407　森林資料館⑦

408　森林観測塔⑥

409　入林監視小屋

410　林冠観測用ゴンドラ⑨

141

II 函館キャンパスと部局附属施設

演習林 1901-2001

朝鮮・樺太・台湾演習林
1913▶1945

411 朝鮮演習林安城面一帯の展望

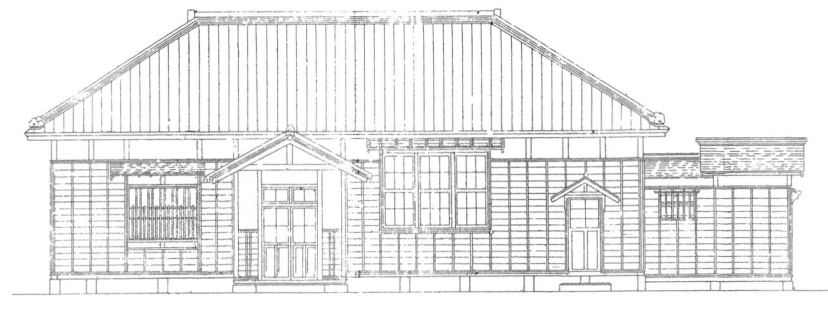

412 朝鮮演習林派出所①正面図

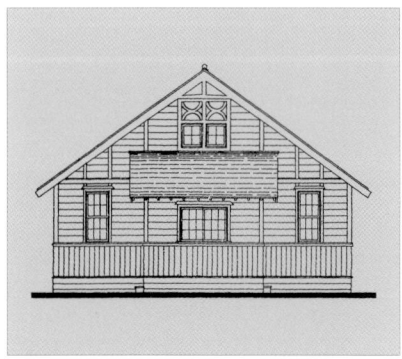

413 樺太演習林壽町派出所②立面図

414 樺太演習林苗圃地(珍内)看守所④正面図

朝鮮演習林は全羅北道茂朱郡と長水郡に所在し，ナラ・アカマツを主とした広葉樹林・針広混交林であった。1915年ニセアカシア人工造林，20年から大規模造林を開始した。面積2万6228 ha(1935年)。

　樺太演習林は寒帯林研究のために設置された，南樺太ほぼ中央の泊居支庁久春内郡三浜村所在の山岳林である。総面積1万6408 ha(1926年)。

　台湾演習林は台中州能高郡(1920年9月以降実施の地方制度による地名)の「蕃地」(先住民族の居住する地域)に所在し，常緑広葉樹林が主であった。1920年チーク・キリ造林，36年コーヒー樹造林を行なった。また1935年にウルシ樹液採取，43年に素材生産を開始した。総面積6791 ha(1939年)。

　このほか1944年，ボルネオに約55万ha，ニューギニアに約64万haの演習林設置計画もあった。

　敗戦とともに樺太・朝鮮・台湾演習林は接収，1946年登記においても廃止された。

415　樺太演習林の針葉樹林

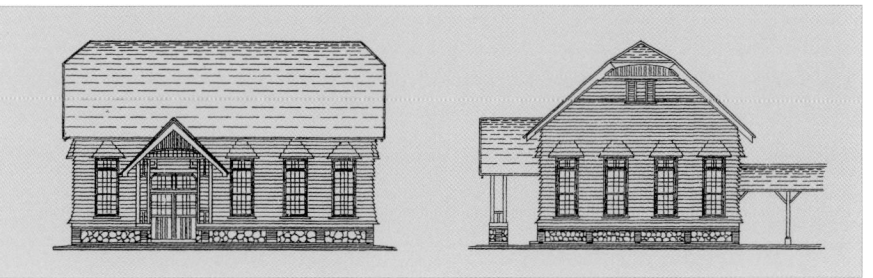

416　台湾演習林派出所事務室③立面図　下段は計画案と思われる

西暦	月日	できごと
1913	6 24	樺太庁から樺太西海岸珍内川流域の所管換を受け，樺太演習林設置
	9 19	朝鮮総督府から朝鮮全羅北道茂朱郡・長水郡の国有林80年間貸付を受け，朝鮮演習林設置
1916	8 3	台湾総督府から台湾南投庁浦里社支庁管内守城大山・東眼山の官有林の所管換を受け，台湾演習林設置
1919	3	朝鮮演習林派出所①新築
	8	樺太庁から樺太久春内の官有地，三浜村珍内川河口の官有地を所管換
	10 24	樺太演習林壽町派出所②新築
1920		朝鮮演習林で年200 haの大規模造林開始，台湾演習林教員宿泊所新築
	3 31	台湾演習林派出所事務室③新築
1921	11 30	朝鮮演習林雪川面看守所・安城面看守所・官舎(二戸続)新築
1922	3	朝鮮全羅北道茂朱郡雲川面深谷里，同郡安城面竹川里の土地購入
1926	10 25	朝鮮演習林苗圃地看守所新築
1929	10 5	樺太演習林苗圃地(珍内)看守所④・同官舎新築
1935		台湾演習林でウルシ樹液採取開始
1936		台湾演習林でコーヒー樹造林
1937		樺太演習林派出所官舎新築
1941		台湾演習林で官行製炭開始
1944		ボルネオ⑤，ニューギニア⑥の演習林設置計画，朝鮮演習林人工造林地面積3500 ha到達
1945		敗戦により樺太・朝鮮・台湾演習林接収
1946		樺太・朝鮮・台湾演習林廃止

II
函館キャンパスと
部局附属施設

演習林
1901-2001

朝鮮・樺太・台湾演習林
1913▶1945

417 台湾演習林神木　胸高直径 4.4 m，樹高 44 m のベニヒ（タイワンヒノキ）

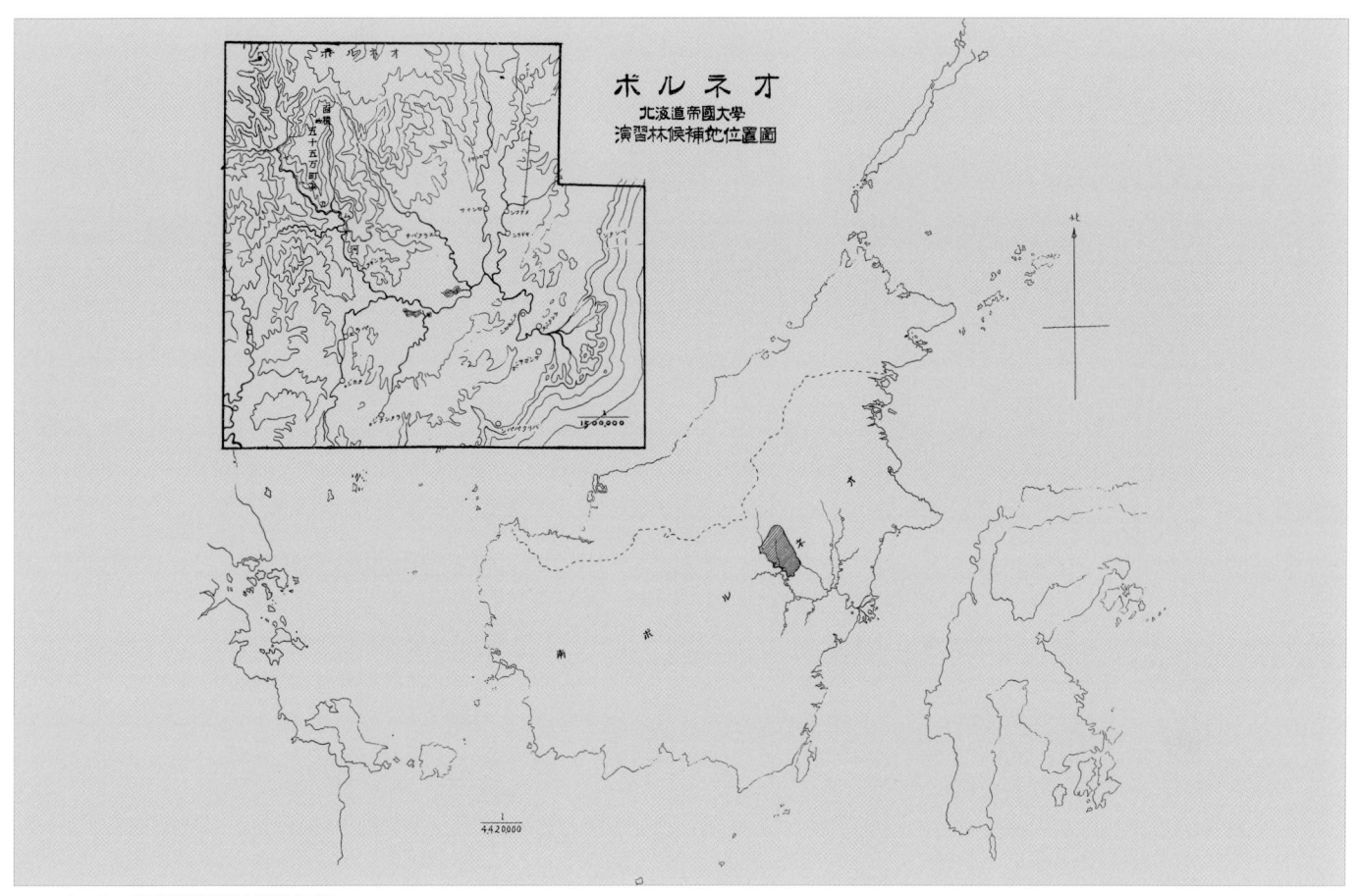

418　ボルネオ演習林候補地⑤位置図

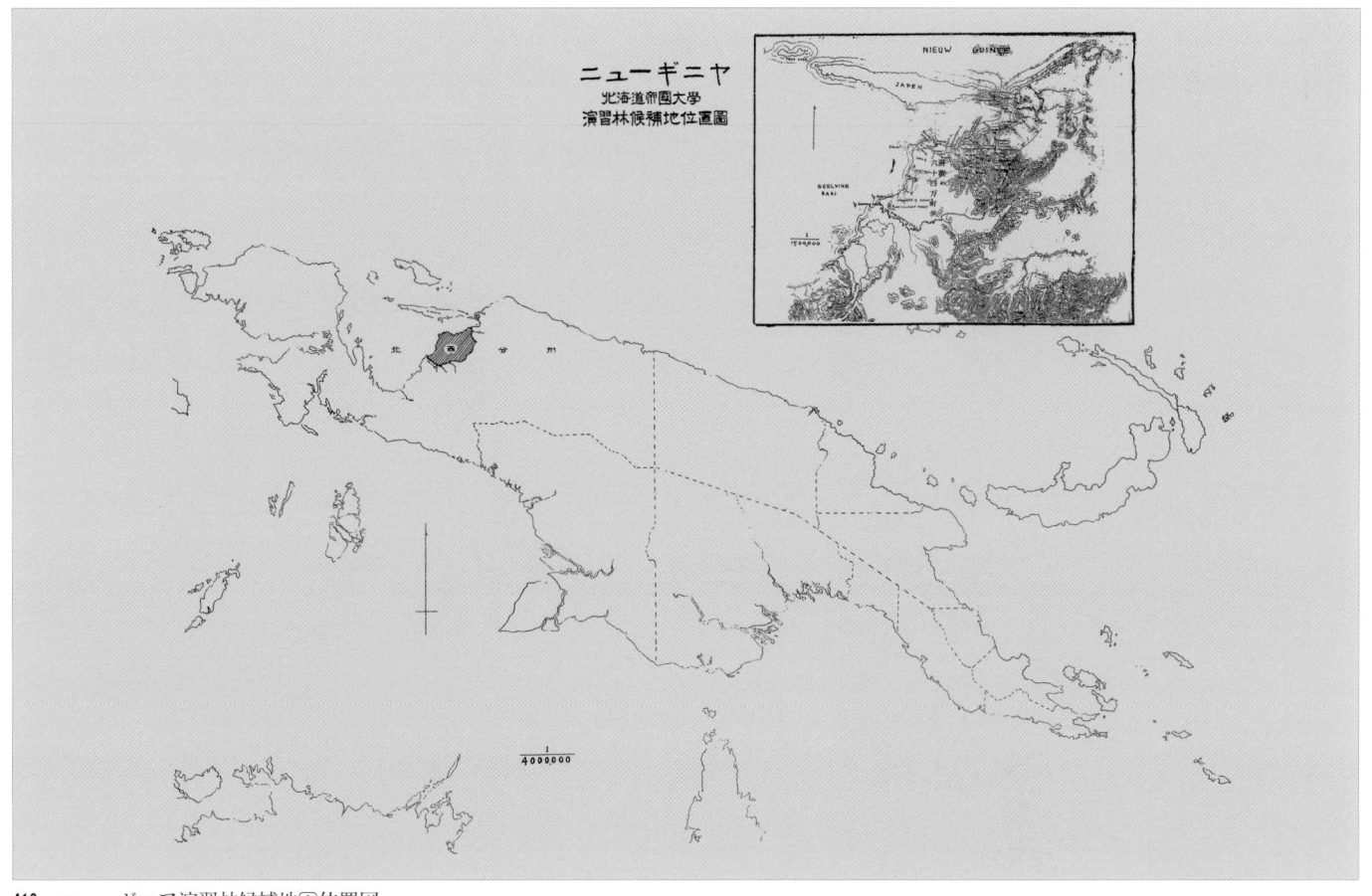

419　ニューギニア演習林候補地⑥位置図

II
函館キャンパスと
部局附属施設

演習林
1901-2001

和歌山地方演習林
1925 ▶ 2001

420 庁舎・宿舎①

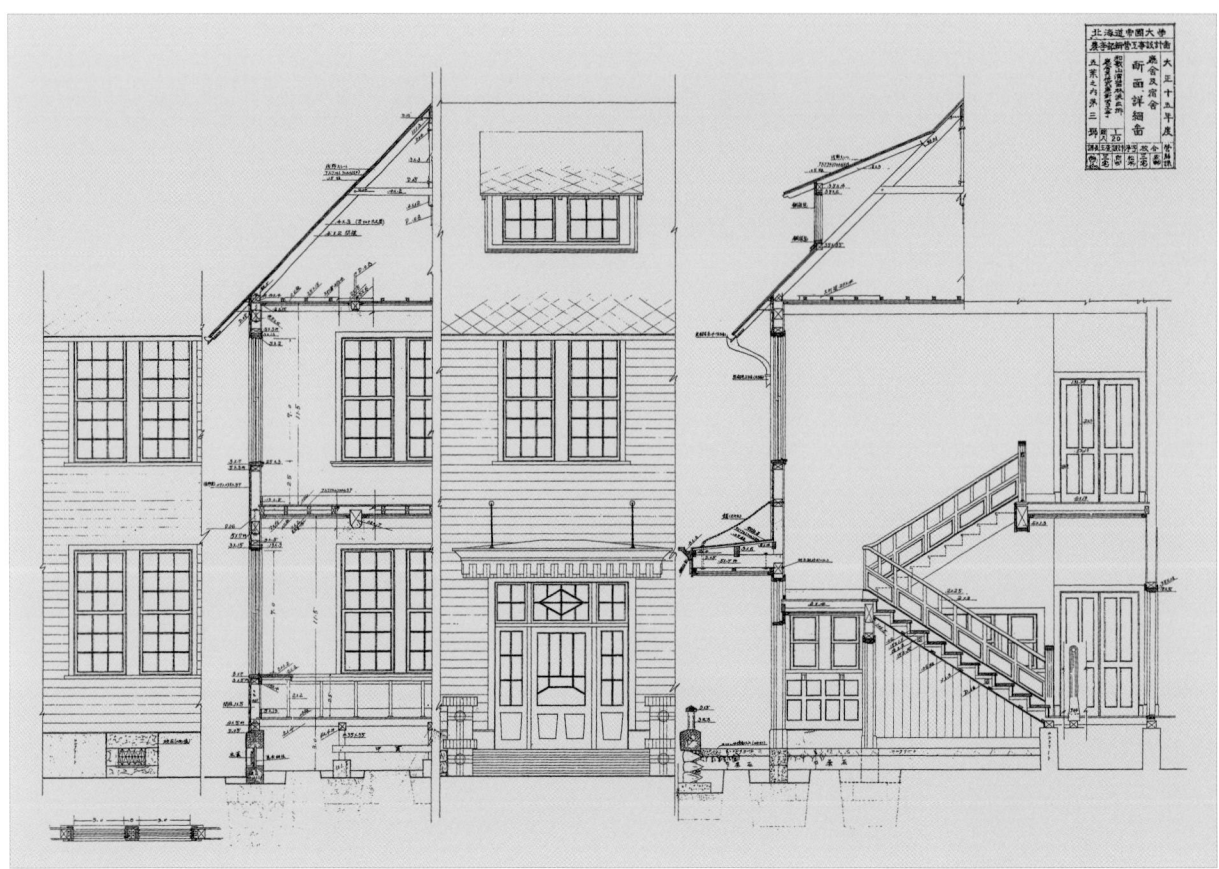

421 庁舎詳細図

和歌山地方演習林は1925年和歌山県東牟婁郡七川村の村有地・民有地を購入して発足した，古座川水系平井川の最上流部に位置する暖帯林である。大部分が1927～73年に造林されたスギやヒノキの人工林で，天然林はシイ・カシ類を主体とする常緑広葉樹林に，落葉広葉樹やモミ・ツガなどの針葉樹が部分的に混じっている。シイタケ生産(1928～58年)，官行製炭(35～63年)のほか，57年に人工林，59年には天然林の素材生産をそれぞれ開始した。和歌山県東牟婁郡古座川町に所在，総面積は429 ha。

422 伐倒前の立木剝皮作業(1967年)

423 演習林入口の大森橋と窪谷林道

424 第六林班作業員休憩所②

425 製炭窯　木炭は1935～63年まで製造された

426 展望台

427 庁舎背面　手前の建物は宿舎

西暦	月日	できごと
1925	3 31	和歌山演習林設置
1927	3 31	庁舎・宿舎①新築
1943		造林事業(新植)中断
1952		木馬道を車馬道に改修
1964	3 24	和歌山地方演習林と改称
1969		苗圃用地購入(大川地)
1973	3 20	演習林敷地増加(財団法人平井保郷会寄付)
1986	3 24	公務員宿舎新築
	3 27	倉庫新築
1989	7 31	第六林班作業員休憩所②新築
1993	12 10	作業小屋新築
2001	4 1	北方生物圏フィールド科学センターに改組(和歌山研究林)

II 函館キャンパスと部局附属施設

演習林 1901-2001

檜山地方演習林 1956▶2001

1956年檜山地方演習林は，檜山郡上ノ国村所在の朝鮮戦争中の米軍レーダー基地施設を所管換し，村有林(101 ha)の寄付と道有林(1855 ha)の委託を受け，ブナ林と砂防林の研究のために設置された。施設は旧将校宿舎を研究室・事務室・教官宿泊所に，旧兵舎を学生宿舎に転用した。現在はスギ人工林と，ブナ・ミズナラ・イタヤカエデを主とする再生二次林などからなる。檜山郡上ノ国町に所在，総面積101 ha。

428 学生宿泊所　旧兵舎を転用

429 研究室　旧将校宿舎を転用

430 教官宿泊所　旧将校宿舎を転用

西暦	月日	できごと
1956	6	檜山郡上ノ国村に檜山演習林創設，庁舎を大崎に設置，委託林設定
1964		檜山地方演習林と改称
1965		演習林内民有地購入
1966		庁舎用地購入(大留)
1969	12 15	庁舎①を大留へ新築移転
1971		委託林(道有林)解除
1979	12 7	学生宿泊棟新築
1994	2 17	公務員宿舎・車庫・物置新築
2001	4 1	北方生物圏フィールド科学センターに改組(檜山研究林)

431 演習林庁舎①

その他の施設

1884-2001

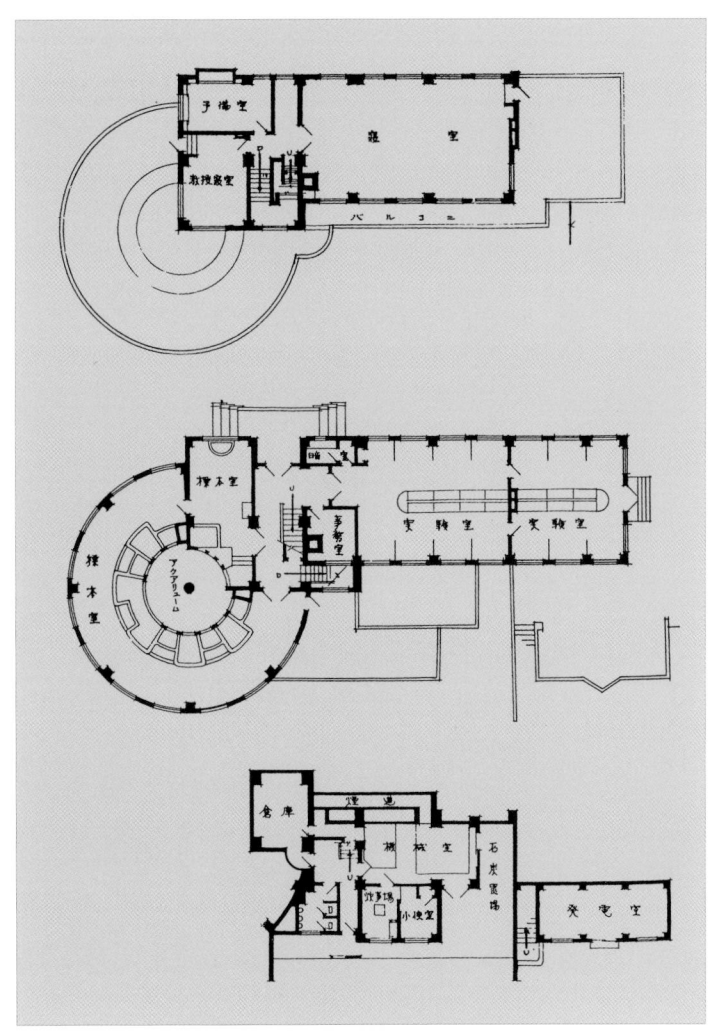

432 厚岸臨海実験所平面図(1932年)

II
函館キャンパスと
部局附属施設

その他の施設
1884-2001

臨海・臨湖実験所
1907▶2001

433 水産学科忍路臨海実験所①

434 増改築された忍路臨海実験所② 玄関が平入りから妻入りに変更され，正面右にあった実験室が
台所・管理人室として正面左に移築された。元実験室跡には学生実験室が新築された

435 忍路臨海実験所正面図 軸組・小屋組・階段などは
そのまま転用された。詳細図には「古材を転用」と書
かれている

厚岸臨海実験所は寒流系生物を主とする亜寒帯臨海実験所として設立された。戦後，隣接の旧海軍用地と自然林野を加え，海産生物のみならず鳥獣その他自然生物全般の研究の場としても活用され，より総合的な海洋生物研究教育施設としての整備が進められた。室蘭海藻研究施設はわが国唯一の海藻類の研究教育施設として創設された。

洞爺湖臨湖実験所は全国でも数少ない淡水魚を扱っている教育研究施設である。

臼尻水産実験所は遠隔地で手狭になった忍路臨海実験所の代替として設置され，寒流系海洋生物を材料とした教育と研究の拠点となっている。忍路臨海実験所は学内共同利用施設となった。

436 海から眺めた厚岸臨海実験所実験室③④

437 厚岸臨海実験所博物館⑭

438 厚岸湾から見た厚岸臨海実験所実験宿泊棟⑬(左)と同実験室(右)

西暦	月日	できごと
1907	11 10	水産学科忍路臨海実験所①新築
1908	3 31	忍路臨海実験所水産製造場新築
1924		忍路臨海実験所学生実験室増築
	5 9	忍路臨海実験所②増改築
1931	8 25	厚岸臨海実験所③新築(5月8日設置)
	10 25	厚岸臨海実験所発電室新築
1932	10 20	厚岸臨海実験所実験室④増築
1933	4 17	北海道水産試験場室蘭支場跡地・建物の寄付を受け，理学部附属室蘭海藻研究所⑤設置
1935	10 2	室蘭海藻研究所官舎新築
1936		函館高等水産学校附属洞爺臨湖実験所設置
	4 30	函館高等水産学校網干場網倉⑥新築(1935年1月7日設置)
	5 30	洞爺臨湖実験所寄宿舎⑦新築
	10 23	洞爺臨湖実験所事務室・孵化室⑧(洞爺湖漁業組合寄付)設置
1937	3 23	室蘭海藻研究所を舟見町に移転，庁舎⑨新築
1939	10 21	厚岸臨海実験所官舎新築
1940	3 31	函館高等水産学校七飯養魚実習場⑩土地購入
1942	12 11	洞爺臨湖実験所実験室新築
1945		農学部附属忍路試験地(のちの海岸林造成試験場)購入
1949	4 22	厚岸町の旧海軍用地・建物を大蔵省より所管換，標本博物館設置
	11 1	室蘭海藻研究所旧庁舎を登別分院医員用宿舎として移築
1952	4	室蘭海藻研究所改組，海草研究施設設置
1956	12	室蘭海草研究施設庁舎⑪(母恋南町)新築
1968	5	海草研究施設を海藻研究施設と改称
1971	3 25	臼尻水産実験所本館⑫新築
	11 30	臼尻水産実験所学生寄宿舎新築
1972	10 31	厚岸臨海実験所実験宿泊棟⑬新築
1975	3 25	洞爺湖臨湖実験所新築
1976	11 13	厚岸臨海実験所艇庫新築

II 函館キャンパスと部局附属施設

その他の施設 1884-2001

臨海・臨湖実験所
1907▶2001

439 洞爺臨湖実験所の諸施設　左の2階建が寄宿舎[7]，右端の越屋根付き平家が孵化室[8]

440 洞爺臨湖実験所の養魚池　背後に見えるのは孵化室

441 上磯町字七重浜の網干場網倉[6]

442 七飯養魚実習場[10]　現在の水産学部附属養魚実習施設

西暦	月日	できごと
1983	9 30	臼尻水産実験所本館増築
1989	5 10	厚岸臨海実験所博物館⑭新築
2001	4 1	北方生物圏フィールド科学センターに改組（室蘭海藻研究施設は室蘭臨海実験所、七飯養魚実習施設は七飯淡水実験所と改称）

443　室蘭海藻研究所⑤

444　舟見町に移転し新築なった室蘭海藻研究所⑨

445　母恋南町に移転し新築なった室蘭海草研究施設庁舎⑪

446　臼尻水産実験所本館⑫

II 函館キャンパスと部局附属施設

その他の施設 1884-2001

観測施設・分室・分院 1931▶2001

448 医学部附属医院登別分院①②

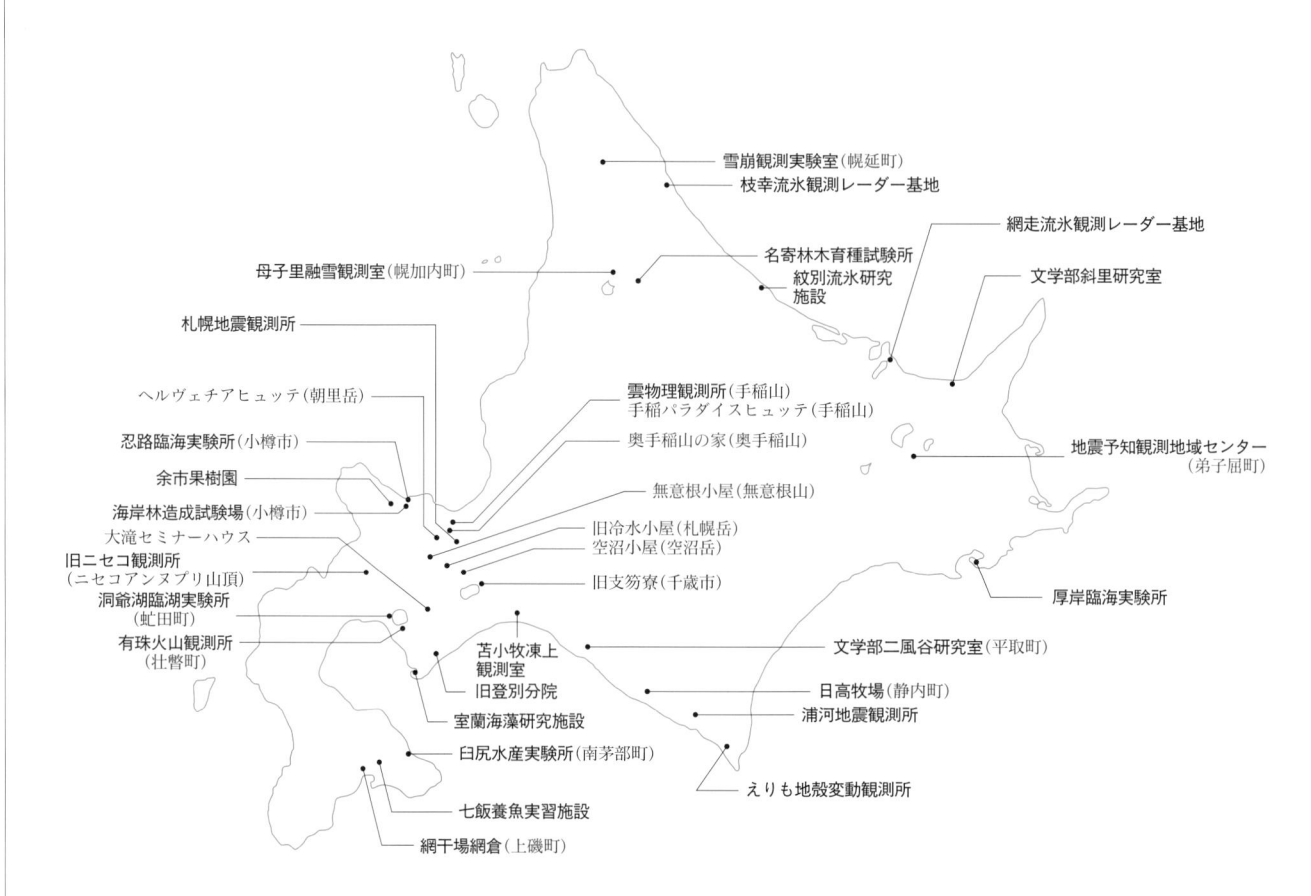

447 主な観測施設・分室・分院位置図(臨海・臨湖実験所,山小屋含む)

位置図中の施設名:
- 雪崩観測実験室(幌延町)
- 枝幸流氷観測レーダー基地
- 網走流氷観測レーダー基地
- 母子里融雪観測室(幌加内町)
- 名寄林木育種試験所
- 紋別流氷研究施設
- 文学部斜里研究室
- 札幌地震観測所
- 雲物理観測所(手稲山)
- 手稲パラダイスヒュッテ(手稲山)
- 地震予知観測地域センター(弟子屈町)
- ヘルヴェチアヒュッテ(朝里岳)
- 奥手稲山の家(奥手稲山)
- 忍路臨海実験所(小樽市)
- 無意根小屋(無意根山)
- 余市果樹園
- 旧冷水小屋(札幌岳)
- 海岸林造成試験場(小樽市)
- 空沼小屋(空沼岳)
- 大滝セミナーハウス
- 旧支笏寮(千歳市)
- 旧ニセコ観測所(ニセコアンヌプリ山頂)
- 厚岸臨海実験所
- 洞爺湖臨湖実験所(虻田町)
- 有珠火山観測所(壮瞥町)
- 苫小牧凍上観測室
- 文学部二風谷研究室(平取町)
- 旧登別分院
- 日高牧場(静内町)
- 室蘭海藻研究施設
- 浦河地震観測所
- 臼尻水産実験所(南茅部町)
- えりも地殻変動観測所
- 七飯養魚実習施設
- 網干場網倉(上磯町)

154

北海道大学の観測施設は，戦中に設置されたニセコ観測所が最も古い。戦後は寒冷地の特色である雪崩・流氷・融雪などの観測施設が新たに設置された。

一方，1998年に理学部附属の浦河地震観測所・えりも地殻変動観測所・有珠火山観測所・札幌地震観測所・地震予知観測地域センター・海底地震観測施設を統合した理学部附属地震火山研究観測センターは，地震観測研究・海底地震研究・火山活動研究・地下構造研究の4研究分野と外国人客員分野，観測技術部からなっている。

449 ニセコ観測所③（1944年頃）

450 理学部附属雲物理観測所④

451 天塩地方演習林内にある雪崩観測実験室⑤

西暦	月 日	できごと
1931	12 7	温泉治療研究所（室蘭炭鉱汽船栗林が土地寄付）設立
1935	10 29	医学部附属医院登別分院研究治療室・浴治室①新築
	11 5	医学部附属医院登別分院病棟②新築
1942	9 20	ニセコ観測所③設置
1959	7 22	理学部附属雲物理観測所④（雲物理学研究会寄付）新築
1965	11 30	天塩地方演習林内に低温科学研究所附属雪崩観測実験室⑤設置
1966	4 5	文学部附属北方文化研究施設，理学部附属浦河地震観測所設置
	6 27	低温科学研究所附属紋別流氷研究施設庁舎⑥新築
	9 21	文学部附属北方文化研究施設二風谷分室（旧マンロー邸）⑦設置
1968	2 9	低温科学研究所附属網走流氷観測レーダー基地⑧設置
1969	1 17	低温科学研究所附属枝幸流氷観測レーダー基地⑨設置
1971	3 15	理学部附属襟裳岬地殻変動観測所⑩新築
1972	5 1	襟裳岬地殻変動観測所をえりも地殻変動観測所と改称，理学部附属札幌地震観測所⑪設置
	11 30	低温科学研究所附属苫小牧凍上観測室設置
1976	3 23	文学部附属北方文化研究施設斜里分室設置
1977	4 18	理学部附属有珠火山観測所設置
1978	3 22	理学部附属地震予知観測地域センター新築
	3 25	低温科学研究所附属母子里融雪観測室設置
1979	4 1	理学部附属海底地震観測施設設置
1985	1 24	低温科学研究所附属母子里渓流観測施設観測局設置
1989	12 19	文学部附属北方文化研究施設二風谷分室内部全焼
1996	5	医学部附属病院登別分院廃止
	6 6	駒ヶ岳火山観測砂原送信所設置
1997	4 1	朝日地震観測施設を札幌管区気象台から，幌別地震観測施設を札幌管区気象台から所管換
1998	4	理学部附属の諸観測施設を理学部附属地震火山研究観測センターに改組

II 函館キャンパスと部局附属施設

その他の施設 1884-2001

観測施設・分室・分院 1931▶2001

452 襟裳岬地殻変動観測所⑩ 現在のえりも地殻変動観測所

453 えりも地殻変動観測所の観測用坑道

454 札幌地震観測所⑪

455 網走流氷観測レーダー基地⑧

457 低温科学研究所附属紋別流氷研究施設庁舎⑥

456 枝幸流氷観測レーダー基地⑨

458 北方文化研究施設分室⑦　旧マンロー邸改築記念(1967年)。のちに二風谷分室となる

II 函館キャンパスと部局附属施設

その他の施設 1884-2001

傭外国人教師官舎 1884▶2001

459 植物園長官舎② 3軒あった1884年建築の傭外国人教師官舎の一つ。いずれも1907年に移築

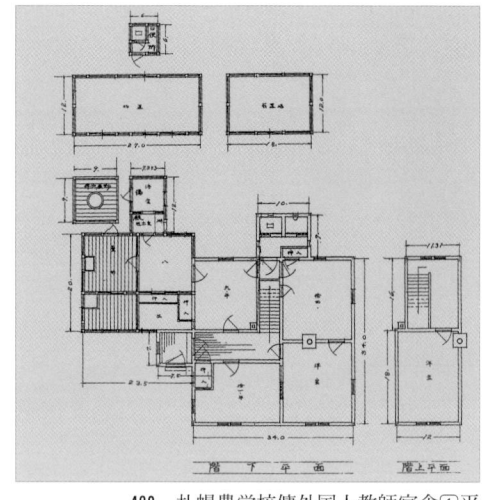

460 札幌農学校傭外国人教師官舎①平面図 初期の外国人教師がいなくなった後，新渡戸稲造・宮部金吾・南鷹次郎などが居住した

461 北海道帝国大学一号傭外国人教師官舎③立面図

462 北海道帝国大学二号傭外国人教師官舎（円形官舎）④正面外観（1960年頃） 一号・二号官舎とほぼ同じデザインで小樽高等商業学校（現小樽商科大学）にも建てられた

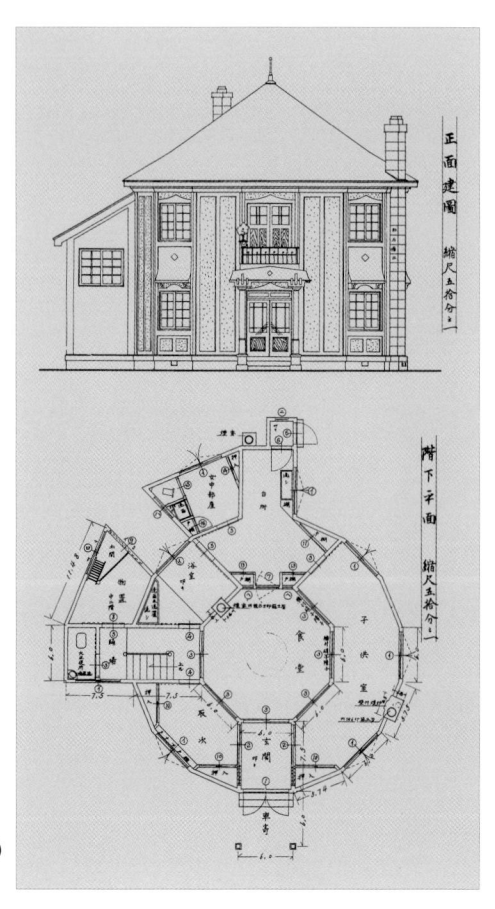

463 二号官舎正面図（上）および1階平面図（下） 平面形は正確には円形ではなく正十六角形

464 北海道帝国大学四号5・五号6傭外国人教師官舎　四号官舎には予科教授H.レーンが長く居住。子供が6人いたため，1933年に南側の増築を行なった

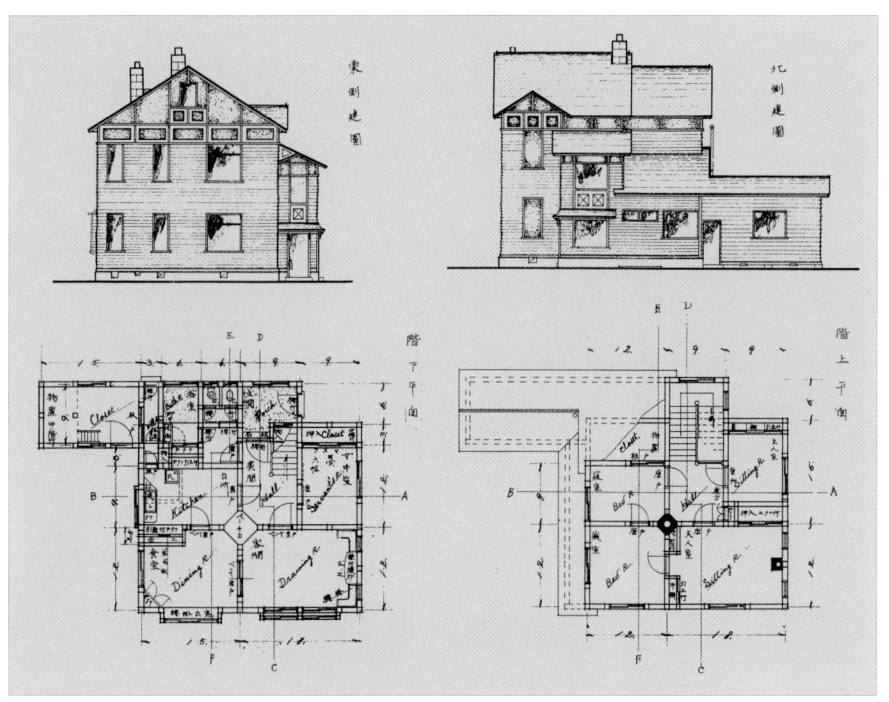

465 三号・四号官舎設計図　東立面図・北立面図・1階平面図・2階平面図。角形ペチカを設置しているところが特徴的

466 四号官舎Drawing Roomでのレーン教授家族団欒の風景

　1883年6月の上申「本校傭外国人ニ貸与スヘキ官舎無之為」を受け，翌年8月傭外国人教師官舎3棟が建設された。当初この官舎にはW. P. ブルックス，J. C. カッター，H. E. ストックブリッジが居住していた。初期の外国人教師が離札したのち，新渡戸稲造・宮部金吾を始めとする日本人教師が居住した。奏任官となった彼らは馬を飼わなくてはならず，必然的にその施設が充足していた傭外国人教師官舎への転居を余儀なくされたようである。新渡戸が住んだ官舎には，1896年に編入学した有島武郎が母方の伯父の縁で寄宿し，また新渡戸の転出後は南鷹次郎が居住した。

　1907年に予科が改組されて以降，J. B. モルガン，H. コラーなど語学教師が着任した。さらに1920年以降は医学部の予科教育のために語学教師が多く招聘され，改めて傭外国人教師官舎が必要となり，25年から27年にかけて合計6棟が建設された。なかでも特徴的だったのは二号官舎で，正十六角形の平面をしたその外観から「円形官舎」と呼ばれた。これら官舎は，外国人用でありながらもすべて上下足の区別が行なわれており，さらに二重窓やペチカによる防寒対策や，改良便所（大正便所）の採用といった衛生面の改善も見ることができる。

　この官舎に長期にわたり居住した教師として，H. ヘッカーやレーン夫妻（ハロルドとポーリン）などがよく知られている。とくに，レーンはペチカについて，「経済的で温かで家をよごさないので大変満足です」というコメントを残している。

西暦	月日	できごと
1884	8	北3西1〜2に傭外国人教師官舎[1] 3棟新築
1907	9	北3西1〜2の元傭外国人教師官舎3棟を北8西6（一号官舎），北11西5（24号官舎），北3西5（植物園長官舎）[2]へ移築
1925	11	24号官舎を北11西3へ移築
	12 20	北11西3に一号[3]・二号[4]傭外国人教師官舎新築
1926	11 22	北12西5に三号・四号[5]傭外国人教師官舎新築
1927	10 15	北12西5に五号[6]・六号傭外国人教師官舎新築
1933	7 13	四号傭外国人教師官舎増築

II 函館キャンパスと部局附属施設

その他の施設 1884-2001

官舎・宿舎 1885▶2001

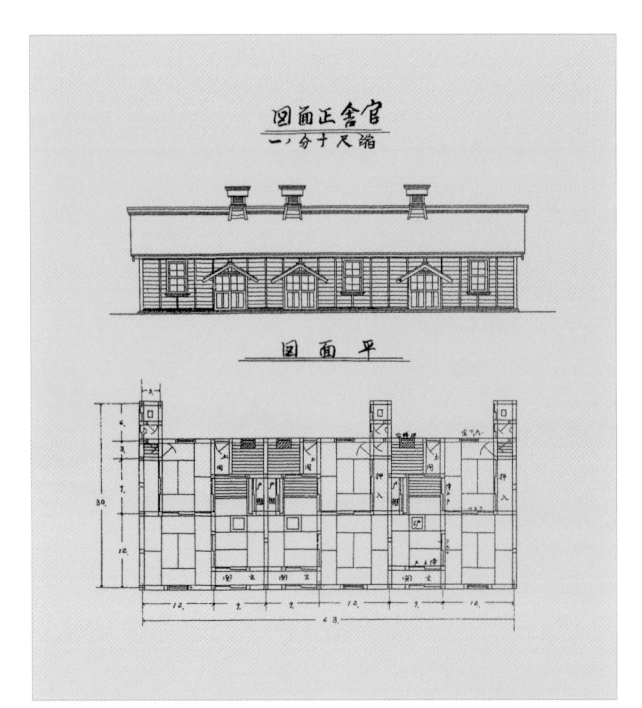

467 農場官舎①正面図・平面図　1885年に当時の農校園内に建築。3戸1棟。この図面は1918年の北18条へ移転時のもの

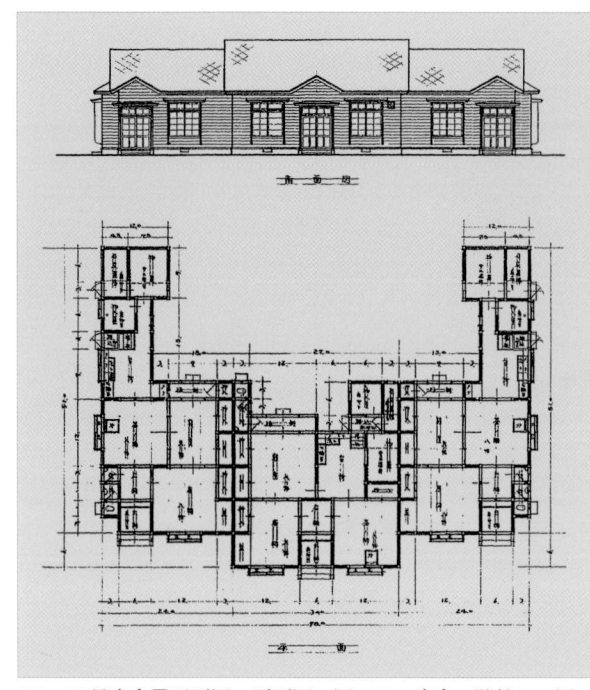

468 19号官舎④正面図・平面図　図467の官舎に隣接して同時期に移築された官舎を，1938年頃に大幅に増改築した

469 17号官舎②　北2条西2丁目にあった二戸建官舎。1900年以降，分割移転を繰り返し，25年に増改築

470 学生主事官舎③立面図

471 北17条西7丁目の独身者用職員共同住宅⑥

472 北12条西2丁目の職員住宅用建物（左⑤，右2棟⑨）

473 図471の南側に雁行配置された公務員宿舎⑧

474 「大学村」⑦建設風景　戦後の農地解放により烈々布農場の一部は「大学村」として生まれ変わった

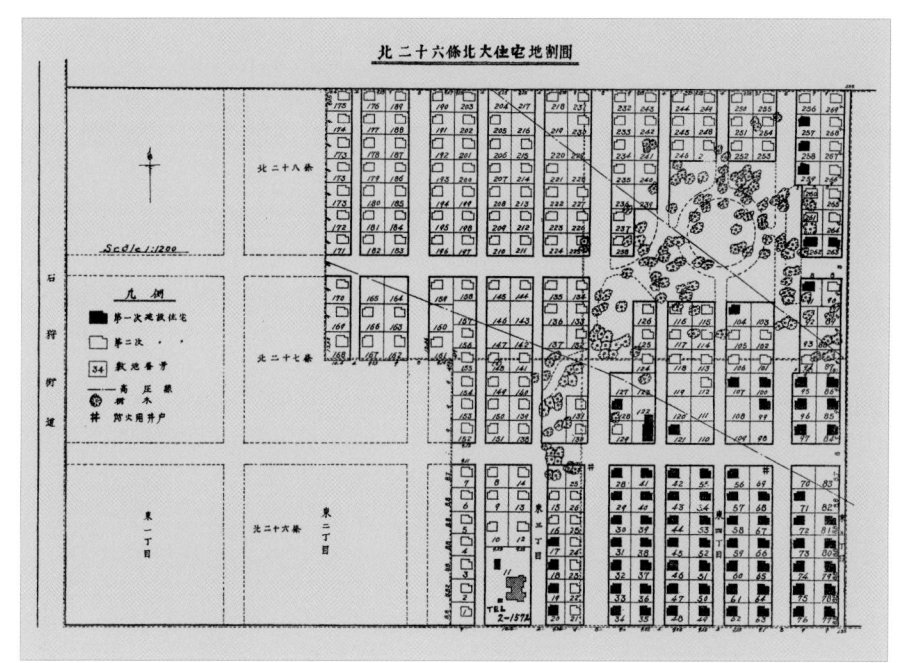

475 「大学村」建設初年度の住宅地割図　小公園や共同浴場が用意されていた。建設最終年度には鉄骨レンガ造の集合住宅も建設された

476 「大学村」の住宅　平家の長屋形式

477 「大学村」の住宅　屋根裏利用の2階建

478 「大学村」の住宅　壁が煉瓦造の平家

479 「大学村」の共同浴場

　戦前期の官舎は，繰り返し移転改造が行なわれた札幌農学校時代からの建物がほとんどで，その間取りは旧来からの長屋形式を踏襲していた。しかし，1925年の5号・17号官舎の大幅な改修以降，時代を反映したデザインの官舎が建設された。

　戦後，住宅不足と学部の増設が重なり，北17条付近(現剣道場・プール付近)と第三農場跡地(北26条東3丁目付近)に，大々的な教職員用住宅建設が行なわれた。後者は特に「大学村」と呼ばれ，4万坪の敷地に200戸以上の住宅が建設され，住宅難の緩和に大いに役立った。

　1954年に「大学村」はほぼ造成を終え，70年以降は木造に替わりコンクリートブロック造の公務員宿舎が建設された。

西暦	月日	できごと
1885	11	北一条キャンパス内(北2西2)に二戸建官舎新築
	12	北8西6に三戸建官舎(10号)，北11西7に三戸建官舎(農場官舎)新築
1900	11	北2西2の二戸建官舎を分割して北3西1に移築
1907	9 22	北3西1の官舎2棟(元二戸建官舎)を北8西5(17号)・北8西6(5号)に移築
1912		農場官舎を北12西5に移築
1918		農場官舎①を北18西8に移転改築
	10	五戸建官舎(北8西2)を北11西5に三戸建(19号)として移転改築
1925		17号②・5号官舎を増改築
	11	19号官舎を北18西8に移築
1932	10 18	北8西6に学生主事官舎③新築
1934	11 10	2号官舎甲・乙(木造平家一部2階建)を北8西6に新築
1938		この頃，19号官舎④を増改築
1942	10 19	鉄道省より四戸建官舎(北7西9)の管理換
1946	11 28	四戸建官舎，進駐軍の失火により一部類焼
1948	7 31	北12西2に職員住宅⑤(法文学部創立期成会寄付)新築
	9 30	北17西7に職員共同住宅⑥(法文学部創立期成会寄付)新築
1949	9	第三農場小作経営廃止，敷地の一部「大学村」⑦工事着工
	10 31	北17西7に公務員宿舎⑧4棟(1952年までに計13棟)，北12西2に職員住宅用建物⑨(工学部建築工学科開設準備委員会寄付)2棟新築

II 函館キャンパスと部局附属施設

その他の施設 1884-2001

山小屋 1926▶2001

480 建設中のテイネパラダイスヒュッテ① 文武会スキー部が15周年記念事業としてスイス式丸太造で建設。命名はスキー部部長の大野精七医学部教授

481 ヘルヴェチアヒュッテ② 予科教師A.グブラーと建築家M.ヒンデルの共同出資，山崎春雄医学部教授名義の個人ヒュッテ

482 空沼小屋③ 秩父宮家から工事一切を北大で担当するよう依頼されて建設。当初秩父宮ヒュッテと呼ばれ，1929年高松宮が空沼小屋と命名

戦前期に北大が所有した5つの山小屋のうち，テイネパラダイスヒュッテ，ヘルヴェチアヒュッテ，空沼小屋はスイス人建築家 M. ヒンデルの設計である。日本初のスキーヒュッテともいわれるテイネパラダイスヒュッテは，北海道造林会社(のち王子緑化株式会社)所有地内のトドマツやカラマツを伐採して建設された。1978年7月閉鎖後，保存か解体かの検討が幾度も行なわれたが，94年2月手稲パラダイスヒュッテ再建期成会が発足し，12月北大同窓生や市民の寄付によって新パラダイスヒュッテの本体が竣工した。北大と山小屋の長い歴史は，北大山岳部・スキー部などの活発な活動をも示している。

483 秋の無意根小屋④ スキー部有志の寄付によりスキーヤーの避難所ならびに仮泊用として建設

484 冷水小屋⑤ 定山渓鉄道の有志による定山渓新興会が建設したヒュッテ。焼失後1952年に再建，豊平町(当時)を経て，現在北海学園大学が管理

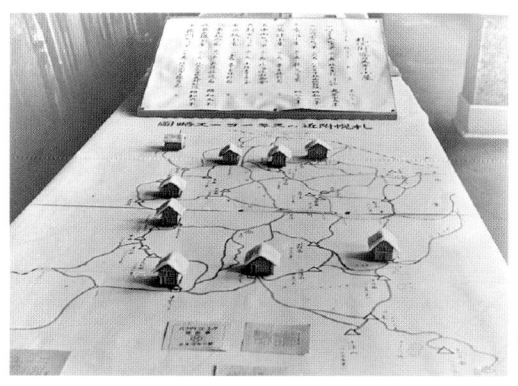

485 札幌近郊スキー小屋配置模型 1932年澄宮来学時の展覧用

西暦	月日	できごと
1926	11 2	テイネパラダイスヒュッテ①完成
1927	9 13	ヘルヴェチアヒュッテ②完成
1928	2 24	テイネパラダイスヒュッテ室内に便所設置(のちの新小屋)
	12 10	秩父宮ヒュッテ(のちの空沼小屋)③完成
1930		札幌鉄道局が奥手稲山の家建設
		テイネパラダイスヒュッテ床板・ストーブ・2階窓など修理
	2 11	空沼小屋一般開放
1931		テイネパラダイスヒュッテ屋根半焼
		無意根小屋④建設
1933	5 30	冷水小屋⑤完成
1934		A. グブラー，故 H. コラーがヘルヴェチアヒュッテを北大に寄付
1939	9	桜星会が支笏寮⑥開寮
1940	6 18	大野精七が無意根小屋を北大に寄付
1943	10 5	定山渓鉄道株式会社が冷水小屋を北大に寄付
1946	4	テイネパラダイスヒュッテ土台上げ
1947	2 17	秩父宮家が空沼小屋を北大に寄付
1950	9 2	冷水小屋，落雷のため焼失
1951	1	桜星会が支笏寮を北大に寄付
1970		テイネパラダイスヒュッテ屋根修理，土台・西側補強など実施
1971	3 24	日本国有鉄道が奥手稲山の家を北大に寄付
1977	11 21	支笏寮閉鎖
1978	3 17	北海道地区国立大学共同研修施設大滝セミナーハウス⑦開所式
	7	テイネパラダイスヒュッテ閉鎖
1985	10 6	ヘルヴェチアヒュッテ改修完成披露式
1994	4	テイネパラダイスヒュッテ倒壊
1995	3 30	手稲パラダイスヒュッテ⑧完成(4月4日北大に寄付)

II
函館キャンパスと
部局附属施設

その他の施設
1884-2001

山小屋
1926 ▶ 2001

486 支笏寮⑥ 旧千歳村役場出張事務所を転用した予科桜星会の修養道場

487 再建された手稲パラダイスヒュッテ⑧ 手稲パラダイスヒュッテ再建期成会が建設

488 大滝セミナーハウス⑦ 北海道地区国立大学共同研修施設

164

III
北大の歩み/点描

489　第二農場モデルバーン北側壁面の木彫の牛

III 北大の歩み/点描

札幌農学校前史

開拓使仮学校
1872▶1875

490 開拓使札幌本庁屋上から見た札幌市街北1～3条付近(1873年) 開拓使仮学校が東京に設置された当時，札幌の街はいまだ開発途上であった。1875年仮学校が札幌に移転し，この一帯が札幌農学校のキャンパスとなる。中央やや右の2階建の建物は開拓使御雇外国人のための宿舎で，のちに改修され札幌農学校の北講堂となる

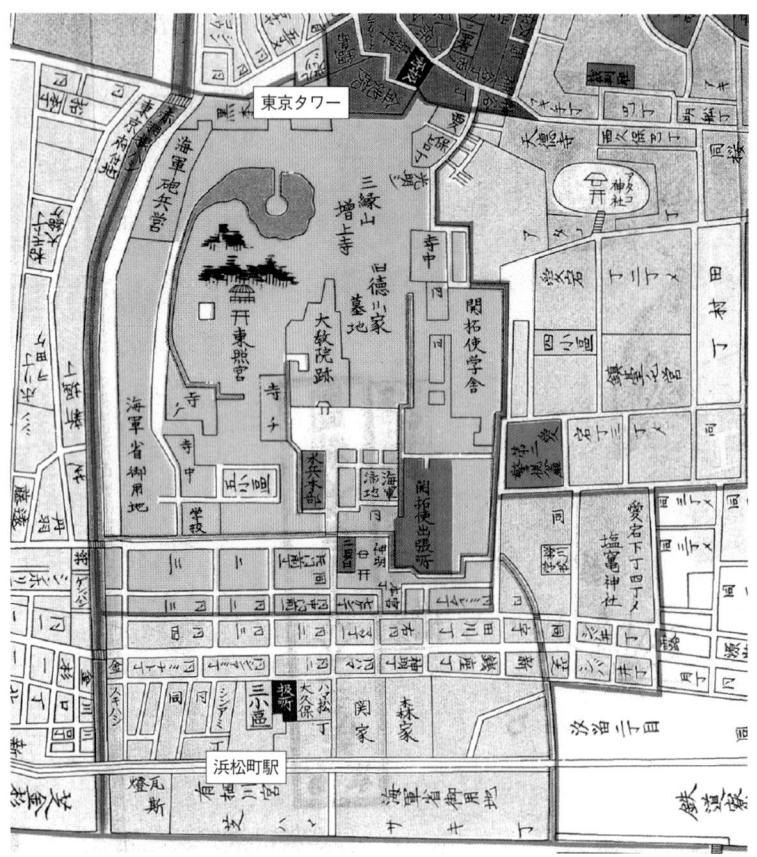

491 東京芝増上寺付近の地図(1873年) 「開拓使学舎」が開拓使仮学校を，「開拓使出張所」が開拓使東京出張所を示している。参考のため，地図上に東京タワーとJR山手線浜松町駅の現在地を加えた

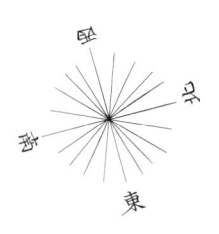

492 開拓使仮学校跡石碑 1992年北大東京同窓会が港区芝公園に建立

493 開拓使仮学校校舎(1872年) 増上寺の建物を使用

開拓使仮学校は，開拓使が東京に設置した北海道開拓の技術者・指導者養成機関である。名前の通りいずれ札幌に移転することを計画していた。外国人教師を擁し，農学・工学・鉱山学・土木工学の4分野を中心とした開拓事業全般に関わる専門技術教育を目指したが，普通学（専門科のための予備教育）だけが開講され，それも滞りがちであった。このほか，アイヌに和人の生活習俗と農業を強いる教育所や，女学校，医局を付設し，北海道開拓のための総合的な教育を行なうことを企図したが，いずれもうまくいかなかった。札幌に移転して1年後，マサチューセッツ農科大学学長W.S.クラークを教頭に迎え，農学を中心に据えた専門科を開設し，札幌農学校としてスタートを切った。

494 札幌脇本陣(1872年) 1876年開拓使の女学校の建物として使用された

495 開拓使仮学校生徒(1873年) 1873年4月の生徒名簿は11〜21歳の男子47名を記載

496 開拓使御雇外国人宿所(1872年) 増上寺の建物。ケプロン，アンチセルのほか仮学校教師も居住したと思われる

西暦	月	日	できごと
1869	7	8	開拓使設置
1870	5	9	黒田清隆が開拓次官に就任
1871	11	22	開拓使顧問 H. ケプロンが農学校開設を建言
	12	24	開拓使御雇外国人 T. アンチセルが「北海道術科大学校」設立意見書提出
1872	1	20	開拓使が仮小学，東京開設を申請
	3	10	開拓使仮学校生徒募集布告
	4	15	開拓使仮学校開校（東京芝増上寺）
	5		開拓使の命によりアイヌ生徒27名上京（7月には8名上京）
	6		仮学校に仏学課設置（1873年6月廃止）
	6	13	女学校生徒募集を通達
	6	23	開拓使が仮学校内に「土人教育所」設置を申請（承認）
	9	19	仮学校内に女学校開校
1873	3	14	組織再編のため仮学校を一時閉校
	4	21	開拓使仮学校再開校
	12	5	昭憲皇后が仮学校に来校
1874	7		アイヌ生徒25名帰郷
	11	30	調所廣丈校長心得が専門科設置を上申（12月4日認可）
1875	7	29	開拓使仮学校を札幌学校と改称
	8	24	女学校が札幌に移転し開校
	9	7	札幌学校開業式（札幌移転）
1876	3	3	W. S. クラークと雇用契約（5月25日より1年間）
	4	22	女学校廃止
	7	31	クラーク到着
	8	5	札幌学校生徒に専門科入学試験実施
	8	14	札幌学校専門科開業式（札幌農学校開校）
	8	17	専門科の授業開始
	9	8	札幌農学校と改称

III 北大の歩み/点描

札幌農学校〜北海道大学

予科 1876▶1950

497 札幌農学校予科卒業記念(1897年) のちの本科第19期生。前2列目左端は大島金太郎助教授，1人おいて新渡戸稲造教授。3列目左から5人目が有島武郎

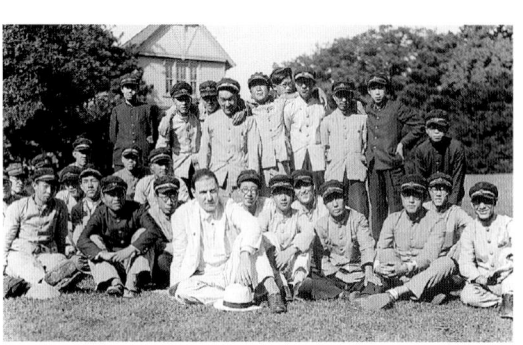

498 植物園を訪れた予科生とドイツ語教師A.グブラー(1920年代後半) H.レーン，H.ヘッカーといった語学教師が予科生に親しまれた

499 東北帝国大学農科大学予科生徒の軍事教練 現在の文系校舎付近

500 対小樽高商戦の予科応援団(1930年代) 毎年6月北大予科桜星会各部は小樽高商と定期戦を行なった。とくに野球とラグビーは人気が高かった

予科は本科進学のための準備教育課程であった。札幌農学校開校当初、本科では御雇外国人教師が英語で講義を行なったため、予科では本科の授業を理解するための語学修得に主眼が置かれた。農学校の帝国大学昇格後は大学予科として、旧制高等学校と同じ位置づけが与えられた。他の旧制高等学校同様、寮生活・寮歌・応援団などに代表されるバンカラな雰囲気をもち、予科懇親団体桜星会に所属する部の活動も活発であった。また、外国人語学教師を始めとする教授陣との交流も、予科生に大きな影響を与えた。北大本科へは高等学校等からの進学も可能であったが、1940年代にはほとんどを北大予科出身者が占めた。戦後、新制大学への移行とともに予科に代わって教養課程が組織された。

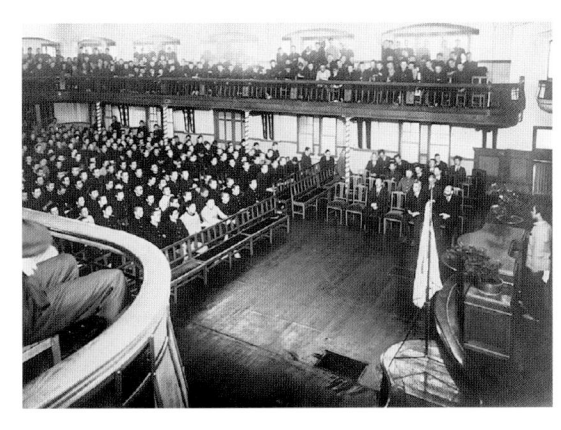

501 中央講堂における予科桜星会大会(1938年) 予科の親睦・部活動団体である桜星会は、恵迪寮とともに予科の校風の継承に大きな役割を果たした

502 レコード店の予科生たち (1938年)

503 サクシュコトニ川の石橋で昼休みを過ごす予科生たち(1940年代前半)

504 喫茶店に憩う予科生たち(1943年頃) 戦中であるためゲートルを巻いている

西暦	月 日	できごと
1876	8	札幌農学校に予科(預科, 予課, 予習科, 予備科などとも呼ばれた。12歳以上、修業3年)設置
1881	8	修業年限を4年に改組
1887	3 23	予備科(13歳以上、修業4年)と改称
1889	9 19	予科(13歳以上の高等小学校全科卒業者、修業5年)と改称
1893		初年級募集停止(欠員のみを補充)
1896	6 23	予科廃止を決定
1898	5 3	予修科(17歳以上の尋常中学校卒業者、修業2年)設置
1907	9 11	東北帝国大学農科大学設置に伴い予修科を大学予科(中学校卒業者、修業3年)に改組
1911	10 4	予科懇親団体桜星会結成
1914		予科生の帽子に星形・白線三条(予科校章)取付
1918	4 1	北海道帝国大学附属予科と改称
1920	3	桜星会歌「瓔珞みがく」作曲
1921	3 7	桜星会機関誌『とどろき』創刊(1922年『桜星会雑誌』と改題)
1923	5 15	北海道帝国大学予科と改称
1926	4	コース別に予科一類(農)、二類(医)、三類(工)と呼称
1927		応援団団則制定、全予科生が団員
1935	4	コース別に農類、医類、工類と呼称
1937	1	応援団を桜星会組織内に編制
1941	2 6	桜星会解散、報国会分会として桜星報国団発足
1946	9 13	桜星会発会式
1949	5 31	北海道大学予科と改称
1950	3 30	最終修了式実施、31日予科廃止

III
北大の歩み/点描

札幌農学校〜
北海道大学

実科・専門部
1887▶1951

505　農学実科①畜産実習

506　農学実科養蚕実習

507　農学実科田植え実習

508　林学実科②測量実習（1927年頃）

札幌農学校以来，北大は研究活動とともに，実科・専門部を付設して技術者養成に力を入れてきた。農学校時代には進学条件や修業年限の改正が繰り返されたが，帝国大学昇格後は予科とほぼ同等に位置づけられ，卒業後に本科へ進学することも可能であった。北大の実科・専門部は，高等教育機関の少なかった北海道においては貴重な人材供給源となり，中学生にとっては魅力的な進学先であった。戦後，新制大学成立に伴って廃止された。

509 附属水産専門部④漕艇実習 1918年頃の忍路にて。水産専門部はのちに函館高等水産学校として函館に移転・独立し，新制移行後水産学部の母体となった

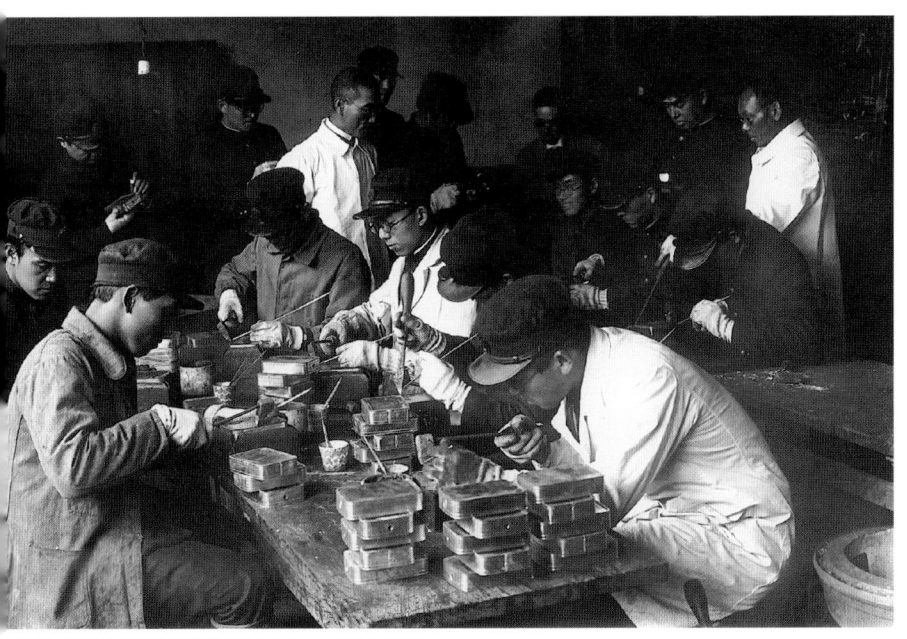

510 附属水産専門部製造科のハンダ付実習

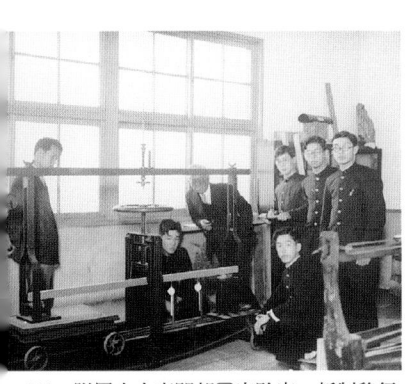

511 附属土木専門部③実験室 新制移行後は室蘭工業大学の管轄校となった

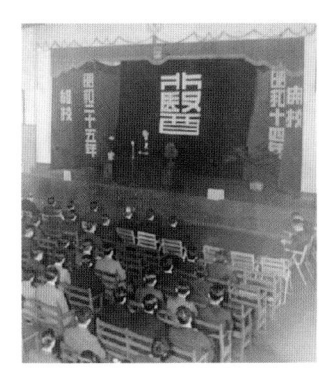

512 附属医学専門部終校式⑤（1950年）

西暦	月日	できごと
1887	3 23	農芸伝習科(17〜32歳，修業2年)設置
1889	4	農芸伝習科に獣医伝習生受入れ
	9 19	兵学科(修業3年)設置(入学者4人は農学科に編入され事実上廃止)
	11 4	屯田兵曹長免官24名が兵学科別課生(屯田兵士官養成，修業1年)に入学
1892	3	兵学科別課生廃止
1896	6 23	兵学科廃止決定
1897	5 10	土木工学科(高等小学校4年・尋常中学校2年修了の17歳以上，修業3年)設置
1899	4 1	農芸伝習科を農芸科(17歳以上の高等小学校4年・中学校2年修了者，修業3年)に改組
	9 11	森林科(17歳以上の中学校3年修了者，修業3年)設置，土木工学科改組
1901	9 1	土木工学科・森林科改組(17歳以上の中学校卒業者)
1905	4 1	森林科を林学科と改称
1907	4 1	水産学科(17歳以上の中学校卒業者，修業3年)設置
	9 1	東北帝国大学農科大学に農学実科①・土木工学科・林学科・水産学科(中学校卒業者，修業3年)を付設
1909	3	農芸科廃止
1910	9 12	林学科を林学実科②と改称
1918	4 1	北海道帝国大学開学，土木工学科を附属土木専門部③，水産学科を附属水産専門部④と改称
1929	4	第16臨時教員養成所(博物科教員養成，修業3年)設置
1932	3 31	第16臨時教員養成所廃止
1935	3 30	附属水産専門部廃止(4月1日函館高等水産学校として独立)
1939	5 15	臨時附属医学専門部(中学校卒業者，修業4年)設置
1942	2 12	札幌臨時教員養成所(数学科・生物科教員養成，修業3年)設置
1944	4 1	臨時附属医学専門部を附属医学専門部と改称
1945	6 16	農学実科と林学実科を附属農林専門部に改組
1948	3	札幌臨時教員養成所廃止
1950	3 31	附属土木専門部・附属医学専門部⑤廃止
1951	3 31	附属農林専門部廃止

III 北大の歩み/点描

北海道帝国大学

戦時下の北大
1931 ▶ 1947

513 クラーク像前を通過して行在所に向かう「聖駕」① 1936年10月，昭和天皇は陸軍特別大演習と行幸のため北海道を訪れた。その際，農学部本館が大本営および行在所となった

514 北大生の親閲（1936年） 壇上で敬礼するのが昭和天皇

515 「満洲国」からの視察団 1932年初代国務院総務長官（事実上の国政の実権者）を務めた駒井徳三（1911年卒）や，1939〜43年に南満洲鉄道（満鉄）総裁を務めた大村卓一（1897年卒）を始め，多くの北大卒業生が満洲に渡り，「満洲国」統治・経営に深く関わった。また，大学内には「満蒙研究会」が設立され，満洲殖民・統治に関する研究を行なった

516 ヒトラー・ユーゲントの来学を伝える記事（1938年9月20日北海道帝国大学新聞）③ 当時日本と同盟国であったナチス・ドイツの青少年団ヒトラー・ユーゲントが来学，大学構内や支笏湖で北大生と交流した

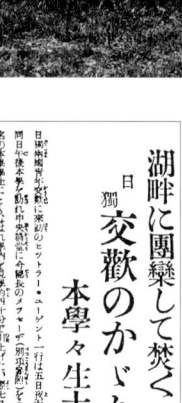

517　農場での集団勤労作業を終えポプラ並木を帰る予科生② 北大生の戦争動員は、大学構内での集団勤労作業、学外の工場への勤労動員、樺太初問の飛行場建設(1943年)と、エスカレートしていった

518　予科生の射撃教練

519　農学実科生の教練　豊平川に架かる北1条の木橋付近

520　皇紀2600年記念植林での国旗掲揚(1940年)④　簾舞の第四農場にて

　札幌農学校が北海道開拓・殖民のための教育機関として設立された歴史から、その後の北大の教官や卒業生は樺太・台湾・朝鮮などの植民地経営や中国大陸進出にも深く関わった。戦時下になると軍医養成のため臨時附属医学専門部、軍事研究のため諸研究所が新設され、北大は戦争に合わせて拡充された。北大生は集団勤労作業・軍事教練を課され、卒業年繰上げなど、学生生活にも影響が及んだ。また召集や学徒出陣により、多くの学生生徒・教官・職員が戦場に赴いて死傷したり抑留を体験したほか、レーン・宮澤事件のような悲劇も起こった。その一方で、報国会などの下、大学を挙げて戦争遂行に協力したことも事実である。戦後、北大教官が戦争協力者として直接責任を追及されることはなかったが、総長経験者の一人が公職追放されるなど、北大が帝国大学であった限り、全く無関係ではありえなかった。そして、敗戦は大学民主化に向けたスタートとなった。

西暦	月日	できごと
1931	10	附属図書館で満蒙図書整備
1932	3　1	満洲国建国宣言発表
	3　15	留学生を交え満洲建国祝賀会開催
1933	3　1	満蒙研究会設立(1939年東亜研究会と改称)
	3　27	国際連盟脱退
1936	4　27	陸軍特別大演習に備え種痘・チフスのワクチン注射の全学実施決定
	10　1	陸軍特別大演習・行幸のため農学部に大本営・行在所設置(～9日)①
1937	7　7	蘆溝橋事件(日中戦争開戦)、中華民国留学生35名中32名離札
	10　30	予科生徒報国会結成
	11　26	大学防護団(団長高岡熊雄総長)防空演習参加
1938	5　5	国家総動員法施行
	5　14	第1回満洲国留学生軍事教練実施
	6　14	北大皇軍慰問連盟(会頭今裕総長)発会
	7　1	集団勤労作業実施②
	9　6	ヒトラー・ユーゲント一行来学③
1939	4	軍事教練を必修化、学部で実施
	6　12	臨時附属医学専門部開校
	7　17	興亜青年勤労報国学生隊が北支蒙疆方面へ出発(北大生104名)
	10　18	第七師団秋季機動演習に学生生徒360余名が義勇軍として参加
1940	2　11	興亜学徒会(会長今裕総長)発会
	5　16	第四農場で皇紀2600年植林実施④
	12　2	国民体力法により初の体力検査実施
1941	1	大政翼賛会北海道支部顧問に今裕総長就任
	2　6	文武会解散、報国会発足
	4	農場・植物園・演習林等の学生動員食飼料増産作業計画決定
	5	正門大鉄扉など学内金属製品献納

III 北大の歩み／点描

北海道帝国大学

戦時下の北大
1931▶1947

521　東條英機首相の査閲[7]　1942年7月東條英機首相が来学，農学部玄関で北大生に対し，「戦時下学徒の覚悟」について訓示した

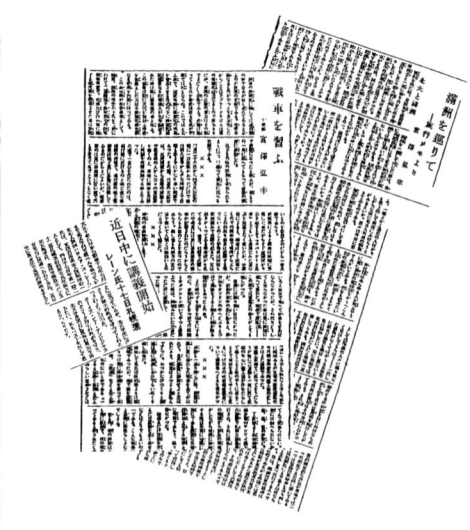

522　宮澤弘幸執筆記事（1940年12月17日および41年6月10日北海道帝国大学新聞）とレーン再来日を伝える記事（1951年4月20日北海道大学新聞）[6]　1941年12月8日，日米開戦と同時に工学部生宮澤弘幸と予科教師H.レーンがスパイ容疑で検挙された。強制送還されたレーン夫妻は戦後再来日するが，懲役15年の宮澤は敗戦直後，獄中生活がもとで病死した。この冤罪事件はレーン・宮澤事件といわれる

523　献納したクラーク像の台座に座る北大生[9]　1943年クラーク像が戦争のため献納された。そのほかの胸像・鐘なども同様であった。現在のクラーク像は1948年に再建されたもの

524　学徒出陣に際しての日の丸への寄せ書き[10]　1943年12月学徒出陣が行なわれた。このとき北大では農学部の農学科・農業経済学科・農業生物学科などの学生30名あまりが出陣し，そのうち9名が戦死した。生還した者も抑留などで復員が遅れた。写真は出陣する農業生物学科学生中島敏夫（のちに北大教授）に宛てられたもの。宮部金吾，今裕，伊藤誠哉，栃内吉彦，犬飼哲夫など錚々たる北大関係者が一文を寄せている

525 低温科学研究所を訪れた陸軍将校(1944年)⑤ 低温科学研究所・超短波研究所(現電子科学研究所)・触媒研究所(現触媒化学研究センター)は軍事研究のために新設され、軍部とも関係が深かった。前列左3人目から中谷宇吉郎教授，小熊捍所長

526 ニセコ観測所における零戦除氷翼実験(1944年)

527 根室における低温科学研究所の霧演習(1944年)

528 低温科学研究所のダイコン大会(1944年)⑧ 木原均教授の改良した大根の収穫品評会の様子。中央は小熊捍所長。戦中・敗戦直後は食糧不足が深刻であったため，構内のあちこちに畑が作られた

529 低温科学研究所に進駐したアメリカ兵⑪ 敗戦後，札幌に進駐したアメリカ軍は低温科学研究所・予科教室・中央講堂・学生生徒控所の建物を接収した

西暦	月日	できごと
1941	7	慰問連盟を報国会皇軍慰問会に改組
	9 15	報国隊結成，農場等で収穫作業開始
	11 26	低温科学研究所設置⑤
	12 3	春季・夏季休暇全廃
	12 8	日米開戦(～1945年)，工学部生宮澤弘幸と予科教師H.レーン，スパイ容疑で検挙⑥
1942	4 11	北大で臨時徴兵検査実施
	7 12	東條英機首相来学⑦
	8 21	予科修業年限1年短縮決定
	10 1	北海道農業研究会の矢島武農学部助手ら検挙
1943	1 21	予科修業年限2年に改正
	2 1	超短波研究所・触媒研究所設置
	5	食糧不足のため学内の耕地化開始⑧
	5 25	クラーク像献納⑨
	7	樺太初の飛行場建設に北大生動員
	9 30	北大関係合同慰霊祭
	10 2	在学徴集延期臨時特例法公布，12月1日農学部生一部入営
	10 25	臨時徴兵検査実施
	11 23	出陣学徒壮行会⑩
	12 8	全学生，札幌神社に戦争完遂祈願
1944	12 8	国土防衛隊結成
1945	8 15	戦争終結の放送，教職員・学生生徒が農学部前集合
	9	授業再開
	10	北大報国会解散，予科に軍関係学校出身者133人転入学
	10 5	進駐軍が低温科学研究所接収(1946年11月3日返還)⑪
	12	旧植民地所在学校在学者受入開始
	12 17	石炭不足のため長期休暇(～1946年3月14日)
1946	1	進駐軍が予科教室(1947年1月返還)，中央講堂(46年7月返還)，学生生徒控所(返還日不明)接収
	10	石炭不足のため学生出炭作業実施
	12 5	教職員追放令制定，各学部と予科で教員適格審査実施
1947	3	審査終了，教員不適格者なしと結論

III 北大の歩み/点描

札幌農学校～北海道大学

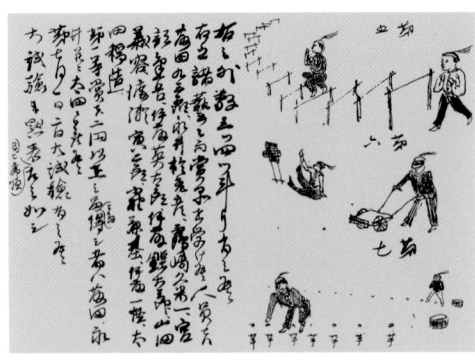

遊戯会・恵迪寮祭・大学祭 1878▶2001

530 新渡戸稲造が描いた第1回遊戯会競技種目図(1878年) 遊戯会は日本最初の競技大会といわれている

531 第20回遊戯会(1901年，札幌農学校創立25周年記念遊戯会) 演武場(時計台)前で行なわれ，多くの観客が集まった

532 遊戯会喫茶亭(1900年頃)

533 遊戯会の仮装行列(1910年頃) 現在の地球環境科学研究科付近。背後は移築直前のモデルバーン

534 農科大学時代の遊戯会の食菓競走

535 遊戯会の4人連脚(1922年) 現在の総合博物館北側。背後は第一農場養蚕室

176

遊戯会は御雇外国人教師の発案により開かれ，石投げ・玉投げ・芋拾い競走・幅跳び・目隠し競走などの競技種目を行なった。市民に公開され，札幌の年中行事の一つとして多数の見物人を集めた。のちには予科・実科・専門部などの各科対抗戦も行なわれたが，文武会所属の各運動部が活動するようになり，その役割を終えた。文武会では文武会デーと称して，運動会や講演会，各部の催し物を行ない，遊戯会を継承した。

恵迪寮記念式は開寮1周年記念式から始まり，全寮一般公開をするようになって恵迪寮記念祭と改称，多くの市民が詰めかけるようになった。諷刺の効いた飾付けや「恵迪座」公演などは人気が高かった。1938年第31回恵迪寮記念祭以降，時局の影響により非公開となったが，戦中も規模を縮小して継続され，現在も続いている。

第1回大学祭は1946年，北海道帝国大学学友会(学生教職員が一体となって大学の自主性確立を目指す組織)が主催し，広く市民に公開された。敗戦後の再出発に向けてさまざまな改革に取り組んでいる時期，全学を挙げて行なわれた大学祭は大きな意義をもっていた。1952年にも全学参加の大学祭を開催し，この前後にも文化祭という形態でほぼ毎年行なわれた。経済復興とともにお祭り色が濃厚になり，模擬店や各種企画なども増え，大学祭(北大祭)として活況を呈するようになった。

536 恵迪寮記念祭入口(1931年) 恵迪寮全寮を開放した。女人禁制もこの日ばかりは例外

537 恵迪寮記念祭の展示(1936年) 寮生活や社会を諷刺したテーマが多い

538 恵迪寮記念祭の模擬店(1933年頃)

西暦	月 日	できごと
1878	6 1	第1回遊戯会開催
1901	5 14	創立25周年記念遊戯会(第20回)
1906	4 8	開寮1周年記念式(第1回，以後第15回までは恵迪寮記念式)
1921	5	第16回恵迪寮記念祭，5月開催になり初めて寮内を一般開放
1922		第39回遊戯会(最後の開催)
1929	11 1	第1回文武会デー開催(〜2日)
1940	5 6	第12回文武会デー(翌年文武会解散のため最後の開催)
1946	10 17	戦後初の市民公開行事である大学祭開催(〜27日)
1952	10 29	2回目の大学祭(〜3日)
1954	9 21	恵迪寮記念祭で市中仮装行列実施(〜24日)，以後寮祭と改称
1964	6	大学祭の6月開催が定着
1982	10 23	閉寮記念第74回恵迪寮祭(〜31日)
1996	10 3	創基120周年記念行事に合わせ10月に大学祭開催(〜6日)

III 北大の歩み／点描

札幌農学校〜
北海道大学

遊戯会・恵迪寮祭・大学祭

1878▶2001

539 大学祭の前夜祭パレード（1963年）　時代柄，政治的メッセージの目立つプラカードが多い。北1条西3丁目付近

540 大学祭の模擬店風景（1965年頃）　現在の医学部北側

541 大学祭の模擬店（1965年頃）　教養部（現高等教育機能開発総合センター）前

542 大学祭フィナーレのストーム（1965年頃）　三越百貨店前の交差点

543 獣医学祭(2001年) マンガ『動物のお医者さん』にも登場した獣医学部の企画。他学部も趣向を凝らした企画を組んでいる

544 大学祭の北京水餃子店(1995年) 'Internaitonal Festival'と称し，各国留学生がお国料理の店を出している

545 一万人の都ぞ弥生(1994年) 応援団の音頭で「都ぞ弥生」ほか寮歌を大合唱。教養部(現高等教育機能開発総合センター)前

546 祭りの締めはストーム(1994年) 100年あまり変わることのない北大の風景

179

学生寮 1875▶2001 札幌農学校〜北海道大学

III 北大の歩み/点描

547 恵迪寮自炊記念日の園遊会(1913年) 寮生全員が園芸部・畜産部に属して食材の自給にあたる独自の自炊制が行なわれた。右端が初代恵迪寮①，現在の文系校舎付近

548 クラークの肖像画が掲げられていた恵迪寮食堂（1940年頃） 献立作成などを行なった炊務委員（寮生）と厨房使用人

549 恵迪寮新入生歓迎会(1942年頃) 新寮生の自己紹介と余興に対し，先輩からヤジが飛んだ。秀才撲殺を謳い，「鈍才式」とも呼ばれた

550 恵迪寮図書室 勉強もした寮生

551 恵迪寮褌ストーム(1940年頃) スキーを手に足駄履きで，「札幌農学校は蝦夷が島」とがなりながら暴れ回った

札幌農学校初期には本科生は原則として全員寄宿舎で生活を送った。

キャンパス移転とともに恵迪寮が建てられた。この頃には寮の自治が確立し自炊制や舎生大会が行なわれ，また寮歌も作られるようになった。恵迪寮が予科生寮となってからは，全国の旧制高等学校の学生寮同様にバンカラな雰囲気が横溢していた。

恵迪寮以外には県人会が県出身者のために設置した寮や，キリスト教信者のための寄宿舎などが存在した。

戦後，学生数増加に伴って学生寮が増設され，女子学生の強い要望で女子寮も設置された。恵迪寮を中心に学生寮規則や寮のあり方をめぐって，しばしば寮生と大学側の対立が起こった。

現在は男子学生寮を統合した恵迪寮と，霜星寮(女子寮)，北晨寮(水産学部)に約900名の寮生が生活している。

552 赤褌でパレードに出かける恵迪寮生(1970年代) 市街を練り歩き，大通公園でストームなどを行ない大騒ぎをした。草履・サンダル姿が目立つ

553 恵迪寮入口(1976年) エンレイソウをかたどった寮章が付けられていた2代目恵迪寮②は，現在の高等教育機能開発総合センターの西側にあった

554 恵迪寮の室内(1956年)

555 恵迪寮玄関(1973年)

556 寮生の生活を描いた恵迪寮の壁画(1993年) 現在の恵迪寮⑬は3代目にあたる

西暦	月日	できごと
1875	8	札幌学校(札幌農学校)寄宿舎完成
1882		秋頃まで洋食給仕
1899	9	寄宿舎自治開始
1903	7 10	寄宿舎閉鎖
1905	4 1	新寄宿舎①建設
1907	4	寄宿舎を恵迪寮と命名
1912	4	恵迪寮歌「都ぞ弥生」(横山芳介作歌，赤木顕次作曲)発表
1922	6	舎生大会で予科生の寮と決定(1926年寄宿舎規程に明示)
1931	5	移転のため恵迪寮閉鎖
	10 30	2代目恵迪寮②落成(11月21日開寮)
1933	11	『恵迪寮史』刊行
1935	5 29	函館高等水産学校寄宿舎北晨寮完成(戦後，水産学部に継承)
1948		武道場を仮宿舎として深叡寮開寮
	9	江別楡影寮(江別町)開寮
1949	3 26	北学寮③開寮
	3 29	桑園学寮④開寮
	4 1	寄宿舎規程改正，寮生による入寮銓衡等を明示
	4 20	月寒学寮⑤開寮
	7	進修学寮⑥開寮
1950	4	予科廃止，恵迪寮を教養部在籍学生寮に充当
1952	4 1	水産学部啓徳寮開寮
1953	2	学寮規則制定で大学側と学生が対立
	11 10	女子寮⑦開寮
1956	1 20	江別楡影寮建物返還，キャンパス内に新たに楡影寮⑧開寮
1960	5 8	キャンパス内に新たに桑園学寮⑨開寮
1966	7 1	学生寮規則改定で学寮紛争発生
	9	2代目北晨寮⑩入寮開始

III 北大の歩み/点描

札幌農学校〜北海道大学

学生寮 1875▶2001

557 北学寮③ 北大新潟県人会より寄付を受けた新潟寮を再利用。北区北14条西2丁目に所在，定員78名

558 桑園学寮④ 清水工業株式会社より購入。中央区北3条西14丁目に所在（1949〜60年）

559 旧月寒学寮⑤（1996年） 旧北部軍司令官官邸を所管換。豊平区月寒東2条2丁目に所在，定員22名。廃寮後，背後の木造部分が取り壊され，レンガ部分のみがつきさっぷ郷土資料館として利用されている

560 進修学寮⑥ 和歌山県南葵育英会第三進修学舎を購入。中央区北7条西13丁目に所在，定員28名

561 女子寮⑦ 高砂香料株式会社より購入。中央区北6条西13丁目に所在，定員23名。教養部の女子学生が入寮した。霜星寮新築により閉寮

562 女子寮開寮記念（1954年） 女子寮に隣接する宮部記念館（旧宮部金吾邸）前にて

563 楡影寮⑧ 江別町(当時)の製紙工場から借りていた江別楡影寮の建物返還に伴い，キャンパス内(北区北16条西8丁目)に医学部附属病院関係建物を移築，開寮。定員48名

564 桑園学寮⑨ 教養部第五講堂(旧水産学実習室)を転用。キャンパス内の北区北8条西9丁目に所在，定員37名。2000年，跡地に記念碑が建立された

565 有島寮⑪ 職員宿舎に使用の旧有島武郎邸(北区北12条西3丁目)を転用した大学院生寮。東区北28条東3丁目に所在，定員14名。廃寮後，札幌芸術の森に移築

566 啓徳寮閉寮⑫記念祭(1974年) 啓徳寮は旧教官官舎を転用。函館市松陰町12に所在

567 2代目北晨寮⑩ 水産学部男子学生寮。函館市中道1-9-1に所在，定員230名

西暦	月 日	できごと
1967	3 23	補充入寮銓衡に関し楡影・恵迪・月寒・女子寮4寮長無期停学処分公示
	5 20	学長と寮生が懇談会開催，学長が旧寮規則一部運用許可
1971	4 14	大学院生寮として有島寮⑪開寮
1974	11 18	恵迪寮一部焼失
1975	3 31	啓徳寮閉寮⑫
1980	1 23	評議会が7寮統合，新学寮建設決定
	6 25	北大寮連が新寮建設に反対し本部前集会・座り込み，定例評議会流会
1981	9 29	新学生寮建設着工
1982	5 1	女子寮・北晨寮を除く学生寮の翌3月31日限り廃止を公示
	12 22	学生寮規則制定，寮生らが反対のデモ行進
1983	3 19	学生寮新設・閉寮記念式典挙行
	3 31	恵迪寮・進修学寮・楡影寮・月寒学寮・北学寮・桑園学寮・有島寮閉寮
	4 1	新学生寮⑬開寮(1989年名称を恵迪寮と正式決定)
	12 22	学生寮新設記念事業後援会が寄宿舎跡の碑と恵迪寮模型を寄贈
1984	3	恵迪寮入寮募集をめぐり大学側と寮生が対立，大学は募集停止(以降停止・再開を繰り返し1989年収束)
	4 11	新女子寮(霜星寮)開寮
1985	6 15	北海道開拓の村にて旧恵迪寮復原記念寮歌献歌祭
1987	3	『恵迪寮史』第2巻刊行
1991	12	恵迪寮同窓会が写真集『青春の北大恵迪寮』を出版
1994	7	恵迪寮に女子学生入寮

III 北大の歩み/点描

北海道帝国大学〜北海道大学

学生運動
1928 ▶ 2001

568 文武会事件を報じる記事(1929年1月2日北海道帝国大学新聞) 文武会企画の野外園遊会中止をめぐり、大学当局と学生・生徒が対立、学生側による同盟休校決議、大学当局による休校措置に発展した

569 イールズ事件 共産主義教授追放を主張するCIE(GHQ民間情報教育局)高等教育顧問イールズの講演に抗議して、学生が演壇を占拠。退学4名、無期停学4名を出し、伊藤誠哉学長は引責辞任

570 北海道学生自治会連合(道学連)の安保改定反対デモ (1960年6月) 札幌駅前通

571 大学本部を封鎖した全学共闘会議(全共闘)系学生(1969年5月20日) 堀内寿郎学長に大衆団交を迫っている。堀内学長は封鎖派諸集団に対しては終始、厳しい対決姿勢を示した

184

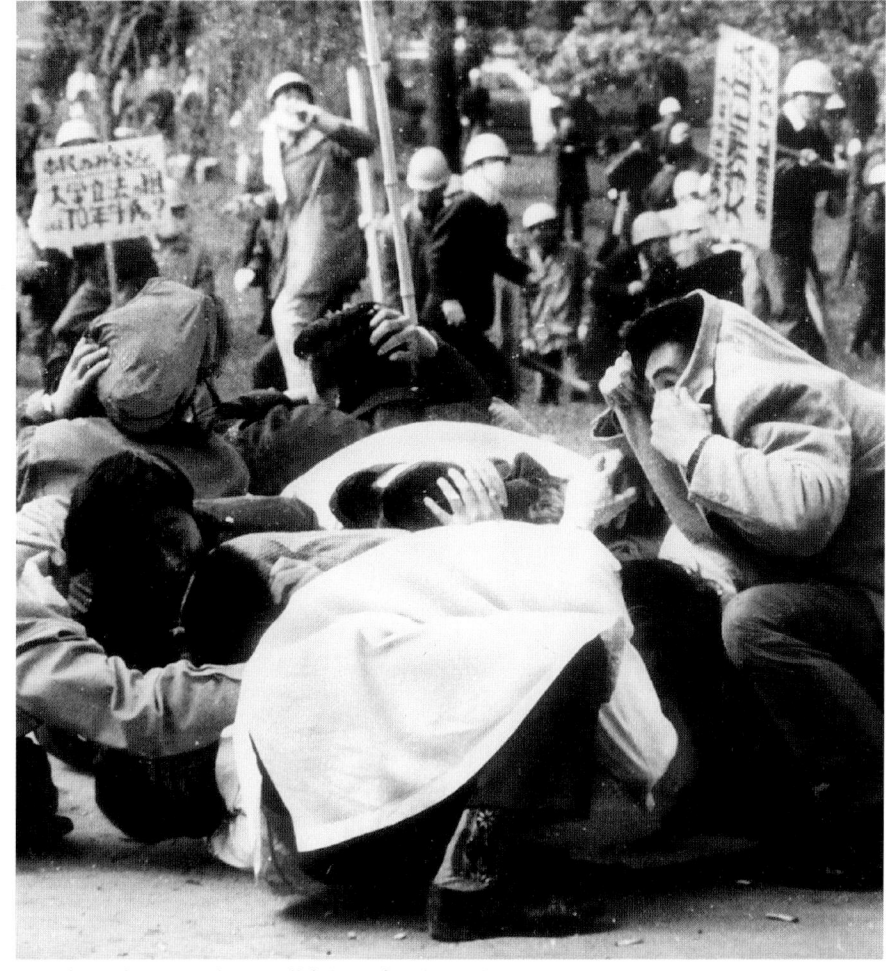

戦前の学生運動は主に文武会の自治が問題であったが，文武会事件以降は沈静化していった。

戦後，大学の民主化をめぐる運動が盛んになり，各学部で学生が自治会を組織し，自治会の全学連合組織も結成された。また，学生はときどきの政治問題に敏感に反応し，さまざまな形態の運動を展開した。

1969年4月，北大にも大学紛争が及び，封鎖と実力解除が繰り返された。堀内寿郎学長は紛争に対して積極的に対処し，機動隊導入も市民生活に影響が及ぶぎりぎりまで避けようと努めた。機動隊による封鎖解除と授業再開ののちも，紛争は長くくすぶり続け，学内が落着きを取り戻すまでには数年を要した。その後，学生運動は学生寮問題などを中心に続いた。一方で，紛争以前からの各研究科大学院生協議会(院協)による教育・研究環境改善の訴えも続いていた。しかし，近年は学生の関心も薄れ，大きな動きを見せなくなってきている。

572　激しい投石にうずくまる学生(1969年6月5日)

573　大学本部封鎖をめぐる抗争(1969年6月5日)　封鎖の実力解除を目指す北大学連系学生(手前)と抵抗する封鎖派学生(奥)。北大学連系学生や教職員組合等により実力封鎖解除が行なわれた。北大紛争最大の学内衝突となり，多数の負傷者が出た

西暦	月日	できごと
1928	5 10	文武会事件(12月6日全学的同盟休校，8日休校措置)
1932	6 22	北大赤化事件，67人検挙(10月26日大学が50人以上処分)
1946	4 1	医学部学生自治会結成
1948	5 1	全学学生会発足
1949	7 5	高瀬文相事件
	10	全学学生協議会発足
1950	5 16	イールズ事件
	7 28	共産党北大細胞の大学公認取消し
	11	全学学生協議会解散，北大学生自治会連合会発足
1951	10 13	軍事アルバイト事件
1952	6 17	破壊活動防止法案反対のデモ行進，北大生600人参加
1953	10	北大女子学生の会発足
1958	10	教養部学生が警察官職務執行法反対スト
1959	6 25	教養部学生が日米安全保障条約改定反対スト
	9 16	スト学生処分をめぐり，学生らが杉野目晴貞学長を軟禁
1960	5 24	教養部学生が安保条約改定反対スト(6月も断続的に実施)
1965	5 20	大学祭問題で教養部長代理軟禁，警官隊導入
	6 25	日韓条約批准阻止デモ，5人逮捕
1966	6 24	医学部附属病院で無給医局員待遇改善スト(11月再実施)
1967	5 25	医学部自治会が登録医制度反対デモ
	7 10	インターン生が登録医制度反対スト
1968	5 18	ベトナム反戦デモ，1人逮捕
	6 30	長沼，千歳ミサイル基地設置阻止北大生協議会決起集会，12人逮捕

III 北大の歩み／点描

北海道帝国大学〜北海道大学

学生運動
1928▶2001

574 機動隊の北大構内突入（1969年11月8日） 大学本部の再封鎖解除のため南門のバリケードを破って出動、激しい攻防となった。堀内学長は自主的解除を基本方針として機動隊導入には慎重であったが、紛争がエスカレートし被害が広がるなか、出動要請に踏み切った

575 医学部の大衆団交（1969年9月2日） 医学部では以前からインターン制度や研修のあり方が問題となっていたが、紛争でも重要な争点となった。医学部当局と学生・インターン生側がねばり強い折衝を重ね、本格的な封鎖や破壊には至らなかった

576 気勢を上げる全学スト実行委員会の学生たち（1970年4月29日） 函館キャンパスにも紛争が飛火した

577 雪が凍結した工学部の投石防止網(1969年11月)

578 封鎖中の大学本部(事務局)玄関に掲げられた「大本営」看板

579 クラーク像に落書 'BOYS, BE REVOLUTIONARY' (1969年5月)

580 佐藤昌介胸像の頭にもヘルメット(1969年11月)

西暦	月 日	できごと
1969	2 14	教育学部で初の学生参加による学部長選挙，砂沢喜代次教授選出(文部省は学部長発令2年延引)
	4 10	クラス反戦連合学生が入学式場の体育館封鎖(北大紛争の発端)
	4 14	堀内寿郎学長「全学に訴える」声明発表，暴力学生批判
	5 20	事務局封鎖，堀内学長軟禁(21日「大衆団交」後退去)
	5 26	事務局封鎖，6月5日北大学連・職組等が実力解除)
	5 30	教養部封鎖，教養部自治会執行部等が実力解除
	7 17	教養部長を軟禁，強制団交(19日軟禁解除)
	8 17	文系4学部封鎖(10月30日職組・院生協議会・学生自治会等が実力解除)
	9 18	教養部2年目学生授業118日ぶりに再開
	10 21	国際反戦デーで全共闘などが学内からデモ，正門付近で機動隊と衝突
	10 22	評議会が機動隊学内導入方針決定
	10 24	堀内学長が市民への謝罪文新聞掲載
	11 4	堀内学長が封鎖学生に退去勧告
	11 8	早朝に機動隊導入，事務局・教養部等封鎖解除(北大事件)
	11 10	北大病院無給医会が診療放棄スト
	11 11	反戦闘争委学生，水産学部封鎖
	12 10	教養部再封鎖
	12 16	学長・評議員出席の全教養生討論集会を体育館で開催
1970	1 4	機動隊の再導入・駐留，教養部封鎖解除
	1 5	教養部授業再開
	3 11	機動隊引上げ
1971	7 5	北大事件判決，5人に執行猶予
1980	6 25	北大寮連が新寮建設に反対し本部前集会・座り込み，定例評議会流会
1982	12 22	学生寮規則制定，寮生らが反対デモ
1984	3	恵迪寮入寮募集をめぐり大学側と寮生が対立，大学は募集停止(以後停止・再開を繰り返し1989年収束)

187

III 北大の歩み／点描

札幌農学校〜北海道大学

図書館 1876▶2001

581 東北帝国大学農科大学図書館閲覧室(1910年代)　正面に「忠孝」の掛軸，左にクラーク，右に黒田清隆の肖像画が掲げられている

582 旧図書館閲覧室(1955年頃)

583 第12次帝国大学図書館協議会①(1935年)　前列左から4人目が高岡熊雄総長，その右が上原轍三郎館長。最後列左から高倉新一郎司書官，柴田定吉司書官。東京・京都・東北・九州・北海道・京城・台北・大阪各帝国大学の図書館長や司書が顔をそろえ，館長として高柳賢三(東大)，新村出(京大)，村岡典嗣(東北大)，西山重和(九大)，鳥山喜一(京城帝大)，高木耕三(阪大)が参加している

584 図書整理作業中の図書館職員（旧図書館，1955年頃）

開拓使は，御雇外国人たちの熱心なlibrary開設の進言にしたがって洋書・和書の購入を進め，札幌農学校設置とともに図書館として整備していった。以来，図書館は北大における研究・教育の中核としての役割を担い続けている。蔵書総数は約378万冊（2001年現在）に及び，日本の大学図書館として有数の規模を誇るばかりではなく，質においても北方資料室・札幌農学校文庫・個人文庫などに多くの貴重図書・資料を所蔵している。

585　本館開架閲覧室（1980年頃）

586　本館開架閲覧室入口（1980年頃）　所蔵図書カード目録ボックス。すべての蔵書がカード目録で管理，検索利用されていた

587　本館参考資料室（2001年）1980年代後半から，図書館オンラインシステムが整備され，カード検索に代わり，コンピュータの利用が進んだ

588　北分館マルチメディア公開利用室②（2000年）　コンピュータや視聴覚機器を設置している

西暦	月 日	できごと
1876	8	この頃までに北講堂に書籍室設置
	12	書籍庫新築
1877	11	書籍庫および読書房（北講堂の雑誌・新聞縦覧所）規則制定
1888	6 10	「札幌農学校洋書目録」刊行
1889	2 10	「札幌農学校和漢書目録」刊行
1890	11	閲覧室・事務室設置
1900	2	デューイ目録規則によるカード目録作成開始
1903	6	キャンパス移転，図書館新築
1907	6 22	東北帝国大学農科大学図書館と改称
1914	9	図書館閲覧室増設
	10 20	電灯設置，夜間利用開始
1918	3 30	北海道帝国大学図書館と改称
1922	5 15	北海道帝国大学附属図書館と改称
1925	9	東側に雑誌閲覧室等設置
1926	6 15	司書官配置（～1946年3月），柴田定吉が就任
1928	7 4	第5次帝国大学図書館協議会開催
1932	5	高倉新一郎農学部助手が司書官兼任
1935	7 17	第12次帝国大学図書館協議会①開催
1947	10 1	北海道大学附属図書館と改称
1952	3 31	南側に閲覧室増設
1955	5	マイクロ撮影機で文献複写業務開始
1960		目録記載統一，印刷カード作成開始
1963	11	教養部に附属図書館分室設置
1965	6 17	図書館新営工事完了，落成式挙行
1967	1 30	附属図書館報『楡蔭』創刊
	6	北方資料室開室
1969	12 15	附属図書館教養分館開館
1971	3	北海道大学沿革資料室開設
1986	3	図書館オンラインシステム運用開始
1987	6	遡及入力事業開始（学術情報センターとの共同事業）
1992	5	オンラインCD-ROMマルチ検索サービス開始，本館・分館の土曜日開館開始
1995	4 1	教養分館を北分館と改称
	7	参考閲覧室に国際資料室（現国際資料コーナー）設置
	9	附属図書館ホームページ開設
1996	10	「北方資料データベース」公開
1997	3	本館ロビーに常設展示場開設
	4	本館の日曜日開館開始（分館は翌年）
1998	10 1	図書館報速報版『楡蔭レター』創刊
2000	4	北分館マルチメディア公開利用室②開設，文献画像伝送システム運用開始

III 北大の歩み/点描

東北帝国大学
農科大学〜
北海道大学

船舶 1909▶2001

589 初代北星丸④(1950年頃)

590 うしお丸II世⑥(1990年代)

591 くろしお1号⑦(1955年頃)

592 くろしお2号⑧(1960年頃) 現在，北海道立青函トンネル記念館(松前郡福島町)に展示

593 北星丸III世⑤

190

1907年に札幌農学校水産学科が設置されて以来、函館高等水産学校・函館水産専門学校が独立していた時代を含め、北大は日本の高等水産教育の一中心地であった。水産学には海洋での調査・研究が不可欠であるため、水産学科設置とともに忍路丸が建造された。最初の練習船忍路丸は帆船であった。現在では高性能の動力とコンピュータを搭載した船によって調査・研究を行なっている。また、船は水産学の研究・教育活動だけではなく、南千島やサハリンへの北方墓参団輸送に利用され、1997年にはおしょろ丸IV世でスラブ研究センターの船上公開セミナーを行なうなど、幅広い活動を続けている。なお、1953年に設置された特設専攻科(航海士養成課程)は96年に募集を停止し、2002年3月には北星丸廃船が決まっている。

594 初代忍路丸①(1910年代)

595 三重県鳥羽町で建造中のおしょろ丸II世②(1927年)

596 おしょろ丸IV世③(1985年頃)

区分	船名	活動期間	備考
練習船	忍路丸(初代)①	1909.2～1926.8	46 t(帆船)、1915年アムール河口でサケ・マスの流網沖採りに成功
	おしょろ丸II世②	1927.5～1962.8	471 t(帆船)、1942年汽船に改造、58年南太平洋の日食観測
	おしょろ丸III世	1962.9～1983.11	1180 t、1962年インド洋調査、72年日本船最北限点更新(北永洋北緯72度)
	おしょろ丸IV世③	1983.12～	1383 t、1988年ミクロネシア連邦海域資源調査、89年南方航海で釜山水産学校と共同研究
	北星丸(初代)④	1949.5～1956.12	105 t(旧海軍駆潜特務挺を改装)、日本海北部深海魚田調査
	北星丸II世	1957.2～1976	222 t、北西太平洋・オホーツク海におけるサケ・マス資源調査
	北星丸III世⑤	1976.10～	893 t、1980年ハワイ大学などと共同研究、87年北海道南西部沖合調査
研究調査船	うしお丸I世	1971.3～1992.5	98 t、くろしお号母船として建造、北海道近海域の調査・研究
	うしお丸II世⑥	1992.9～	128 t、高性能データ処理システムによる観測・調査・実験
深海調査艇	くろしお1号⑦	1951.8～1958	潜行中、搭乗した鈴木昇教授が「マリンスノー」の用語を生み、学術用語として定着
	くろしお2号⑧	1960.6～1971.9	1号を自走式に改造、青函トンネル地質調査

597 船舶一覧

III 北大の歩み/点描

北海道大学

国際交流 1957▶2001

598 マサチューセッツ大学との教授交換協定(1957年) クラーク博士墓前のマサチューセッツ大学教授と杉野目晴貞学長(右)

599 マサチューセッツ農科大学の紋章 1914年佐藤昌介学長が第2回日米交換教授として渡米した際,同大学同窓会より寄贈。現在は附属図書館北方資料室に保管

600 留学生センターの修了式(1998年) さまざまな国や地域からの留学生が日本語や日本文化などを学んでいる

海外の大学との交流は，創基80周年記念式典を機にマサチューセッツ大学(マサチューセッツ農科大学の後身)と相互教授交換の協定を締結してから活発化した。2001年現在，8カ国の24大学と大学間交流協定を結んでいる。また，部局間交流協定を締結している研究機関は，19の国と地域の72カ所に及んでいる。一方，北大への留学生は1978年以降急速に増加し，2001年現在，約670人が在籍している。そのうち中国人留学生が200人以上と抜きん出ており，アジアからの留学生が全体の70％を超える。留学生は留学生センターを中心に日本語・日本文化を学び，各学部・研究科等で専門分野の研究を進めている。

601 ソウル大学校との共同研究に関する覚書調印式(2000年) 李基俊ソウル大学校総長(左)と丹保憲仁総長(右)

602 留学生と小学生(幌北小学校)の交流(2000年)

603 HUSTEP(北海道大学短期留学生制度)の文化活動(2001年) 書道・茶道・華道などの活動を行なっている

604 留学生センターのひな祭り(2000年)

西暦	月 日	できごと
1957	11 2	米マサチューセッツ大学と教授交換協定締結
1958	3 29	マサチューセッツ大学から交換教授が農学部へ来学
	4 23	農学部からマサチューセッツ大学へ交換教授第1陣9名出発
1967	3	外国人留学生会館竣工
1972	12 19	米ポートランド州立大学と交流協定
1974	1 1	歯学部が米オレゴン・ヘルスサイエンス大学歯学部と北大初の部局間交流協定
1976	9 14	マサチューセッツ大学と交流協定
1981	10	日本語・日本文化研修留学生制度開始，言語文化部に日本語・日本文化研修コース開設，外国人留学生会館主催の初の留学生交流セミナー実施
1982	6 16	米コーネル大学と交流協定
1983	1 31	西独ミュンヘン大学と交流協定
1986	12 20	米アラスカ大学と交流協定
	12 26	中国の北京鋼鉄学院(現北京科技大学)と交流協定
1987	4 21	米ウィスコンシン大学マディソン校と交流協定
1991	4 12	留学生センター設置
1993	10 29	留学生センターが第1回留学生全学オリエンテーション実施
1994	7 14	留学生センター開所式
1997	8 13	加アルバータ大学と交流協定
	10 1	韓国ソウル大学校と交流協定，HUSTEP(Hokkaido University Short-Time Exchange Program)開始
1998	9 1	米オハイオ州立大学と交流協定
2000	1 5	英ウォリック大学と交流協定
	2 9	韓国の全北大学校と交流協定
	8 4	韓国の嶺南大学校と交流協定
	9 14	米レットランズ大学と交流協定
	9 18	豪アデレード大学と交流協定
	10 10	仏ストラスブール大学連合・グルノーブル大学連合と交流協定
	10 25	韓国の釜慶大学校と交流協定
2001	1 25	米ジョージタウン大学と交流協定

III 北大の歩み/点描

札幌農学校〜北海道大学

記念式典

1876▶2001

605 創立25周年①を記念した演武場（現時計台）のイルミネーション　祝賀会，遊戯会，提灯行列などが盛大に行なわれた

606 創基50周年記念式典②のため中央講堂前に設営された緑門　右手前は佐藤昌介総長

607 創基50周年を記念したクラーク博士胸像除幕式　写真中央が南鷹次郎農学部長，右から4人目が佐藤昌介総長。札幌農学校第1期生内田瀞令孫（着物の少女）が除幕を行なった

608 創基80周年記念式典③会場入口　現在の中央道路ロータリー付近

北大では，歴史の節目に記念式典を開催したほか，記念事業や，歴史を振り返り検証する企画を実施し，市民に対する構内の公開を行なってきた。25周年には時計台前で記念遊戯会を開催，50周年には初めての北大正史である『北海道帝国大学沿革史』を編纂，80周年では式典を機にマサチューセッツ大学との国際交流が深まり，100周年には百年記念会館を建設した。

創基125周年にあたる2001年前後にもさまざまな記念事業が計画された。記念ウィーク（2001年9月27日〜10月3日）には，記念式典のほか，学内や時計台での記念講演会・シンポジウム，総合博物館と附属図書館での特別展示公開，札幌農学校第二農場の臨時公開，記念施設「遠友学舎」披露，各部局主催の講演会・パネル展示などが行なわれた。また，平成ポプラ並木整備・サクシュコトニ川再生などの札幌キャンパス自然創生事業，『北大の125年』『写真集 北大125年』『北大百二十五年史』などの記念刊行物編纂事業も進められている。

609 創基80周年を記念した構内公開 白堊館（工学部）前での測量機器展示。記念事業として簾舞農場で植林も行なわれた。また国内外からの寄付により1959年にクラーク会館が建設され，国立大学初の学生会館として注目を集めた

610 北海道厚生年金会館で開催された創基100周年記念式典④ 記念事業の一環として百年記念会館の建設や『北大百年史』全4冊・『写真集 北大百年』の編纂などが行なわれた

611 除幕式直前の新渡戸稲造像の設置作業 創基120周年⑤を記念して建立された

西暦	月 日	できごと
1876	8 14	札幌農学校開校式（札幌学校第一講堂）
1901	5 14	創立25周年記念式典①（演武場）
1908	4	開学記念日を6月22日に改定
	6 22	第1回東北帝国大学農科大学紀念式
1919	3 1	北海道帝国大学創立第1回祝典
	9 11	北海道帝国大学祝日（開学記念日）を2月6日に改定
1926	5 14	北海道帝国大学創基50周年記念式典②（中央講堂）
1940	5 16	紀元2600年記念植樹（第四農場）
1955	1 19	開学記念日を8月14日，開学記念行事日を6月5日と制定
1956	5 7	簾舞農場に創基80周年記念植樹
	9 15	北海道大学創基80周年記念式典③（中央講堂）
1966	9 15	北海道大学創基90周年記念式典（クラーク会館）
1969	4 14	開学記念行事日を6月第1木曜日に改定
1976	9 15	北海道大学創基100周年記念式典④（北海道厚生年金会館）
1978	10 16	時計台創建100周年記念式典
1986	3 9	クラーク博士没後100年記念行事（米マサチューセッツ大学）
	8 7	クラーク博士没後100年記念講演会（学術交流会館）
1987	6 19	札幌同窓会創立100周年記念式典
1996	10 5	北海道大学創基120周年記念式典⑤（札幌グランドホテル）
2001	9 28	北海道大学創基125周年記念式典（札幌パークホテル）

III
北大の歩み/点描

北海道大学

文化財 1952▶2001

612 第二農場製乳所⑥(左)，釜場⑤(中)，秤量場④(右)

613 第二農場産室・追込所及び耕馬舎(モデルバーン)②
左は緑飼室(サイロ)と牧牛舎①

614 第二農場穀物庫③(右)，収穫室及び脱稃室⑦(左)

615 第二農場牧牛舎①

616 植物園博物館本館⑨(右)，バチェラー記念館⑬(左)

617 植物園博物館事務所⑩

618 植物園博物館倉庫⑪

619 苫小牧地方演習林森林記念館⑯

196

620　旧昆虫学及養蚕学教室⑭

621　旧図書館読書室・書庫⑮

622　旧演武場⑧

623　古河記念講堂⑫

624　旧マンロー邸⑰

　文化財保護法は有形文化財保護のため重要文化財と登録文化財を定めている。重要文化財は文部科学大臣(文部大臣)が重要な有形文化財として指定し，許可制等の強い規制と手厚い保護を行なうもの，登録文化財は文部科学大臣が文化財登録原簿に登録し，指導・助言・勧告を基本とする緩やかな保護措置を講じるものである。北大関係では4件14点が重要文化財に，7件7点が登録文化財になっている。

　また，札幌キャンパスはサクシュコトニ川などの水系沿いにあたり，主として続縄文文化・擦文文化の時代の竪穴住居址・土器・石器など多数が出土するため，札幌市から埋蔵文化財の指定を受けている。建物の建設予定地では北海道大学埋蔵文化財調査室が発掘調査を行ない，出土品は総合博物館に保存され，その一部が展示されている。構内北部にある，竪穴住居などが発掘された擦文文化の集落の遺構が遺跡保存庭園として公開されている。

西暦	月 日	できごと
1952		医学部児玉作左衛門教授を代表とする調査団が竪穴83基を発見，北大遺跡と命名
1957	6 3	附属植物園内博物館所蔵アイヌのまるきぶね(河沼用)，重要文化財指定
1969	8 19	北海道大学農学部(旧東北帝国大学農科大学)第二農場建物群(事務所，種牛舎，牧牛舎①，産室・追込所及び耕馬舎②，穀物庫③，秤量場④，釜場⑤，製乳所⑥，収穫室及び脱稃室⑦)，重要文化財指定
1970	6 17	旧札幌農学校演武場(時計台)⑧，重要文化財指定
1981	11	旧恵迪寮跡地付近を遺跡保存庭園として保存
1984		北大構内に札幌市埋蔵文化財「K39遺跡(北大遺跡群)」指定
1989	5 19	農学部附属植物園内建物群(博物館本館⑨，博物館事務所⑩，博物館倉庫⑪，植物園門衛所)，重要文化財指定
1994	7 1	農学部附属植物園博物館の復元工事完了，一般公開
1997	9 16	古河記念講堂⑫(旧東北帝国大学農科大学林学教室)，登録文化財に登録
2000	5 17	農学部附属博物館バチェラー記念館⑬，農学部附属植物園庁舎(旧札幌農学校動植物学教室，現宮部金吾記念館)，旧札幌農学校昆虫学及養蚕学教室⑭，旧札幌農学校図書館読書室・書庫⑮，農学部附属苫小牧地方演習林森林記念館(旧標本貯蔵室)⑯，文学部二風谷研究室(旧マンロー邸)⑰，登録文化財に登録

III 北大の歩み/点描

東北帝国大学
農科大学〜
北海道大学

胸像・記念碑 1909▶2001

626 佐藤昌介像⑱　農学校第1期生，初代総長

627 宮部金吾像③　農学校第2期生，初代植物園長

628 新渡戸稲造像㊹　農学校第2期生，初代図書館長。遠友夜学校を創設

629 南鷹次郎像④　農学校第2期生，第2代総長

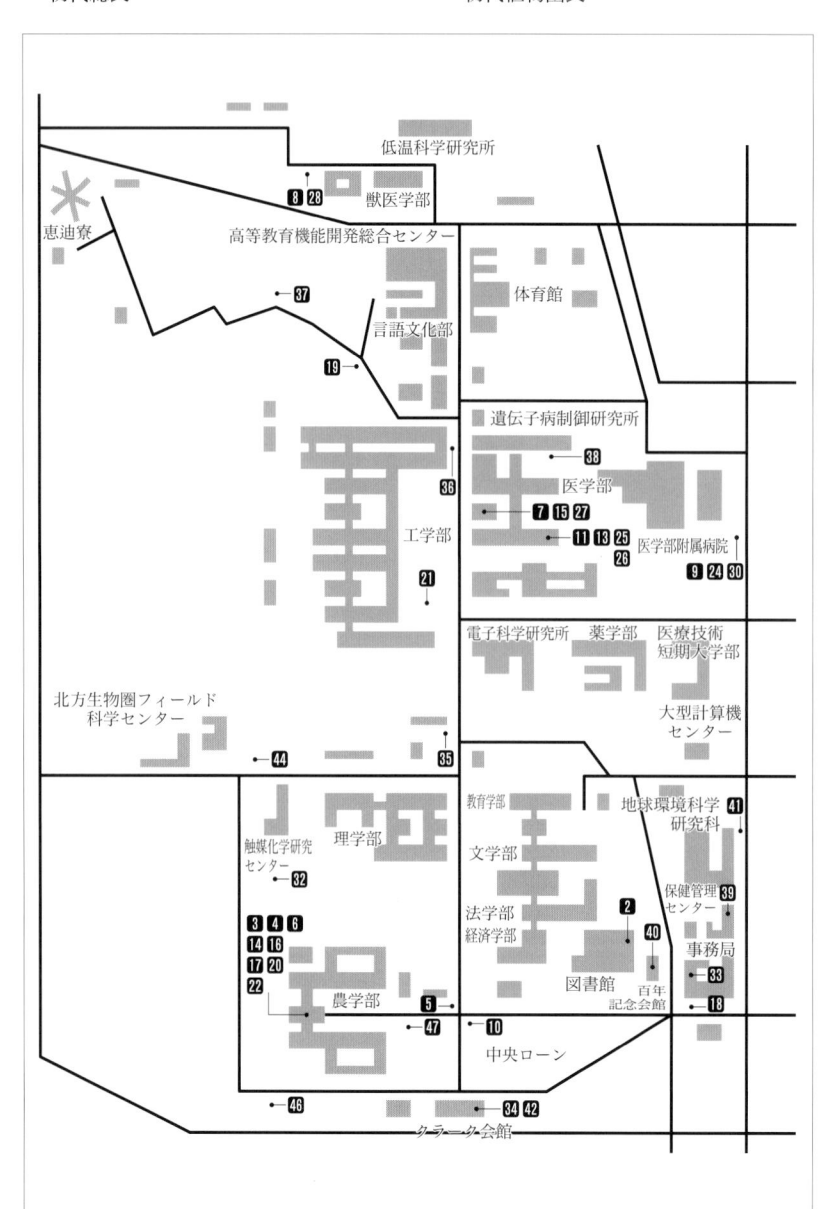

630 半澤洵像⑰　農学部長，納豆の研究で有名

625 札幌キャンパス胸像・記念碑位置図

198

631 高岡熊雄像⑳　農学校第13期生，第3代総長

632 今裕像⑪　第4代総長

633 吉町太郎一像㉑　初代工学部長

634 有馬英二像⑨　初代医学部附属医院長

635 杉野目晴貞像㊷　第7代学長。クラーク会館を建設

636 H.ヘッカー像㊵　予科・文学部のドイツ語教師として人望があった

西暦	月 日	できごと
1909	7 7	第三農場成墾記念碑①設置(1967年7月7日，東区北26東3に移設)
1926	5 14	クラーク像を中央ローンに設置
	6 29	クラーク像②設置(設置場所不明，現在は附属図書館北方資料室に展示)
1928	6 16	宮部金吾像③，南鷹次郎像④(旧農学講座玄関，1935年現在地に移設)設置
1929		廣井勇像設置(小樽公園，1999年運河公園に移設)
1932	6 25	佐藤昌介像設置
1936	6 27	青葉万六像設置(戦時中に献納)
1937	3 31	聖蹟碑⑤設置(4月29日除幕式)
1939	6 25	今裕像設置(医学部中庭，現薬学部付近)
1940	6 20	北海道農会玄関に佐藤昌介像⑥設置(同会解散後寄贈)
1941		川端孫市像設置(水産学部資料館)
1942		大野精七像⑦設置
1943		佐藤昌介像を献納
	5 25	クラーク像(中央ローン)を献納
1944		今裕像を献納
1948	7 20	畜魂碑(本体石柱)⑧設置(1964年現在地に移設)
	9 5	有馬英二像⑨設置
	10 18	クラーク像⑩再建(中央ローン)
1950	6 18	今裕像⑪再建
1951	4 16	クラーク奨学碑⑫設置(北広島市島松)
	12	永井一夫像⑬設置
1952	8 7	伊藤誠哉像⑭設置
1954	5	志賀亮像⑮設置
	10	島善鄰像⑯設置
1956	9 12	半澤洵像⑰設置
	11 14	佐藤昌介像⑱再建
1957	9 24	「都ぞ弥生」歌碑⑲設置
1958	8 15	高岡熊雄像⑳設置
1960	5 28	吉町太郎一像㉑設置
	9 20	中部謙吉像設置(旧北洋水産研究施設，1983年現在地に移設)
1961		菊池武直夫像㉒設置
1962		札幌農学校演武場跡石碑㉓設置(中央区北2西2)
	9 15	中川諭像㉔設置
1965	10 10	星野勇三先生，島善鄰先生頌徳碑設置(余市果樹園)
1966	3	山田豊治像㉕設置
1968		弘好文像㉖設置
	9	安田守雄像㉗設置
1969	10	畜魂碑石灯籠・狛犬・囲障等㉘設置
1970	10 23	「瓔珞みがく」作詞記念塔㉙設置(植物園)
1971	10	越智貞見像㉚設置
1975	6 16	N.G.マンロー顕彰碑㉛設置(北方文化研究施設二風谷分室前庭)
1976	9 14	小麦研究記念碑㉜設置
1978	2 24	事務局にクラーク像原像㉝設置
	8 18	百年記念会館，クラーク会館にクラーク像㉞設置
1979	7 4	人工雪誕生の地記念碑㉟設置
	11 23	新渡戸稲造顕彰碑設置(中央区南4東4，札幌市勤労青少年ホーム)

III 北大の歩み／点描

東北帝国大学農科大学〜北海道大学

胸像・記念碑　1909▶2001

637　クラーク奨学碑[12]　碑を訪れた杉野目晴貞学長（左）とクラークⅡ世夫妻（1956年）。クラークが離任する際，農学校生徒と別れを交わしたという島松の地に設置

638　「都ぞ弥生」の碑[43][45]　「都ぞ弥生」作歌者横山芳介の業績を記念して，横山の菩提寺長源禅院住職が設置した

639　「都ぞ弥生」歌碑[19]　歌詞は横山芳介のノートから写した筆蹟

640　人工雪誕生の地記念碑[35]　理学部教授中谷宇吉郎が1936年3月12日，雪の結晶を人工的に作ることに成功した常時低温研究室跡地に設置

641　小麦研究記念碑[32]　農学部教授木原均（のちに京都大学転出）の小麦研究を記念

642　「瓔珞みがく」作詞記念塔[29]　「都ぞ弥生」とともに北大でよく歌われる予科桜星会歌「瓔珞みがく」を記念。杉野目晴貞学長筆

643　聖蹟碑[5]除幕式（1937年4月29日）　中央は式辞を読む高岡熊雄総長，右端に佐藤昌介元総長。1936年の昭和天皇行幸を記念して設置された

644 クラーク像⑩再建除幕式(1948年) 伊藤誠哉総長が式辞を読んでいる

645 第三農場成墾記念碑① 碑銘は佐藤昌介総長と農場長南鷹次郎の筆。台座に開墾した小作人53名の氏名が刻まれている

646 畜魂碑⑧㉘ 獣医学部附属家畜病院で死亡した患畜や実験用に供された動物を慰霊するために設置

647 札幌農学校演武場跡石碑㉓

648 旧土木専門部学舎跡記念碑㊶ 土木専門部廃止後も建物は教育学部校舎，サークル会館として転用され親しまれた

649 寄宿舎跡の碑㊲ 2代目恵迪寮跡地に設置。碑銘は『恵迪寮史』のために揮毫した佐藤昌介の筆蹟，碑文は有江幹男学長

650 桑園学寮記念碑㊻ 桑園学寮に転用された旧水産学実習室跡地に設置

西暦	月日	できごと
1981	6 4	L. ベーマー設計温室跡銘板設置(中央区北3西1，ナショナルビル)
1983	8	工業教員養成所記念碑㊱設置
	9 16	寄宿舎跡の碑(旧恵迪寮)㊲設置
1984	8	おしょろ丸Ⅲ世予備大錨碑設置(函館キャンパス)
	9 11	医学部動物慰霊碑㊳設置
1985	6 4	保健管理センターにクラーク像㊴設置
1986	9 16	H. ヘッカー像㊵設置
	11 5	旧土木専門部学舎跡記念碑㊶設置
1990	10 27	杉野目晴貞像㊷設置
1992		「都ぞ弥生」の碑㊸設置(静岡市沓谷1-24-1，長源禅院)
	11	開拓使仮学校跡石碑設置(東京都港区芝公園)
1996	10 7	新渡戸稲造像㊹設置
1998	9	百年記念会館のクラーク像をマサチューセッツ大学に寄贈
1999	5	「都ぞ弥生」の碑解説碑文㊺増設
	12 2	桑園学寮記念碑㊻設置
2000		農学部水産学科講堂跡石碑㊼設置

歴代校長・学長・総長 1872▶2001

開拓使仮学校〜北海道大学

651 荒井郁之助 ①
・開拓使仮学校校長心得 1872.4〜1873.3
・開拓使五等出仕
・1836年生(幕臣)，90年初代中央気象台長

652 調所廣丈 ②
・開拓使仮学校・札幌学校校長心得，札幌農学校校長 1873.4.19〜1881.2.2
・開拓使権大書記官(校長時)
・1840年生(薩摩藩士)，札幌県令，元老院議官，貴族院議員

653 森 源三 ③
・札幌農学校校長 1881.2.3〜1886.12.28
・開拓使権少書記官
・1837年生(長岡藩士)，札幌区選出衆議院議員

654 橋口文蔵 ④
・札幌農学校校長 1888.12.11〜1891.8.15
・北海道庁三等技師
・1881年マサチューセッツ農科大学卒業，台湾台北県知事

655 佐藤昌介 ⑤
・札幌農学校校長(心得)，東北帝国大学農科大学学長，北海道帝国大学総長 1891.8.16〜1930.12.18
・農科大学農学第二講座(農政学・殖民学)
・1880年札幌農学校卒業(第1期生)

656 南 鷹次郎 ⑥
・北海道帝国大学総長 1930.12.19〜1933.12.8
・農学部農学第一講座(農学)
・1881年札幌農学校卒業(第2期生)

657 高岡熊雄 ⑦
・北海道帝国大学総長 1933.12.9〜1937.12.8
・農学部農政学講座(農業経済学)
・1895年札幌農学校卒業(第13期生)

658 今 裕 ⑧
・北海道帝国大学総長 1937.12.9〜1945.11.29
・医学部病理学第一講座(細胞学)
・1900年第二高等学校三部卒業

659 伊藤誠哉 ⑨
・北海道帝国大学総長，北海道大学総長・学長 1945.11.30〜1950.10.24
・農学部植物学第二講座(植物病理学)
・1908年東北帝国大学農科大学卒業

660 島 善鄰 ⑩
・北海道大学学長 1950.10.25〜1954.10.24
・農学部果樹・蔬菜園芸学講座(園芸学)
・1914年東北帝国大学農科大学卒業

661 杉野目晴貞 ⑪
・北海道大学学長 1954.10.25〜1966.10.24
・理学部化学科(有機化学)
・1919年東北帝国大学理科大学卒業

662 古市二郎 ⑫
・北海道大学学長 1966.10.25〜1967.2.22
・理学部高分子学科(応用高分子学)
・1934年北海道帝国大学理学部卒業

663 堀内寿郎[13]
- 北海道大学学長
  1967.5.1〜1971.4.30
- 触媒研究所（触媒化学）
- 1925年東京帝国大学理学部卒業

664 丹羽貴知蔵[14]
- 北海道大学学長
  1971.5.1〜1975.4.30
- 理学部化学科（金属化学）
- 1933年北海道帝国大学理学部卒業

665 今村成和[15]
- 北海道大学学長
  1975.5.1〜1981.4.30
- 法学部法学科（行政法学）
- 1937年東京帝国大学法学部卒業

666 有江幹男[16]
- 北海道大学学長
  1981.5.1〜1987.4.30
- 工学部機械工学科（流体工学）
- 1945年北海道帝国大学工学部卒業

667 伴 義雄[17]
- 北海道大学学長
  1987.5.1〜1991.4.30
- 薬学部薬学科（薬品製造学）
- 1945年東京帝国大学医学部卒業

668 廣重 力[18]
- 北海道大学学長・総長
  1991.5.1〜1995.4.30
- 医学部医学科（生理学）
- 1960年北海道大学大学院医学研究科修了

669 丹保憲仁[19]
- 北海道大学総長
  1995.5.1〜2001.4.30
- 工学部衛生工学科（水質工学）
- 1957年北海道大学大学院工学研究科修了

670 中村睦男[20]
- 北海道大学総長
  2001.5.1〜
- 大学院法学研究科政治学専攻（憲法学）
- 1963年北海道大学大学院法学研究科修了

掲載は就任順
- 職名，任期
- 所属（専門分野ほか）
- 出身校ほか

671 総長選挙のために集まった教授たち（1933年）　中央左は南鷹次郎前総長[6]，右は高岡熊雄新総長[7]。当初，帝国大学総長は官選制であったが，1914年の京都帝大を最初として候補者選挙制が導入された。北大では1929年「総長候補者選挙内規」が制定され，これ以降は学内の選挙により総長（学長）候補者を選出し，文部大臣（文部科学大臣）が候補者を総長（学長）として任命・発令することとなった

III
北大の歩み/点描

札幌農学校〜
北海道大学

拾遺
1876▶2001

672　北海道大学構内鉄道引込線（1955年頃）　1952〜64年の冬期間，北大で使用する石炭を輸送するSL（C 55型）が，国鉄（現JR）桑園駅から工学部北側の貯炭場までキャンパス内を走った（経路は図114参照）。写真は現在の工学部駐車場付近にあった貯炭場。ここからは馬車で運搬した

673　文字が刻まれた土師器坏片　現恵迪寮建設に先立つ1981年7月から82年9月の埋蔵文化財発掘調査の際に出土した。この場所はサクシュコトニ川沿いにあたり，擦文文化の竪穴住居址や炭化した穀物粒が発掘された。文字は「夷」ではないかとの説がある

674　予科桜星会旗　3本線に星のマークは予科の校章。遊戯会のときには優勝旗として使用された。附属図書館沿革資料展示室蔵

675　学旗　1942年制作。公募に入選した予科生永田俊郎の図案をもとに，農学部今田敬一助教授が作成した意匠。戦後長らく日の目を見なかったが，1992年9月宇宙飛行士毛利衛（元工学部助教授）がスペースシャトル・エンデバーにこの旗を携えて搭乗した。宇宙の旅より帰還してから「北大の旗」として復権，現在は総長室に保管され，入学式などの壇上に掲げられる

204

676　キャンパス内のスケート場(1960年頃)　札幌農学校時代から中央ローンを始め，キャンパス内の数カ所に野外スケート場(スケーチングポンド)が造られ，冬のスポーツとして学生・生徒たちに親しまれた。写真は医学部北側の野外スケート場での体育の授業

677　遠友夜学校の生徒たち(1900年頃)　中央は宮部金吾，背後右が校舎。1894年札幌農学校教授新渡戸稲造が貧困な子女のために設立した学校。新渡戸夫妻のほか宮部金吾，大島金太郎，有島武郎，半澤洵などの北大関係者が中心的に関わり，教師の多くも北大生が務めた。1944年に閉校。学校跡地に建設された札幌市勤労青少年ホーム(中央区南4条東4丁目)には遠友夜学校記念室が設けられている

678　札幌独立基督教会(1930年頃)　クラークを始めとする御雇外国人教師たちは，欧米の科学・技術とともに，キリスト教の教えも札幌農学校生徒たちに伝えた。多くの生徒が洗礼を受け，1881年には大島正健，宮部金吾ら農学校関係者が中心となって札幌独立基督教会を創設した。以来現在に至るまで，札幌独立基督教会はキリスト教信者の多い札幌でもひときわ異彩を放つ存在としてさまざまな活動を続けている。写真は1922年中央区大通西7丁目に建てられた煉瓦造2階建，4本のイオニア式独立円柱をもつ建物の側面。正面には'IN MEMORY OF WILLIAM S. CLARK ERECTED 1922'と銅製文字が刻まれていた。1970年に取り壊し

205

資料

部局・主要施設の変遷 1872-2001

部局・主要施設の変遷 1872▶2001

	1872	80	90	1900	10	20	30	40	50	60
	1872 仮学校 札幌学校	76 札幌農学校			07 東北帝国大学 農科大学	18 北海道帝国大学			47 49	

- 76 予科　87 予備科　89 予科
- 98 予修科　07 大学予科　23 予科
- (50 廃止) 51 一般教養部
- 49 教養学科　57 教養部
- 50 一般教養科
- 47 法文学部
- 50 文学部
- 53 法学部
- 50 法経学部
- 55 スラブ研究施設
- 53 経済学部
- 49 教育学部
- 30 理学部
  - 31 臨海実験所
  - 33 海藻研究所 — 52 海草研究施設
- 19 医学部
  - 21 附属医院 — 49 附属病院
  - 20 看護法講習科 — 45 看護婦養成施設 — 51 医学部附属看護学校
    - (21 附属医院看護法講習科) (厚生女学部)
  - 21 附属医院産婆養成所 — 47 助産婦養成所 — 52 医学部附属助産婦学校
  - 35 附属医院登別分院 — 49 附属病院登別分院
  - 56 診療エックス線技師
  - 56 温泉治療研究施設
- 24 工学部
  - 58 金属化学研
- 76 本科（専門科）　07 農科大学本科　19 農学部
  - 札幌育種場　87 所属農園 — 95 第一農場
  - 76 農校園
  - 札幌同窓会
  - 90 第一農園 — 95 第二農場
  - 90 第二農園 — 95 第三農場 — 44 烈々布農場
  - 90 第三農園 — 95 第四農場 — 44 簾舞農場
  - 90 夕張学田 — 95 第五農場 — 44 角田北農場
  - 95 第六農場 — 44 角田南農場
  - 95 第七農場 — 30 廃止 — 45 富良野農場
  - 96 第八農場 — 45 山部農場
  - 12 余市果樹園
  - 01 第一基本林 — 07 雨龍演習林
  - 02 第二基本林 — 07 天塩演習林
    - 14 天塩第一演習林 — 27 天塩演習林 — 28 天塩第一演習林
    - 14 天塩第二演習林 — 28 天塩第二演習林
  - 12 トイカンベツ演習林
  - 04 苫小牧村森林 — 07 苫小牧演習林
  - 13 樺太演習林 — 45 接収
  - 13 朝鮮演習林 — 45 接収
  - 16 台湾演習林 — 45 接収
  - 25 和歌山演習林
  - 56 檜山演習林

	70	80	90	2000	2001

北海道大学

95 高等教育機能開発総合センター

(95 廃止)

2000 文学研究科・文学部
66 北方文化研究施設 ——————————————— 95 廃止
2000 法学研究科・法学部
(78 スラブ研究センターに改組) ——— 2000 高等法政教育研究センター ———
2000 経済学研究科・経済学部
2000 教育学研究科・教育学部
78 乳幼児発達臨床センター ———————
95 理学研究科・理学部
(01 北方生物園フィールド科学センターに改組)
68 海藻研究施設 ———————————————————
66 浦河地震観測所
70 襟裳岬 - 72 えりも地殻変動観測所
　地殻変動観測所
72 札幌地震観測所 ——————————— 98 地震火山研究観測センター ———
76 地震予知観測地域センター
77 有珠火山観測所
79 海底地震観測施設
69 動物染色体研究施設 ————————————
(01 先端科学技術共同研究センターに改組)
2000 医学研究科・医学部
——— 83 廃止(医療技術短期大学部に改組)
——— 85 廃止(医療技術短期大学部に改組) ————— 96 廃止
69 診療放射線技師学校 ——— 86 廃止(医療技術短期大学部に改組)
—— 94 廃止
病理研究施設 - 69 癌研究施設 ——————————————— 2000 廃止(遺伝子病制御研究所に改組)
66 衛生検査技師学校 - 72 臨床検査技師学校 ——— 84 廃止(医療技術短期大学部に改組)
72 動物実験施設
67 歯学部 | 2000 歯学研究科・歯学部
67 附属病院
55 薬学部 | 98 薬学研究科・薬学部
76 薬用植物園 ———————
97 工学研究科・工学部
—— 94 廃止
75 石炭系資源実験施設 — 82 廃止
78 直接発電実験施設 ——— 88 廃止
88 先端電磁流体 — 94 廃止
　実験施設
99 農学研究科・農学部
(01 北方生物園フィールド科学センターに改組)
71 学内農場 ———————
80 廃止
77 廃止
77 廃止
77 廃止
81 廃止
75 富良野農場へ整理替
(01 北方生物園フィールド科学センターに改組)
桐龍地方演習林 (01 北方生物園フィールド科学センターに改組)
川地方演習林 (01 北方生物園フィールド科学センターに改組)
塩地方演習林 (01 北方生物園フィールド科学センターに改組)
苫小牧地方演習林 (01 北方生物園フィールド科学センターに改組)
歌山地方演習林 (01 北方生物園フィールド科学センターに改組)
山地方演習林

部局・主要施設の変遷 1872▶2001

部局・主要施設の変遷 1872-2001

年	1872	80	90	1900	10	20	30	40	50	60

- 1872-76 仮学校・札幌学校
- 76-07 札幌農学校
- 07-18 東北帝国大学農科大学
- 18-47 北海道帝国大学
- 49-

施設
- 86 植物園 ——
- 84 博物館 ——
- 12 家畜病院 ——（53 獣医学部附属家畜病院に改組）
- 52 獣医学部
- 53 家畜病院
- 49 水産学部
- 49 練習船おしょろ丸II世
- 49 練習船北星丸 —— 57 練習船北星丸
- 49 洞爺臨湖実験所
- 49 養魚実習場
- 49 忍路臨海実験所

研究所
- 41 低温科学研究所
- 43 超短波研究所　46 応用電気研究所
- 43 触媒研究所
- 50 結核研究所
- 37 北方文化研究室

実科・専門部
- 97 土木工学科　18 土木専門部　（49 室蘭工業大学に包括）（50 廃止）
- 07 水産学科　18 水産専門部　35 函館高等水産学校　（49 水産学部に包括）（54 廃止）
- 44 函館水産専門学校
- 09 練習船忍路丸 —— 27 練習船おしょろ丸II世 ——（49 水産学部へ配置換）
- 08 忍路臨海実験所 ——（35 本部、40 農学部水産学科、49 水産学部へ配置換）
- 36 洞爺臨湖実験所（49 水産学部へ配置換）
- 40 養魚実習場（49 水産学部へ配置換）
- 87 農芸伝習科　99 農芸科（09 廃止）
- 07 農学実科　45 農林専門部（51 廃止）
- 99 森林科　10 林学実科
- 05 林学科
- 39 臨時附属医学専門部（50 廃止）
- 44 医学専門部

事務・図書
- 94 事務機構 —— 45 事務局
- 45 学生部 ——
- 59 庶務部
- 59 経理部
- 76 書籍室書籍庫(書籍館)　95 図書館　22 附属図書館

牧場・農場
- 50 日高実験農場 — 53 牧場 ——

	70	80	90	2000	2001

北海道大学

(01 北方生物圏フィールド科学センターに改組)

畜農科学研究施設 ──── 92 廃止

95 獣医学研究科・獣医学部

2000 水産科学研究科・水産学部

船おしょろ丸III世（64 研究施設）──── 83 練習船おしょろ丸IV世
研究施設）──── 76 練習船北星丸III世
北洋水産研究施設 ──── 95 廃止
66 洞爺湖臨湖実験所
66 七飯養魚実習施設
70 白尻水産実験所
(71 学内共同利用施設に改組)

(01 北方生物圏フィールド科学センターに改組)

81 言語文化部
77 環境科学研究科　　93 地球環境科学研究科
2000 国際広報メディア研究科

流水研究施設
92 電子科学研究所
73 電子計測開発施設
89 触媒化学研究センター
74 免疫科学研究所　　(2000 遺伝子病制御研究所に改組)
76 免疫動物実験施設　　(2000 疾患モデル動物実験施設に改組)
(66 廃止)
2000 遺伝子病制御研究所
2000 疾患モデル動物実験施設
2000 ウイルスベクター開発センター
78 スラブ研究センター
70 大型計算機センター
78 アイソトープ総合センター
79 機器分析センター
81 実験生物センター
85 遺伝子実験施設
(01 先端科学技術共同研究センターに改組)
91 留学生センター
91 量子界面エレクトロニクス研究センター　01 量子集積エレクトロニクス研究センター
94 エネルギー先端工学研究センター
96 先端科学技術共同研究センター
79 情報処理教育センター　　99 情報メディア教育研究総合センター
99 総合博物館
01 北方生物圏フィールド科学センター
72 保健管理センター
72 体育指導センター

95 学務部
95 総務部

支部
69 教養分館 ──── 95 北分館
80 医療技術短期大学部

収録写真・図版一覧

口　絵

01　正門門灯
02　農学部時計塔内の電動鐘
03　農学部正面玄関扉
04　農学部脇玄関
05　旧昆虫学及養蚕学教室基礎換気口
06　第二農場製乳所基礎換気口
07　理学部本館(総合博物館)外壁
08　第二農場製乳所正面窓
09　文系共同講義棟(軍艦講堂)外壁
10　第二農場事務所玄関屋根
11　古河講堂(旧林学教室)正面破風持送り
12　植物園博物資料展示施設本館玄関車寄せの支柱と持送り
13　第二農場モデルバーン外壁西面
14　第二農場穀物庫外壁
15　第二農場モデルバーン外壁南面
16　植物園博物資料展示施設本館玄関車寄せ
17　古河講堂(旧林学教室)正面中央2階窓
18　農学部本館時計塔正面
19　第二農場竃場(釜場)正面窓
20　旧札幌農学校演武場(札幌時計台)玄関屋根頂部飾
21　工学部材料・化学系棟渡廊下
22　第二農場牧牛舎外壁西面
23　第二農場牧牛舎正面
24　第二農場竃場(釜場)上部窓
25　古河講堂(旧林学教室)階段室踊場の明かり採り窓
26　古河講堂(旧林学教室)玄関ホール欄間
27　理学部本館(総合博物館)階段室アインシュタインドーム頂部
28　旧札幌農学校図書館閲覧室側面窓
29　古河講堂(旧林学教室)窓
30　農学部本館4階階段室手摺
31　医学部図書館ステンドグラス
32　理学部二号館ステンドグラス
33　植物園宮部金吾記念館階段側板
34　第二農場サイロ屋根構造
35　理学部二号館階段部分
36　農学部本館4階の螺旋階段
37　古河講堂(旧林学教室)階段
38　植物園博物資料展示施設本館階段
39　農学部本館会議室照明
40　理学部本館(総合博物館)玄関車寄せ部分
41　工学部材料・化学系棟玄関ホール
42　学術交流会館2階ロビー壁面
43　農学部本館大講堂講壇額縁部分
44　農学部本館大講堂講壇脇グリル
45　農学部本館会議室洗面台
46　農学部本館大講堂持送り
47　農学部本館大講堂講壇額縁持送り
48　農学部本館会議室梁端
49　植物園旧事務所玄関屋根の持送り
50　旧札幌農学校演武場(札幌時計台)玄関車寄せ部分
51　クラーク像台座のハスレリーフ
52　理学部本館(総合博物館)3階階段室装飾(ヒマワリ)
53　理学部本館(総合博物館)3階階段室装飾(フクロウ)
54　理学部本館(総合博物館)3階階段室装飾(コウモリ)
55　理学部本館(総合博物館)3階階段室装飾(果物)
56　農学部本館大講堂時計(短針、長針は失われている)
57　農学部本館正面階段室梁装飾
58　農学部本館学部長室梁装飾
59　植物園旧事務所事務室天井中心装飾
60　農学部本館会議室時計
61　札幌キャンパスと植物園(2001年8月)
62　第一農場(中央区北11条西14丁目「カーサ桑園」屋上から東を望む)
63　構内南部の展望(北区北8条西4丁目「東横イン札幌北大前」屋上から西を望む)
64　構内西部の展望(医学部附属病院屋上から西を望む)
65　ポプラ並木と花木園(手前)の眺望(理学部五号館屋上から北西を望む)
66　イチョウ並木の眺望(北区北13条西4丁目「札幌クラークホテル」屋上から西を望む)
　　口絵01〜66, 2001年　Studio You撮影　沿革資料室蔵
67　函館・水産学部キャンパス(背景は函館山)　1998年頃　沿革資料室蔵

I　札幌キャンパスの125年

001　旧札幌農学校演武場(札幌時計台)の時計文字盤　2001年　中央区北1条西3丁目MNビル4階普門エンタープライズ㈱から　池上重康撮影・提供
002　旧札幌農学校平面図(1880年, 沿革資料展示室)　2001年　㈱サンコー撮影　沿革資料室蔵
003　1901年頃の札幌農学校配置図　『札幌農学校一覧』(1902年)所収「札幌農学校略図」より池上重康作成
004　開校当日の札幌農学校　1876年　沿革資料室蔵
005　札幌学校開校時の講堂　1875年　沿革資料室蔵
006　演武場開業式　1878年　沿革資料室蔵
007　演武場設計図と仕様説明(北方資料室)　1976年　沿革資料室蔵
008　時計塔設置後の演武場と寄宿舎　1880年代　沿革資料室蔵
009　男生徒寄宿所絵図面　北方資料室蔵
010　Plan of the Sapporo Agricultural College Garden & Arboretum, "Fourth Annual Report of the Sapporo Agricultural College, Japan for 1879-1880"　附属図書館蔵
011　樹木園から見た寄宿舎裏手　1876年頃　沿革資料室蔵
012　移転直前の農学校図書館　1903年　沿革資料室蔵
013　北西側から見た校舎　1890年頃　三嶋常盤撮影　沿革資料室蔵
014　札幌農学校図(1882年)　開拓使『北海道志』巻27(1884年)　附属図書館蔵
015　1906年頃の配置図　施設部蔵配置図より池上重康・角哲作成
016　農学教室　『東宮殿下行啓記念』(1911年)　北方資料室蔵
017　農学教室正面図　施設部蔵
018　農学教室附属温室　『東北帝国大学農科大学写真帖 行啓記念』(1911年)(以下、『農科大学写真帖』と略)　沿革資料室蔵
019　農学教室附属温室内部　『農科大学写真帖』(1911年)　沿革資料室蔵
020　農学教室附属グラスハウス　『農科大学写真帖』(1911年)　沿革資料室蔵
021　農学教室附属グラスハウス内部　『農科大学写真帖』(1911年)　沿革資料室蔵
022　水産学教室と動植物学教室　1908年　沿革資料室蔵
023　動植物学教室附属植物腊葉室内部　1910年代　沿革資料室蔵
024　動植物学教室附属植物腊葉室設計図　施設部蔵
025　動植物学教室附属植物腊葉室階段詳細図　施設部蔵
026　昆虫学及養蚕学教室　『農科大学写真帖』(1911年)　沿革資料室蔵
027　農芸化学教室竣工記念　1903年　榎本撮影　北方資料室蔵
028　農業経済学及農政学教室　『農科大学写真帖』(1911年)　沿革資料室蔵
029　瓦斯製造所設計図　施設部蔵
030　図書館読書室と書庫　1911年頃　沿革資料室蔵
031　図書館読書室内部　藤島隆提供
032　水産学教室　『農科大学写真帖』(1911年)　沿革資料室蔵
033　正門・中門設計図　施設部蔵
034　門衛所設計図　施設部蔵
035　寄宿舎　1908年　『農科大学写真帖』(1911年)　沿革資料室蔵

036 東北帝国大学農科大学建物図(1910年)　経理部蔵
037 1914年頃の配置図　施設部蔵配置図より池上重康・角哲作成
038 水産化学実験室　『東北帝国大学農科大学水産学科創立十周年記念写真帖』(1917年)(以下,『水産学科記念写真帖』と略)　沿革資料室蔵
039 水産学実習室　『水産学科記念写真帖』(1917年)　沿革資料室蔵
040 水産学実習室製缶室内部　1909年頃　沿革資料室蔵
041 農学科硝子室詳細図　施設部蔵
042 農学科硝子室立面図　施設部蔵
043 林学教室背面図・側面図　施設部蔵
044 林学教室玄関ホール仕切扉姿図　施設部蔵
045 林学教室正面玄関廻り詳細図　施設部蔵
046 畜産学科獣医学実験室及病室　1962年　沿革資料室蔵
047 畜産学教室　1913年頃　「北大アルバム9」　沿革資料室蔵
048 畜産学教室玄関詳細図　施設部蔵
049 新築間もない林学教室　1910年　榎本撮影　北方資料室蔵
050 予科及実科教室　『農科大学写真帖』(1911年)　沿革資料室蔵
051 1918年の配置図　施設部蔵配置図より池上重康・角哲作成
052 農科大学　『農科大学写真帖』(1911年)　沿革資料室蔵
053 新築間もない中央講堂　『北海道帝国大学医学部開学記念アルバム』(1922年)(以下,『医学部開学記念』と略)　沿革資料室蔵
054 中央講堂立面図　施設部蔵
055 石造の橋と欄干　1910年代　沿革資料室蔵
056 札幌同窓会館　1969年　工学部建築計画学講座蔵
057 札幌同窓会館正面図　経理部蔵
058 応用菌学教室実験風景　『農科大学写真帖』(1911年)　沿革資料室蔵
059 森岡史郎が描いたキャンパス(1928年,農学部長室)　2001年　Studio You撮影　沿革資料室蔵
060 北海道帝国大学平面図(1918年頃,沿革資料展示室)　2000年　(株)サンコー撮影　沿革資料室蔵
061 1922年の配置図　施設部蔵配置図より池上重康・角哲作成
062 医学部附属医院本館　1930年頃　写真アルバム『北海道帝国大学』　沿革資料室蔵
063 北13条門から望む医院本館　『第四回卒業記念北海道帝国大学医学部』(1929年)(以下,『第四回卒業記念』と略)　医学部同窓会蔵
064 医学部基礎科　『第四回卒業記念』(1929年)　医学部同窓会蔵
065 医学部基礎科教室群　『医学部開学記念』(1922年)　沿革資料室蔵
066 水産専門部水産学実習室　"College of Fishery Hokkaido Imperial University"(1930年)　北水同窓会蔵
067 医学部病理細菌衛生学教室　『医学部開学記念』(1922年)　沿革資料室蔵
068 北海道帝国大学正門　『北海道帝国大学農学部第二回卒業記念写真帖』(1919年)　沿革資料室蔵
069 寄宿舎(恵迪寮)　1930年頃　写真アルバム『北海道帝国大学』　沿革資料室蔵
070 寄宿舎設計図　施設部蔵
071 1928年の配置図　施設部蔵配置図より池上重康・角哲作成
072 北西から見た工学部　1926年頃　沿革資料室蔵
073 前庭から見た工学部本館　1926年頃　沿革資料室蔵
074 工学部玄関前での土木工学科学生　1929年頃　沿革資料室蔵
075 医学部附属医院全景　1935年　写真アルバム『北海道帝国大学』　沿革資料室蔵
076 医学部附属医院事務所　1925年頃　『写真集 医学部六十年の歩み』(1983年)(以下,『医学部六十年』と略)　沿革資料室蔵
077 医学部附属医院手術室　1930年頃　写真アルバム『北海道帝国大学』　沿革資料室蔵
078 医学部学生集会所　医学部第一期会『北海道帝国大学卒業記念』(1926年)　医学部同窓会蔵
079 医学部薬物学実験室立面図　施設部蔵
080 鉄筋コンクリート造の図書館書庫　1930年頃　写真アルバム『北海道帝国大学』　沿革資料室蔵
081 農産製造学実験室と農学部実験室　1930年頃　写真アルバム『北海道帝国大学』　沿革資料室蔵
082 学生生徒控所　工学部建築計画学講座蔵
083 1934年の配置図　施設部蔵配置図より池上重康・角哲作成
084 理学部本館階段のアインシュタインドーム　土佐林義雄撮影『北海道帝国大学写真』(1937年)　沿革資料室蔵
085 理学部背面　土佐林義雄撮影『北海道帝国大学写真』(1937年)　沿革資料室蔵
086 理学部本館南東面　『北海道帝国大学医学部第七期卒業記念』(1932年)　医学部同窓会蔵
087 医学部附属医院伝染病室　土佐林義雄撮影『北海道帝国大学写真』(1937年)　沿革資料室蔵
088 医学部附属医院伝染病室日光浴室　『北海道帝国大学医学部卒業記念第十一期会』(1936年)　医学部同窓会蔵
089 医学部附属医院製剤室　『北海道帝国大学年鑑』(1933年)　沿革資料室蔵
090 営繕課事務所　『北海道帝国大学年鑑』(1934年)　沿革資料室蔵
091 医学部附属医院第二外科研究室　『北海道帝国大学年鑑』(1933年)　沿革資料室蔵
092 医学部附属医院外来応急診療所　『北海道帝国大学年鑑』(1933年)　沿革資料室蔵
093 土木専門部本館　1932年頃　沿革資料室蔵
094 1943年の配置図　施設部蔵配置図より池上重康・角哲作成
095 新旧の農学部本館　土佐林義雄撮影『北海道帝国大学写真』(1937年)　沿革資料室蔵
096 大学正門　土佐林義雄撮影『北海道帝国大学写真』(1937年)　沿革資料室蔵
097 建て替えられた予科教室　工学部建築計画学講座蔵
098 農学部本館　土佐林義雄撮影『北海道帝国大学写真』(1937年)　沿革資料室蔵
099 実現しなかった農学部本館計画案　施設部蔵
100 農学部改築第壱期平面　『北海道帝国大学年鑑』(1932年)　沿革資料室蔵
101 超短波研究室　沿革資料室蔵
102 図書館書庫　藤島隆提供
103 常時低温研究室　山崎敏晴提供
104 山下生化学研究室　工学部建築計画学講座蔵
105 低温科学研究所　1943年　沿革資料室蔵
106 1947年の配置図　施設部・経理部蔵配置図より池上重康・角哲作成
107 戦争末期の構内耕作　1944年頃　沿革資料室蔵
108 低温科学研究所の収穫記念　1944年頃　沿革資料室蔵
109 北方結核研究所本館　1945年頃　沿革資料室蔵
110 学内防火施設配置図(1944年)　経理部蔵
111 防空壕建設の様子　1944年頃　沿革資料室蔵
112 理学部本館南側の防空壕　1944年頃　沿革資料室蔵
113 札幌キャンパス南東部計画施設配置図(1975年)　『長期計画図』(1975年)　施設部蔵
114 1959年の配置図　施設部蔵配置図より池上重康・角哲作成
115 図書館閲覧室　1965年　沿革資料室蔵
116 農学部本館俯瞰　1970年代　施設部蔵
117 解体中の農芸化学教室　1955年頃　沿革資料室蔵
118 工学部建築工学科教室実験室　1956年　工学部建築計画学講座蔵
119 取り壊される皮膚泌尿科病室　1953年　『医学部六十年』(1983年)　沿革資料室蔵
120 旧畜産学教室とサクシュコトニ川　1950年頃　永野拓也提供
121 クラーク会館ロビー　1960年頃　総務部蔵
122 竣工間近のクラーク会館　1958年　沿革資料室蔵
123 旧病棟群に姿を現わした新病棟　1957年　『医学部六十年』(1983年)　沿革資料室蔵
124 看護学校教室　1970年頃　『医学部六十年』(1983年)　沿革資料室蔵
125 教育学部幼児園舎　1950年代　沿革資料室蔵
126 1965年の配置図　施設部蔵配置図より池上重康・角哲作成

211

| 127 | 竣工間もない雨天体操場　1963年頃　総務部蔵
| 128 | 北から見た教養部E棟　1970年代　総務部蔵
| 129 | 医学部附属病院全景　1976年　沿革資料室蔵
| 130 | 工学部精密・電子・金属工学科教室実験室　1990年頃　施設部蔵
| 131 | 教育学部幼児園の運動会　1963年頃　沿革資料室蔵
| 132 | 理学部周辺　1983年　施設部蔵
| 133 | 獣医学部施設　1970年頃　総務部蔵
| 134 | 竣工後の附属図書館　1966年　沿革資料室蔵
| 135 | 応用電気研究所研究棟北面　1975年頃　総務部蔵
| 136 | 獣医学部教室実験室　1965年頃　総務部蔵
| 137 | 1971年の配置図　施設部蔵配置図より池上重康・角哲作成
| 138 | 工学部本館　1976年　沿革資料室蔵
| 139 | 文系校舎　1975年頃　総務部蔵
| 140 | 文系共同講義棟　1971年　総務部蔵
| 141 | 歯学部附属病院　1970年頃　総務部蔵
| 142 | 外国人留学生会館　1970年頃　施設部蔵
| 143 | 医学部附属看護学校　1976年　沿革資料室蔵
| 144 | 学生部　1991年　施設部蔵
| 145 | 大型計算機センター南東面　1970年頃　施設部蔵
| 146 | 医学部基礎医学管理棟　1976年　沿革資料室蔵
| 147 | 医学部図書館　1991年頃　施設部蔵
| 148 | 薬学部　1991年頃　施設部蔵
| 149 | 教養部S棟(講義棟)東面　1991年頃　施設部蔵
| 150 | 附属図書館教養分館　1975年頃　総務部蔵
| 151 | 教養部福利厚生会館(北大生協教養店)　1994年　施設部蔵
| 152 | 低温科学研究所管理・研究棟　1975年　沿革資料室蔵
| 153 | スポーツ・トレーニングセンター　1970年代　施設部蔵
| 154 | 馬術部厩舎北東面　1991年　施設部蔵
| 155 | 1980年の配置図　施設部蔵配置図より池上重康・角哲作成
| 156 | 環境科学研究科　1980年　経理部蔵
| 157 | 理学部三号館　1972年　施設部蔵
| 158 | 医学部附属動物実験施設　1991年頃　施設部蔵
| 159 | 冬の百年記念会館　1977年　今村ミチ寄贈
| 160 | 教養部武道場　1991年　施設部蔵
| 161 | 中央食堂　1989年　施設部蔵
| 162 | アイソトープ総合センター　1979年　施設部蔵
| 163 | 大型計算機センター　1970年頃　施設部蔵
| 164 | 附属図書館教養分館　1991年　施設部蔵
| 165 | 第一サークル会館の火災　1979年　総務部蔵
| 166 | 有害廃液燃焼処理装置施設内部　1994年　施設部蔵
| 167 | 歯学部基礎臨床研究棟・講堂　1990年頃　施設部蔵
| 168 | 納骨堂　1991年頃　施設部蔵
| 169 | 1985年の配置図　施設部蔵配置図より池上重康・角哲作成
| 170 | 学術交流会館　1985年　沿革資料室蔵
| 171 | 医療技術短期大学部東面　1982年　経理部蔵
| 172 | 医学部附属病院中央診療棟　1991年　施設部蔵
| 173 | 女子寮(霜星寮)　1984年　施設部蔵
| 174 | 理学部実験生物センター　1982年頃　施設部蔵
| 175 | サークル会館東面　1981年頃　施設部蔵
| 176 | サークル会館の大レリーフ　1981年頃　施設部蔵
| 177 | 男子学生寮(恵迪寮)　1985年頃　北海道大学図書刊行会提供
| 178 | 演習林実験研究棟北面　1991年頃　施設部蔵
| 179 | 薬学部薬用植物園温室南面　1991年頃　施設部蔵
| 180 | 1994年の配置図　施設部蔵配置図より池上重康・角哲作成
| 181 | 理学部二号館ステンドグラス　1994年　沿革資料室蔵
| 182 | 理学部二号館　1994年　沿革資料室蔵
| 183 | 工学部材料・化学系棟　1994年　施設部蔵
| 184 | 高層化された医学部附属病院全景　1992年　沿革資料室蔵
| 185 | 医学部附属病院外来診療棟受付ホール　1988年　沿革資料室蔵
| 186 | 理学部遺伝子実験施設　1986年　沿革資料室蔵
| 187 | 留学生センター　1994年頃　沿革資料室蔵

| 188 | 留学生センター内部　1994年頃　施設部蔵
| 189 | 言語文化部　1986年頃　施設部蔵
| 190 | 農学部共同実験棟　1994年　施設部蔵
| 191 | 構内環境整備(中央ローン)　1996年　施設部蔵
| 192 | 学生部プール　1992年　施設部蔵
| 193 | 山岳館　1994年　施設部蔵
| 194 | 廣田剣道場内部　1998年　施設部蔵
| 195 | 構内環境整備(大野池)　1994年頃　施設部蔵
| 196 | ポプラ会館　1988年　施設部蔵
| 197 | 構内環境整備(案内板と街路灯)　1994年　経理部蔵
| 198 | 構内環境整備(案内板)　1994年　経理部蔵
| 199 | 構内環境整備(注意標識)　1996年　経理部蔵
| 200 | 2001年の配置図　施設部蔵配置図より池上重康・角哲作成
| 201 | ファカルティハウス・エンレイソウ　1995年　沿革資料室蔵
| 202 | 総合博物館　2001年　Studio You撮影　沿革資料室蔵
| 203 | 総合博物館の内部展示　2001年　Studio You撮影　沿革資料室蔵
| 204 | 大学院地球環境科学研究科東面　2000年　経理部蔵
| 205 | 医学部看護婦宿舎　1995年　沿革資料室蔵
| 206 | 薬学部管理・研究棟　1996年頃　沿革資料室蔵
| 207 | 医学部附属病院中央診療棟　1997年頃　沿革資料室蔵
| 208 | 理学部五号館北面　1999年　経理部蔵
| 209 | ベンチャービジネス・ラボラトリー　1996年　沿革資料室蔵
| 210 | 工学部情報エレクトロニクス系研究棟北西面　2000年　経理部蔵
| 211 | 工学部材料・化学系南棟　1995年　沿革資料室蔵
| 212 | 国際交流会館　1997年　施設部蔵
| 213 | 構内北部の全景　2001年　Studio You撮影　沿革資料室蔵
| 214 | 環状通エルムトンネル東口　2001年　前田次郎撮影　沿革資料室蔵
| 215 | 遠友学舎　2001年　Studio You撮影　沿革資料室蔵
| 216 | 授乳所　1999年　施設部蔵
| 217 | はるにれ(学生食堂)　1998年　施設部蔵
| 218 | 情報教育館・放送大学北海道学習センター　2000年　経理部蔵
| 219 | 高等教育機能開発総合センター　2001年　Studio You撮影　沿革資料室蔵
| 220 | 先端科学技術共同研究センター　1998年　沿革資料室蔵
| 221 | 獣医学部動物舎　1995年　沿革資料室蔵
| 222 | 獣医学部研究棟　1996年　沿革資料室蔵

II　函館キャンパスと部局附属施設

| 223 | おしょろ丸III世予備大錨　2000年　井上高聡撮影　沿革資料室蔵
| 224 | TRAINING SHIP "OSHORO MARU" GENERAL ARRANGEMENT(1926年頃, 水産学部水産資料館)　2001年　Studio You撮影　沿革資料室蔵
| 225 | 1949年の函館高等水産学校配置図　施設部蔵配置図より池上重康作成
| 226 | 函館キャンパス俯瞰　1957年　北水同窓会蔵
| 227 | 本館正面　沿革資料室蔵
| 228 | 訓育寮　沿革資料室蔵
| 229 | 化学細菌学実験室　北水同窓会蔵
| 230 | 製造実習工場横での実習風景　沿革資料室蔵
| 231 | 製造実習工場内部　北水同窓会蔵
| 232 | 「高水」のマークが入った缶詰　北水同窓会蔵
| 233 | 北晨寮　北水同窓会蔵
| 234 | おしょろ丸II世進水式　1926年　北水同窓会蔵
| 235 | おしょろ丸II世のサロン　1927年　北水同窓会蔵
| 236 | 構内にあった土俵　北水同窓会蔵
| 237 | 遠洋漁業教室　1941年　『北大水産学部七十五年史』(1982年)　附属図書館蔵
| 238 | 2001年の函館キャンパス配置図　施設部蔵配置図より池上重康作成
| 239 | 水産学部旧本館　北水同窓会蔵
| 240 | 水産学部標本室　1962年　水産学部水産資料館蔵

241	魚類標本室内部展示　水産学部水産資料館蔵		293	農芸伝習科生徒寄宿舎　1897年頃　沿革資料室蔵
242	増築なった水産資料館　1991年頃　施設部蔵		294	第一農場配置図(1929年)　施設部蔵配置図より池上重康・角哲作成
243	管理研究棟　1970年代　総務部蔵		295	試作園越しに見た第一農場諸施設　沿革資料室蔵
244	第二研究棟　1991年頃　施設部蔵		296	大学本部　『東北帝国大学農科大学一覧』(1914年)　沿革資料室蔵
245	体育館　1991年頃　施設部蔵		297	第一農場内にあったエルムの鐘　1958年　佐野善一郎撮影・提供
246	水産学部所有船舶　1982年　北水同窓会蔵		298	試作園における農耕馬2頭引による耕作　1920年代　沿革資料室蔵
247	実験研究棟　1991年頃　施設部蔵		299	西端から望んだ第一農場　1930年頃　写真アルバム『北海道帝国大学』　沿革資料室蔵
248	北洋水産研究館　1991年頃　施設部蔵		300	養蚕室南面　沿革資料室蔵
249	水産実習工場　1991年頃　施設部蔵		301	養蚕室移築之図　施設部蔵
250	図書館　1991年頃　施設部蔵		302	中央道路沿いのポプラと第一農場　1958年　佐野善一郎撮影・提供
251	プロムナード(親水公園)　1994年頃　施設部蔵		303	牛馬舎,牛舎附属緑飼室,牛乳取扱室　"College of Fishery Hokkaido Imperial University"(1930年)　北水同窓会蔵
252	福利厚生会館(北大生協水産学部店)　1991年頃　施設部蔵		304	穀物庫　1930年頃　写真アルバム『北海道帝国大学』　沿革資料室蔵
253	講義棟　1991年　施設部蔵		305	製乳所設計図　施設部蔵
254	大型水理実験水槽室　1991年頃　施設部蔵		306	ポプラ並木　1930年代　北方資料室蔵
255	北海道帝国大学博物館及農科大学植物園平面図(1918年頃,沿革資料展示室)　2000年　㈱サンコー撮影　沿革資料室蔵		307	演習林苗圃　1909年頃　沿革資料室蔵
256	1918年の植物園配置図　『北海道帝国大学一覧』(1918年)所収「北海道帝国大学平面図」より池上重康調整		308	農場の馬耕風景　1903年　沿革資料室蔵
257	幽庭湖　沿革資料室蔵		309	農学部本館高塔から見た第一農場全景　1937年　北方資料室蔵
258	博物場　1892年頃　沿革資料室蔵		310	札幌キャンパス南端の果樹園　"College of Fishery Hokkaido Imperial University"(1930年)　北水同窓会蔵
259	札幌博物場出来容図(1882年)　『重要文化財 北海道大学農学部植物園・博物館保存修理工事報告書』(1996年)　北方資料室蔵		311	試験園から見た農学部　1903年　『北海道帝国大学農学部卒業記念写真帖』(1926年)　沿革資料室蔵
260	博物館内部展示　『澄宮殿下本学御成写真帖』(1932年)　沿革資料室蔵		312	第二農場配置図(1909年)　施設部蔵配置図より池上重康調整
261	東北帝国大学農科大学植物園門及柵之図　施設部蔵		313	西5丁目通から見た第二農場　1900年頃　沿革資料室蔵
262	勧業課内温室絵図　北方資料室蔵		314	模範家畜房と玉蜀黍庫　1878年　沿革資料室蔵
263	旧札幌農学校平面図(部分,1882年,沿革資料展示室)　2000年　㈱サンコー撮影　沿革資料室蔵		315	農校園試験園　沿革資料室蔵
264	移築後の温室　沿革資料室蔵		316	竣工間もない模範家畜房　1878年　沿革資料室蔵
265	増築後の温室　1930年頃　写真アルバム『北海道帝国大学』　沿革資料室蔵		317	第二農場配置図(1912年)　施設部蔵配置図より池上重康調整
266	博物館事務所背面　1920年代　植物園		318	北18条通から見た第二農場　『北海道帝国大学農学部第二回卒業記念写真帖』(1919年)　沿革資料室蔵
267	竣工間もない正門と門衛所　1911年頃　北方資料室蔵		319	牧牛舎,種牛舎　1912年　沿革資料室蔵
268	植物園正門前　1920年代　沿革資料室蔵		320	穀物庫,収穫室・脱穀室設計図　施設部蔵
269	2001年の植物園配置図　施設部・経理部蔵配置図より池上重康作成		321	南東から見た第二農場諸施設　1958年　佐野善一郎撮影・提供
270	造成中の高山植物園　1938年　沿革資料室蔵		322	製乳所詳細図　施設部蔵
271	植物園庁舎　1976年　沿革資料室蔵		323	製乳所平面図　施設部蔵
272	バチェラー記念館　1970年代　総務部蔵		324	竈場正面図　施設部蔵
273	1932年改築の温室　『北海道大学所属国有財産沿革』(1956年)(以下,『国有財産沿革』と略)　沿革資料室蔵		325	産室・追込所耕馬舎(旧模範家畜房)立面図　施設部蔵
274	ハルニレ樹根の運搬　沿革資料室蔵		326	第二農場　1970年代　施設部蔵
275	附属植物園俯瞰　2001年　沿革資料室蔵		327	牧牛舎と2基のサイロ　土佐林義雄撮影『北海道帝国大学写真』(1937年)　沿革資料室蔵
276	幽庭湖に造成された湿生植物園　1995年　総務部蔵		328	トウモロコシ裁断作業風景　1912年　三嶋常盤撮影　北方資料室蔵
277	カラフト犬タロと犬飼哲夫教授　1960年代　沿革資料室蔵		329	農場配置図(2001年)　施設部蔵配置図より池上重康・角哲作成
278	みどりの日の無料開園を知らせる看板　1989年　総務部蔵		330	北19条付近の農場全景　1976年　沿革資料室蔵
279	みどりの日の無料開園　1989年　総務部蔵		331	農学部附属農場庁舎　1973年　総務部蔵
280	バラ園でのモデル撮影会風景　1954年　丹保憲仁撮影・提供		332	実験実習棟　1991年頃　施設部蔵
281	3代目の温室　1980年代　沿革資料室蔵		333	蚕飼育室　1991年頃　施設部蔵
282	管理棟　1988年　総務部蔵		334	第三農場小作人集会所　1935年　北方資料室蔵
283	石臼　1999年　施設部蔵		335	第三農場25番地から南西を望む　1935年　北方資料室蔵
284	アイヌ民族の丸木船　1972年　角幸博撮影・提供		336	第三〜第八農場一覧表　経理部蔵資料より池上重康・山本美穂子作成
285	Sapporo Agricultural College Barn, "First Annual Report of the Sapporo Agricultural College, 1877"　北方資料室蔵		337	第四農場看守所　1935年　北方資料室蔵
286	1901年の農場配置図　『札幌農学校一覧』(1901年)所収「札幌農学校所属第一,第二農場略図」より池上重康調整		338	第四農場集会所　1935年　北方資料室蔵
287	竈場付近から北東を見る　1897年頃　三嶋常盤撮影　北方資料室蔵		339	第四農場官舎　1935年　北方資料室蔵
288	農芸伝習科教場　沿革資料室蔵		340	第五農場精農者(小作)の住宅と家族　1908年　北方資料室蔵
289	勧業課壱号園玉蜀黍庫百分之壱ノ図　北方資料室蔵		341	第五農場青年会館　1935年　北方資料室蔵
290	育種場引継図(1887年)　『国有財産沿革』(1956年)　沿革資料室蔵		342	第五農場看守所　1908年　北方資料室蔵
291	農芸伝習科生徒　沿革資料室蔵		343	第六農場未開地区画割測量　1910年代　北方資料室蔵
292	エドウィン・ダンが設計した競馬場　1878年　沿革資料室蔵		344	第六農場北2線4番地から南を望む　1908年　北方資料室蔵
			345	第六農場看守所　1908年　北方資料室蔵
			346	第六農場派出所　1935年頃　北方資料室蔵
			347	第六農場小作人中農家宅地及建家の景　1908年　北方資料室蔵

348	第七農場の景　1910年代　北方資料室蔵	404	標本貯蔵室　研究林蔵
349	第八農場清水山から南東方一区を望む　1908年　北方資料室蔵	405	生徒宿泊所と1911年新築の派出所　研究林蔵
350	第10回農場農産品評会　1908年　北方資料室蔵	406	庁舎　1991年頃　施設部蔵
351	第八農場下富良野官舎　1908年　北方資料室蔵	407	森林資料館　1991年頃　施設部蔵
352	第八農場集会所前にて　1909年　北方資料室蔵	408	森林観測塔　1980年頃　研究林蔵
353	第八農場(山部)小作人集会所　1935年　北方資料室蔵	409	入林監視小屋　研究林蔵
354	第八農場(山部)小作人集会所設計図　施設部蔵	410	林冠観測用ゴンドラ　1997年頃　研究林蔵
355	第八農場(山部)派出所(看守所)　1935年　北方資料室蔵	411	朝鮮演習林安城面一帯の展望　研究林蔵
356	第八農場西17線3番地から北西を望む　1908年　北方資料室蔵	412	朝鮮演習林派出所正面図　施設部蔵
357	りんご収穫風景　『国有財産沿革』(1956年)　沿革資料室蔵	413	樺太演習林壽町派出所立面図　施設部蔵
358	余市果樹園入口　『国有財産沿革』(1956年)　沿革資料室蔵	414	樺太演習林苗圃地(珍内)看守所正面図　施設部蔵
359	余市果樹園看守所立面図　施設部蔵	415	樺太演習林の針葉樹林　研究林蔵
360	余市果樹園果樹研究室　『国有財産沿革』(1956年)　沿革資料室蔵	416	台湾演習林派出所事務室立面図　施設部蔵
361	余市果樹園貯蔵庫　1991年頃　施設部蔵	417	台湾演習林神木　研究林蔵
362	日高牧場事務所　1950年代　『国有財産沿革』(1956年)　沿革資料室蔵	418	ボルネオ演習林候補地位置図　『国有財産沿革』附録(1956年)　経理部蔵
363	日高牧場のサイロと牛舎　1970年代　沿革資料室蔵	419	ニューギニア演習林候補地位置図　『国有財産沿革』附録(1956年)　経理部蔵
364	日高牧場乳牛育成舎　1991年　施設部蔵	420	庁舎・宿舎　1991年頃　施設部蔵
365	日高牧場庁舎　1991年　施設部蔵	421	庁舎詳細図　施設部蔵
366	北海道帝国大学用地一覧(部分, 1940年)　『国有財産沿革』附録(1956年)　経理部蔵	422	伐倒前の立木剥皮作業　1967年　研究林蔵
367	泥川事業区の官行斫伐材流送　1930年頃　研究林蔵	423	演習林入口の大森橋と窪谷林道　研究林蔵
368	添牛内事業区での流送材陸上げ　1930年頃　研究林蔵	424	第六林班作業員休憩所　1991年頃　施設部蔵
369	添牛内派出所・教官宿泊所　研究林蔵	425	製炭窯　研究林蔵
370	母子里看守所　研究林蔵	426	展望台　研究林蔵
371	建設中の母子里学生宿舎　1941年　研究林蔵	427	庁舎背面　研究林蔵
372	母子里学生宿舎　研究林蔵	428	学生宿泊所　研究林蔵
373	森林軌道による運材　研究林蔵	429	研究室　研究林蔵
374	母子里製材実習工場　研究林蔵	430	教官宿泊所　研究林蔵
375	母子里製材実習工場内部　研究林蔵	431	演習林庁舎　研究林蔵
376	トラクターによるパチパチ運材　研究林蔵	432	厚岸臨海実験所平面図(1932年)　『北海道帝国大学年鑑』(1932年)　沿革資料室蔵
377	合同庁舎(名寄)　研究林蔵	433	水産学科忍路臨海実験所　北方資料室蔵
378	職員宿舎と機械器具格納庫(母子里)　1994年　施設部蔵	434	増改築された忍路臨海実験所　沿革資料室蔵
379	庁舎・学生宿泊棟(母子里)　1993年　施設部蔵	435	忍路臨海実験所正面図　施設部蔵
380	天塩第一演習林の景観　『北海道帝国大学創基五十年記念写真』(1927年)　沿革資料室蔵	436	海から眺めた厚岸臨海実験所実験室　沿革資料室蔵
381	天塩第一演習林派出所・生徒宿泊所　『国有財産沿革』(1956年)　沿革資料室蔵	437	厚岸臨海実験所博物館　1991年頃　施設部蔵
382	東北帝国大学天塩演習林看守所移築及新営図　施設部蔵	438	厚岸湾から見た実験宿泊棟と実験室　北方資料室蔵
383	天塩第一演習林誉平看守所　研究林蔵	439	洞爺臨湖実験所の諸施設　1936年　沿革資料室蔵
384	天塩第二演習林派出所　研究林蔵	440	洞爺臨湖実験所の養魚池　1937年　沿革資料室蔵
385	天塩第二演習林官行斫伐事業所(河東)　研究林蔵	441	網干場網倉　『国有財産沿革』(1956年)　沿革資料室蔵
386	天塩第一演習林試験材料及標本貯蔵室　1936年　研究林蔵	442	七飯養魚実習場　『国有財産沿革』(1956年)　沿革資料室蔵
387	工事中の天塩第一演習林庁舎・学生宿舎　研究林蔵	443	室蘭海藻研究所　1933年頃　沿革資料室蔵
388	天塩第一演習林庁舎・学生宿舎　研究林蔵	444	新築なった室蘭海藻研究所　沿革資料室蔵
389	天塩第二演習林の針葉樹林　研究林蔵	445	室蘭海草研究施設庁舎　1968年　沿革資料室蔵
390	簡易軌道による木材搬出(天塩第二演習林)　1955年頃　研究林蔵	446	臼尻水産実験所本館　総務部蔵
391	天塩地方演習林庁舎(問寒別)　研究林蔵	447	主な観測施設・分室・分院位置図　施設部蔵資料より山本美穂子作成
392	中川地方演習林庁舎　施設部蔵	448	医学部附属医院登別分院　1936年　沿革資料室蔵
393	伐倒木作業　1935年頃　研究林蔵	449	ニセコ観測所　1944年頃　沿革資料室蔵
394	玉切　1935年頃　研究林蔵	450	理学部附属雲物理観測所　1991年　施設部蔵
395	藪出　1935年頃　研究林蔵	451	天塩地方演習林内にある雪崩観測実験室　研究林蔵
396	「角バチ」による藪出　1935年頃　研究林蔵	452	襟裳岬地殻変動観測所　1970年代　沿革資料室蔵
397	山土場での丸太積込み　1935年頃　研究林蔵	453	襟裳岬地殻変動観測所の観測用坑道　1970年代　沿革資料室蔵
398	馬搬　1935年頃　研究林蔵	454	札幌地震観測所　沿革資料室蔵
399	鉄道への丸太積み　1960年頃　研究林蔵	455	網走流氷観測レーダー基地　沿革資料室蔵
400	演習林派出所と生徒宿泊所　北方資料室蔵	456	枝幸流氷観測レーダー基地　沿革資料室蔵
401	苫小牧演習林施設群の全景　研究林蔵	457	低温科学研究所附属紋別流氷研究施設庁舎　沿革資料室蔵
402	試験材料及標本貯蔵室　研究林蔵	458	北方文化研究施設分室　1967年　沿革資料室蔵
403	標本貯蔵室内部　『北海道大学演習林60年の歩み』(1963年)　北方資料室蔵	459	植物園長官舎　植物園蔵
		460	札幌農学校傭外国人教師官舎平面図　施設部蔵
		461	北海道帝国大学一号傭外国人教師官舎立面図　施設部蔵

462	北海道帝国大学二号傭外国人教師官舎(円形官舎)正面外観　1960年頃　工学部建築計画学講座蔵	511	附属土木専門部実験室　沿革資料室蔵
463	二号官舎正面図および1階平面図　施設部蔵	512	附属医学専門部終校式　1950年　沿革資料室蔵
464	北海道帝国大学四号・五号傭外国人教師官舎　1960年頃　工学部建築計画学講座蔵	513	行在所に向かう「聖駕」　1936年　『行幸記念写真帳』(1937年)　沿革資料室蔵
465	三号・四号官舎設計図　施設部蔵	514	北大生の親閲　1936年　『行幸記念写真帳』(1937年)　沿革資料室蔵
466	四号官舎 Drawing Room　沿革資料室蔵	515	「満洲国」からの視察団　1930年代　沿革資料室蔵
467	農場官舎正面図・平面図　施設部蔵	516	ヒトラー・ユーゲントの来学を伝える記事　『北海道帝国大学新聞』1938年9月20日　北方資料室蔵
468	19号官舎正面図・平面図　施設部蔵	517	ポプラ並木を帰る予科生　1940年頃　沿革資料室蔵
469	17号官舎　工学部建築計画学講座蔵	518	予科生の射撃教練　1940年頃　沿革資料室蔵
470	学生主事官舎立面図　施設部蔵	519	農学実科生の教練　1940年頃　沿革資料室蔵
471	独身者用職員共同住宅　『国有財産沿革』(1956年)　沿革資料室蔵	520	皇紀2600年記念植林での国旗掲揚　1940年　沿革資料室蔵
472	職員住宅用建物　『国有財産沿革』(1956年)　沿革資料室蔵	521	東條英機首相の査閲　1942年　沿革資料室蔵
473	公務員宿舎　『国有財産沿革』(1956年)　沿革資料室蔵	522	宮澤弘幸執筆記事とレーン再来日記事　『北海道帝国大学新聞』1940年12月17日, 41年6月10日, 51年4月20日　北方資料室蔵
474	「大学村」建設風景　『大学村建設記念誌』(1951年)　北方資料室蔵	523	献納したクラーク像の台座に座る北大生　1943年　沿革資料室蔵
475	「大学村」建設初年度の住宅地割図　『大学村建設記念誌』(1951年)　北方資料室蔵	524	学徒出陣に際しての日の丸への寄せ書き　中島敏夫提供
476	「大学村」の長屋形式住宅　1960年頃　経理部蔵	525	低温科学研究所を訪れた陸軍将校　1944年　沿革資料室蔵
477	「大学村」の2階建住宅　1960年頃　経理部蔵	526	ニセコ観測所における零戦除氷翼実験　1944年　沿革資料室蔵
478	「大学村」の煉瓦造住宅　1960年頃　経理部蔵	527	根室における低温科学研究所の霧演習　1944年　沿革資料室蔵
479	「大学村」の共同浴場　『大学村建設記念誌』(1951年)　北方資料室蔵	528	低温科学研究所のダイコン大会　1944年　沿革資料室蔵
480	建設中のテイネパラダイスヒュッテ　1926年頃　酒井隆吉撮影　酒井隆太郎提供	529	低温科学研究所に進駐したアメリカ兵　1946年頃　沿革資料室蔵
481	ヘルヴェチアヒュッテ　1927年　『国有財産沿革』(1956年)　沿革資料室蔵	530	新渡戸稲造が描いた第1回遊戯会競技種目図(1878年)　沿革資料室蔵
482	空沼小屋　1928年　『国有財産沿革』(1956年)　沿革資料室蔵	531	第20回遊戯会　1901年　沿革資料室蔵
483	秋の無意根小屋　1931年　沿革資料室蔵	532	遊戯会喫茶亭　1900年頃　沿革資料室蔵
484	冷水小屋　1933年　『国有財産沿革』(1956年)　沿革資料室蔵	533	遊戯会の仮装行列　1910年頃　沿革資料室蔵
485	札幌近郊スキー小屋配置模型　『澄宮殿下本学御成写真帖』(1932年)　沿革資料室蔵	534	農科大学時代の遊戯会の食菓競走　沿革資料室蔵
486	支笏寮　1939年　『国有財産沿革』(1956年)　沿革資料室蔵	535	遊戯会の4人連脚　1922年　沿革資料室蔵
487	再建された手稲パラダイスヒュッテ　1995年　角幸博撮影・提供	536	恵迪寮記念祭入口　1931年　沿革資料室蔵
488	大滝セミナーハウス　1994年　施設部蔵	537	恵迪寮記念祭の展示　1936年　沿革資料室蔵

III　北大の歩み/点描

489	第二農場モデルバーン北側壁面の木彫の牛　1979年　岩沢健蔵撮影・提供	538	恵迪寮記念祭の模擬店　1933年頃　沿革資料室蔵
490	札幌市街北1～3条付近　1873年　北方資料室蔵	539	大学祭の前夜祭パレード　1963年　沿革資料室蔵
491	東京芝増上寺付近の地図(1873年)　『明治東京全図』(柏書房覆刻『5千分の1 江戸―東京市街地図集成』第1期所収, 1988年)より原口希調整	540	大学祭の模擬店風景　1965年頃　沿革資料室蔵
492	開拓使仮学校跡石碑　1999年　井上高聡撮影　沿革資料室蔵	541	大学祭の模擬店　1965年頃　沿革資料室蔵
493	開拓使仮学校校舎　1872年　沿革資料室蔵	542	大学祭フィナーレのストーム　1965年頃　沿革資料室蔵
494	札幌脇本陣　1872年　北方資料室蔵	543	獣医学祭　2001年　山本美穂子撮影
495	開拓使仮学校生徒　1873年　沿革資料室蔵	544	大学祭の北京水餃子店　1995年　総務部蔵
496	開拓使御雇外国人宿所　1872年　北方資料室蔵	545	一万人の都ぞ弥生　1994年　総務部蔵
497	札幌農学校予科卒業記念　1897年　沿革資料室蔵	546	祭りの締めはストーム　1994年　総務部蔵
498	予科とドイツ語教師 A. グブラー　1920年代後半　沿革資料室蔵	547	恵迪寮自炊記念日の園遊会　1913年　沿革資料室蔵
499	農科大学予科生徒の軍事教練　1910年頃　沿革資料室蔵	548	恵迪寮食堂　1940年頃　沿革資料室蔵
500	対小樽高商戦の予科応援団　1930年代　沿革資料室蔵	549	恵迪寮新入生歓迎会　1942年頃　沿革資料室蔵
501	中央講堂における予科桜星会大会　1938年　沿革資料室蔵	550	恵迪寮図書室　沿革資料室蔵
502	レコード店の予科生たち　1938年　沿革資料室蔵	551	恵迪寮禅ストーム　1940年頃　沿革資料室蔵
503	石橋で昼休みを過ごす予科生たち　1940年代前半　沿革資料室蔵	552	赤褌でパレードに出かける恵迪寮生　1970年代　沿革資料室蔵
504	喫茶店に憩う予科生たち　1943年頃　沿革資料室蔵	553	恵迪寮入口　1976年　沿革資料室蔵
505	農学実科畜産実習　沿革資料室蔵	554	恵迪寮の室内　1956年　沿革資料室蔵
506	農学実科養蚕実習　沿革資料室蔵	555	恵迪寮玄関　1973年　沿革資料室蔵
507	農学実科田植え実習　沿革資料室蔵	556	寮生の生活を描いた恵迪寮の壁画　1993年　総務部蔵
508	林学実科測量実習　1927年頃　沿革資料室蔵	557	北学寮　施設部蔵
509	附属水産専門部漕艇実習　1918年頃　沿革資料室蔵	558	桑園学寮　施設部蔵
510	附属水産専門部製造科のハンダ付実習　沿革資料室蔵	559	旧月寒学寮　1996年　施設部蔵
		560	進修学寮　施設部蔵
		561	女子寮　施設部蔵
		562	女子寮開寮記念　1954年　沿革資料室蔵
		563	楡影寮　施設部蔵
		564	桑園学寮　施設部蔵
		565	有島寮　1976年頃　総務部蔵
		566	啓徳寮閉寮記念祭　1974年　沿革資料室蔵
		567	2代目北晨寮　1991年頃　施設部蔵

568	文武会事件を報じる記事 『北海道帝国大学新聞』1929年1月2日 北方資料室蔵	623	古河記念講堂　2001年　前田次郎撮影　沿革資料室蔵
569	イールズ事件　1950年　北海道新聞社撮影　沿革資料室蔵	624	旧マンロー邸　1995年　池上重康撮影・提供
570	北海道学生自治会連合の安保改定反対デモ　1960年　北海道新聞社撮影　沿革資料室蔵	625	札幌キャンパス胸像・記念碑位置図　山本美穂子作成
571	大学本部を封鎖した全学共闘会議系学生　1969年　沿革資料室蔵	626	佐藤昌介像　2001年　Studio You 撮影　沿革資料室蔵
572	投石にうずくまる学生　1969年　北海タイムス社撮影　沿革資料室蔵	627	宮部金吾像　2001年　Studio You 撮影　沿革資料室蔵
573	大学本部封鎖をめぐる抗争　1969年　北海タイムス社撮影　沿革資料室蔵	628	新渡戸稲造像　2001年　Studio You 撮影　沿革資料室蔵
574	機動隊の構内突入　1969年　北海タイムス社撮影　沿革資料室蔵	629	南鷹次郎像　2001年　Studio You 撮影　沿革資料室蔵
575	医学部の大衆団交　1969年　北海タイムス社撮影　沿革資料室蔵	630	半澤洵像　2001年　Studio You 撮影　沿革資料室蔵
576	全学スト実行委員会の学生たち　1970年　北海タイムス社撮影　沿革資料室蔵	631	高岡熊雄像　2001年　Studio You 撮影　沿革資料室蔵
577	雪が凍結した工学部の投石防止網　1969年　沿革資料室蔵	632	今裕像　2001年　Studio You 撮影　沿革資料室蔵
578	「大本営」看板　1969年　北海タイムス社撮影　沿革資料室蔵	633	吉町太郎一像　2001年　Studio You 撮影　沿革資料室蔵
579	クラーク像に落書　1969年　北海タイムス社撮影　沿革資料室蔵	634	有馬英二像　2001年　Studio You 撮影　沿革資料室蔵
580	佐藤昌介胸像の頭にもヘルメット　1969年　北海タイムス社撮影　沿革資料室蔵	635	杉野目晴貞像　2001年　Studio You 撮影　沿革資料室蔵
581	東北帝国大学農科大学図書館閲覧室　1910年代　沿革資料室蔵	636	H. ヘッカー像　2001年　Studio You 撮影　沿革資料室蔵
582	旧図書館閲覧室　1955年頃　沿革資料室蔵	637	クラーク奨学碑　1956年　沿革資料室蔵
583	第12次帝国大学図書館協議会　1935年　沿革資料室蔵	638	「都ぞ弥生」の碑　2000年　井上高聡撮影
584	図書整理作業中の図書館職員　1955年頃　沿革資料室蔵	639	「都ぞ弥生」歌碑　2001年　Studio You 撮影　沿革資料室蔵
585	本館開架閲覧室　1980年頃　総務部蔵	640	人工雪誕生の地記念碑　2001年　Studio You 撮影　沿革資料室蔵
586	本館開架閲覧室入口　1980年頃　総務部蔵	641	小麦研究記念碑　1990年代　総務部蔵
587	本館参考資料室　2001年　附属図書館蔵	642	「瓔珞みがく」作詞記念塔　2001年　原口希撮影　沿革資料室蔵
588	北分館マルチメディア公開利用室　2000年　附属図書館蔵	643	聖蹟碑除幕式　1937年　『行幸記念写真帳』(1937年)　沿革資料室蔵
589	初代北星丸　1950年頃　沿革資料室蔵	644	クラーク像再建除幕式　1948年　沿革資料室蔵
590	うしお丸II世　1990年代　水産学部蔵	645	第三農場成墾記念碑　2000年　井上高聡撮影
591	くろしお1号　1955年頃　北水同窓会蔵	646	畜魂碑　2001年　Studio You 撮影　沿革資料室蔵
592	くろしお2号　1960年頃　沿革資料室蔵	647	札幌農学校演武場跡石碑　2001年　山本美穂子撮影
593	北星丸III世　水産学部蔵	648	旧土木専門部学舎跡記念碑　2001年　Studio You 撮影　沿革資料室蔵
594	初代忍路丸　1910年代　沿革資料室蔵	649	寄宿舎跡の碑　2001年　Studio You 撮影　沿革資料室蔵
595	建造中のおしょろ丸II世　1927年　北水同窓会蔵	650	桑園学寮記念碑　2001年　Studio You 撮影　沿革資料室蔵
596	おしょろ丸IV世　1985年頃　水産学部蔵	651	荒井郁之助　北方資料室蔵
597	船舶一覧　井上高聡・原口希作成	652	調所廣丈　1879年頃　武林盛一撮影　北方資料室蔵
598	マサチューセッツ大学との教授交換協定　1957年　沿革資料室蔵	653	森源三　1880年頃　北方資料室蔵
599	マサチューセッツ農科大学の紋章　沿革資料室蔵	654	橋口文蔵　1880年代後半　北方資料室蔵
600	留学生センターの修了式　1998年　留学生センター蔵	655	佐藤昌介(部分, 1966年, 久保守制作, 百年記念会館)　総務部蔵
601	ソウル大学校との覚書調印式　2000年　総務部蔵	656	南鷹次郎(部分, 1966年, 久保守制作, 百年記念会館)　総務部蔵
602	留学生と小学生の交流　2000年　留学生センター蔵	657	高岡熊雄(部分, 1966年, 久保守制作, 百年記念会館)　総務部蔵
603	HUSTEPの文化活動　2001年　留学生センター蔵	658	今裕(部分, 1966年, 久保守制作, 百年記念会館)　総務部蔵
604	留学生センターのひな祭り　2000年　留学生センター蔵	659	伊藤誠哉(部分, 1966年, 久保守制作, 百年記念会館)　総務部蔵
605	創立25周年, 演武場のイルミネーション　1901年　沿革資料室蔵	660	島善鄰(部分, 1966年, 久保守制作, 百年記念会館)　総務部蔵
606	創基50周年, 中央講堂前に設営された緑門　1926年　沿革資料室蔵	661	杉野目晴貞(部分, 1967年, 久保守制作, 百年記念会館)　総務部蔵
607	創基50周年, クラーク博士胸像除幕式　1926年　沿革資料室蔵	662	古市二郎(部分, 1968年, 久保守制作, 百年記念会館)　総務部蔵
608	創基80周年記念式典会場入口　1956年　沿革資料室蔵	663	堀内寿郎(部分, 1980年, 高田正二郎制作, 百年記念会館)　総務部蔵
609	創基80周年を記念した構内公開　1956年　沿革資料室蔵	664	丹羽貴知蔵(部分, 1980年, 高田正二郎制作, 百年記念会館)　総務部蔵
610	創基100周年記念式典　1976年　今村ミチ寄贈	665	今村成和(部分, 1982年, 高田正二郎制作, 百年記念会館)　総務部蔵
611	除幕式直前の新渡戸稲造像の設置作業　1996年　総務部蔵	666	有江幹男(部分, 1988年, 柳澤淑郎制作, 百年記念会館)　総務部蔵
612	第二農場製乳所, 釜場, 秤量場　1994年　池上重康撮影・提供	667	伴義雄(部分, 1992年, 小松崎邦雄制作, 百年記念会館)　総務部蔵
613	第二農場産室・追込所・耕馬舎　1983年　角幸博撮影・提供	668	廣重力(部分, 1995年, 桐野江節雄制作, 百年記念会館)　総務部蔵
614	第二農場穀物庫, 収穫室・脱穀室　1983年　角幸博撮影・提供	669	丹保憲仁(部分, 2001年, 湯山俊久制作, 百年記念会館)　2001年　Studio You 撮影　沿革資料室蔵
615	第二農場牧牛舎　2001年　前田次郎撮影	670	中村睦男　2001年　総務部蔵
616	植物園博物館本館, バチェラー記念館　1998年　池上重康撮影・提供	671	総長選挙のために集まった教授たち　1933年　沿革資料室蔵
617	植物園博物館事務所　1998年　角幸博撮影・提供	672	北海道大学構内鉄道引込線　1955年頃　沿革資料室蔵
618	植物園博物館倉庫　1998年　角幸博撮影・提供	673	文字が刻まれた土師器坏片　1982年頃　総務部蔵
619	苫小牧地方演習林森林記念館　2001年　村上正志提供	674	予科桜星会旗　2001年　Studio You 撮影　沿革資料室蔵
620	旧昆虫学及養蚕学教室　1997年　池上重康撮影・提供	675	学旗　2001年　Studio You 撮影　沿革資料室蔵
621	旧図書館読書室・書庫　1997年　池上重康撮影・提供	676	キャンパス内のスケート場　1960年頃　沿革資料室蔵
622	旧演武場　1992年　池上重康撮影・提供	677	遠友夜学校の生徒たち　1900年頃　北方資料室蔵
		678	札幌独立基督教会　1930年頃　沿革資料室蔵

資料　部局・主要施設の変遷　原口希作成

製作協力

〈資料等提供〉

秋林 幸男	岩沢 健蔵	真田 雄三	谷口　博	長谷川弘子	室木 洋一
阿部 幹男	乙坂　進	清水 孝一	丹保 憲仁	深瀬 忠一	山崎 敏晴
阿部　保	小山千恵子	鈴木 恒由	徳田 昌生	藤島　隆	吉田 暁生
安藤 俊春	近藤喜代太郎	清野悠紀子	中尾 眞弓	藤本征一郎	
家森 新一	酒井隆太郎	高井 宗宏	中島 敏夫	古市隆三郎	
磯村 尚志	佐々保雄	高尾 彰一	永野 拓也	前田 次郎	
井野　智	佐藤 進一	竹野　学	長野 幸治	村上 正志	
今村 ミチ	佐野善一郎	田島 達也	中村 睦男	村山 邦夫	

アイソトープ総合センター
医学研究科・医学部
医学部附属病院
遺伝子病制御研究所
エネルギー先端工学研究センター
工学研究科建築計画学講座
歯学研究科・歯学部
事務局総務部・経理部・施設部
水産科学研究科・水産学部
水産学部水産資料館
附属図書館
北方生物圏フィールド科学
　センター
薬学研究科・薬学部
留学生センター
量子集積エレクトロニクス
　研究センター

医学部同窓会
北水同窓会
北海道大学生活協同組合
北海道大学図書刊行会

合気会合気道部
居合道部
囲碁部
奇術研究会
クラーク聖書研究会
剣道部
航空部
硬式野球部
自動車部
写真部
スケート部
漕艇部

武田流中村派合気道部
鳥人間研究会
バドミントン部
美術部黒百合会
北大交響楽団
北大祭全学実行委員会
山スキー部
ラグビーフットボール部
理論物理研究会

柏書房
札幌市中央勤労青少年ホーム
　遠友夜学校記念室
札幌独立基督教会
北海道新聞社

〈編集協力〉

撮　　影：Studio You, ㈱サンコー
撮影協力：カーサ桑園, 札幌クラークホテル, 東横イン札幌北大前, 普門エンタープライズ㈱
資料作成：角哲, 山本美穂子
デザイン：須田照生
校正協力：円子幸男

〈主要参考文献〉

『北海道大学所属国有財産沿革』全12冊, 附録2冊(北海道大学事務局施設課, 1956年)
『北海道大学演習林60年の歩み』(北海道大学農学部附属演習林, 1963年)
『覆刻 札幌農学校』(北海道大学図書刊行会, 1975年)
『覆刻 札幌農黌年報』全11冊(北海道大学図書刊行会, 1976年)
『写真集 北大百年』(北海道大学, 1976年)
『北大百年史』全4冊(北海道大学, 1980-82年)
『北大理学部五十年史』(北海道大学理学部, 1980年)
『北大演習林八十年』(北海道大学農学部附属演習林, 1981年)
『北大水産学部七十五年史』(北海道大学水産学部, 1982年)
岩沢健蔵『北大歴史散歩』(北海道大学図書刊行会, 1986年)
北海道大学附属図書館編『明治大正期の北海道——写真と目録』(北海道大学, 1992年)
『北大の125年』(北海道大学, 2001年)
『札幌農学校一覧』『東北帝国大学農科大学一覧』『北海道帝国大学一覧』『北海道大学一覧』
『北大時報』
『北海道帝国大学新聞』『北海道大学新聞』

あとがき

　北海道大学の創基125周年を記念して，札幌農学校の開学以来125年にわたる北大の歩みを写真資料によって概観しうるような出版物を刊行する計画が固まったのは，1998年4月のことであった。同年7月，北海道大学創基125周年記念事業実行委員会の下に出版等専門委員会が置かれ，10月には125年史編集室が附属図書館内に開設されて125年史の編纂事業がスタートを切った。125年史編集室は，発足とほぼ同時に写真集刊行の準備に着手し，できるだけ多くの写真資料を収集することから始めたが，編集室の呼びかけに応えて丹保憲仁総長(当時)を始め，名誉教授，卒業生，学内外の数多くの方々から貴重な写真のご提供をいただくことができたのはありがたいことであった。この場を借りて，写真資料を提供してくださった皆さまに厚く感謝の意を捧げたい。

　附属図書館内の北海道大学沿革資料室には，かつて『写真集 北大百年』(1976年)の編集に際して収集した写真約3000枚が整理・保存されており，この度の収集写真を加えた膨大な選定対象のなかから掲載写真を絞り込み，それらを系統的に配列する作業は多大の時間と労力を要した。その理由の一つは『写真集 北大百年』という先行者の存在である。四半世紀前に刊行されたこの先行者に対して，今回の写真集はどのような独自性を表現しうるだろうか。写真集の編集作業はつねにこの問題に直面し，独自の編集視点を模索するという作業はつまるところ北大125年の歩みとは何だったのか，という問いかけに回帰した。その一方で「北海道大学配置図」(事務局施設部企画課保管)など，キャンパスと校舎の変遷を跡づけるうえで格好の新資料の発掘に行き着いたのも僥倖であった。そうしたプロセスを経て，今回の写真集は北大の建物の変遷，キャンパスの変貌に焦点をあてる部分(本書IおよびII)とトピックスによって北大の歴史を語らしめる部分(本書III)とから構成し，写真と配置図と年表を対照できるような作りとする編集方針が固まった。ただ，このような方針に沿って絞り込みを進めたため，またトピックスの部分で当初計画した網羅的な構成をさまざまな事情から断念せざるをえなかったため，せっかく提供していただいたのに活用できなかった写真も少なくない。この点については皆さまのお恕しをえたい。

　こうして，『写真集 北大百年』とはやや趣向を異にする形で『写真集 北大125年』をまとめることができ，創基125周年の節目に当たる2001年にその刊行まで漕ぎ着けることができたのは，ここに至るまで激励と援助を惜しまれなかった多くの方々のご尽力のお陰である。とりわけ，北海道大学図書刊行会の前田次郎氏は写真集編集班の発足以後一貫して本書の編集に深く関われ，またデザイナーの須田照生氏にも随時会議に参加していただき，有益なご助言を賜った。出版等専門委員会，125年史編集室，写真集編集班の構成員は別掲の通りである。写真集編集班は2000年3月まで古市隆三郎工学研究科教授(現名誉教授)，2000年4月から野村靖幸薬学研究科教授(現研究科長)が班長を務め，1999年6月に初会合をもって以来2001年7月までに合計23回の定例会議を重ねたほか，編集の実務レベルでは角幸博助教授(工学研究科)・池上重康助手(工学研究科)・井上高聡助手(125年史編集室)からなるチームが資料収集，解説執筆，年表作成等の作業にあたった。原口希補助員は編集事務全般と巻末資料の作成等を担当した。また，室外協力者として角哲さん(工学研究科大学院生)，山本美穂子さん(元教育学研究科大学院生)に写真編集作業，編集事務全般にわたりお世話になった。

　ここに名前を挙げることのできなかった方々を含め，本書の刊行にご協力いただいたすべての皆様に感謝の意を表したい。

2001年9月

北海道大学125年史編集室長　　原　　暉　之

北海道大学創基125周年記念事業実行委員会出版等専門委員会(◎委員長，○副委員長，＊幹事会委員)

◎井上芳郎(副学長・附属図書館長)
　白木沢旭児(文学研究科)
＊逸見勝亮(教育学研究科)
○田口　晃(法学研究科)
　佐々木隆生(経済学研究科)
　石垣壽郎(理学研究科)
＊小栁知彦(医学研究科)
　小山　司(医学部附属病院)
＊福田　博(歯学研究科)
　小口春久(歯学部附属病院)
　野村靖幸(薬学研究科)
＊山田　元(工学研究科)
○三島德三(農学研究科)
　由田宏一(北方生物圏フィールド科学センター・旧農学部附属農場)
　神沼公三郎(北方生物圏フィールド科学センター・旧農学部附属演習林)
　髙島郁夫(獣医学研究科)
　中尾　繁(水産科学研究科)

　高橋吉文(言語文化部)
　山村悦夫(地球環境科学研究科)
　久保美織(国際広報メディア研究科)
＊前野紀一(低温科学研究所)
　八木駿郎(電子科学研究所)
　上出利光(遺伝子病制御研究所)
　松島龍夫(触媒化学研究センター)
＊原　暉之(スラブ研究センター)
　髙井昌彰(大型計算機センター)
　米山道男(留学生センター)
＊小笠原正明(高等教育機能開発総合センター)
　荒磯恒久(先端科学技術共同研究センター)
　岡部成玄(情報メディア教育研究総合センター)
　松枝大治(総合博物館)
　中島保明(医療技術短期大学部)
　山口國雄(附属図書館)

北海道大学125年史編集室(◎編集室長，＊写真集編集班委員)

◎原　暉之(スラブ研究センター)
　井上芳郎(副学長・附属図書館長)
　田口　晃(法学研究科)
　三島德三(農学研究科)
　白木沢旭児(文学研究科)
　逸見勝亮(教育学研究科)
＊野村靖幸(薬学研究科)
＊山口國雄(附属図書館)
＊井上高聡(編集員)
＊原口　希(補助員)

　永井秀夫(編集顧問)
＊岩沢健蔵(編集顧問)
　秋月俊幸(編集顧問)
＊高尾彰一(編集顧問)
＊古市隆三郎(編集顧問)
　横井敏郎(教育学研究科)
　杉山滋郎(理学研究科)
＊角　幸博(工学研究科)
＊池上重康(工学研究科)

〈構成員はいずれも2001年9月現在〉

写真集 北大125年
HOKKAIDO UNIVERSITY 1876-2001

2002年3月10日 第1刷発行

編　者	北海道大学125年史編集室
発行者	佐　伯　　浩
発行所	北海道大学図書刊行会 札幌市北区北9条西8丁目 北大構内（〒060-0809） tel.011-747-2308，fax.011-736-8605 http://www.hup.gr.jp
印　刷	株式会社アイワード
製　本	有限会社石田製本所

©Hokkaido University 2002, Printed in Japan
ISBN 4-8329-6291-4